U0894930

产业组织与竞争政策前沿研究丛书

政府激励与规制波动：机理、影响与治理

陈长石 著

中国社会科学出版社

图书在版编目（CIP）数据

政府激励与规制波动：机理、影响与治理/陈长石著．—北京：中国社会科学出版社，2016.12
（产业组织与竞争政策前沿研究丛书）
ISBN 978－7－5161－8557－5

Ⅰ.①政… Ⅱ.①陈… Ⅲ.①工业管理—行业管理—研究—中国 Ⅳ.①F423.3

中国版本图书馆CIP数据核字(2016)第170544号

出 版 人 赵剑英
责任编辑 卢小生
特约编辑 林 木
责任校对 周晓东
责任印制 王 超

出 版 中国社会科学出版社
社 址 北京鼓楼西大街甲158号
邮 编 100720
网 址 http://www.csspw.cn
发 行 部 010－84083685
门 市 部 010－84029450
经 销 新华书店及其他书店

印 刷 北京明恒达印务有限公司
装 订 廊坊市广阳区广增装订厂
版 次 2016年12月第1版
印 次 2016年12月第1次印刷

开 本 710×1000 1/16
印 张 15
插 页 2
字 数 226千字
定 价 55.00元

前　言

随着经济发展，环境、安全和健康等社会性规制问题逐渐成为中国经济发展过程中挥之不去的阴影，各个领域重、特大事故频繁发生所造成的影响已远远超出社会性规制范畴。过度追求高速经济增长是造成社会性规制问题日渐严重的直接原因，更深层原因则在于当前所实施的地方政府激励模式。然而，在人们对于安全问题频发深恶痛绝之时，却又不能完全放弃经济增长。当前，仅有少数学者从经济增长与社会性规制之间关系角度展开分析，使现有研究难以从本质上剖析当前中国社会性规制面临的问题。这不仅不利于中国社会性规制体系的完善，还将对长期内经济增长的稳定性产生不利影响。因此，深刻理解社会性规制与经济增长之间的关系，对于推进社会性规制体系完善，使其尽可能小地对经济增长造成负面影响，在中国当前社会转型压力越来越大的背景下，十分重要。

鉴于此，本书以社会性规制过程中广泛出现的“一刀切式”治理、“走过场式”治理等带有鲜明中国转型期特征的现象作为研究起点，并将地方政府激励模式引入社会性规制的分析框架，提出规制波动这一新的研究视角，并在此基础上进一步研究以下问题：第一，规制波动形成机理的分析；第二，规制波动对企业生产的影响；第三，规制波动对规制本身所造成的影响；第四，地方政府对社会性规制制定所产生的影响。以上四个问题构成本书核心内容。

本书主要研究结论如下：

（1）过度的经济增长激励与硬化的社会稳定约束使得地方政府目标存在明显双重性，地方政府需要通过权衡实现其收益最大化。发生事故之前，事故的偶发性以及与中央政府之间的信息不对称强化了地方政府的投机倾向，规制治理漏洞的存在又给其操作提供了空间；发生事故之后，中央政府的强力干预使得地方政府所面临的约束改变，从而影响了地方政府的最优选择，上述因素的耦合作用最终导致规制波动现象的出现。

（2）中国煤矿安全规制对煤炭产量具有显著的非线性特征，当死亡人数超过门限值时，安全规制对煤炭产量影响较大；而当死亡人数低于门限值时，安全规制对煤炭产量影响明显变小，且在不同状态之间的转换速度很快。

（3）规制波动对安全规制效果本身也会造成影响，采用线性计量方法所得到的研究结论显示，前期发生的事故必然会导致后期安全规制水平的提高，而在没有其他外力影响情况下，这种事故冲击所造成的安全规制水平提高将会维持较长的一段时间，这表明事故发生之后，煤矿安全规制体系所进行的自我弥补过程；采用非线性计量方法所得到的研究结论表明，煤矿安全规制大致表现为“U”形，并且可以划分出三个运行状态，即低于下限临界值的低规制水平状态，高于下限临界值且低于上限临界值正常状态以及高于上限临界值的高规制水平状态。在正常状态下，煤矿安全规制是有效的，在高水平规制状态或者低水平规制状态下，安全规制是无效的。

（4）以“三聚氰胺毒奶粉”事件和“奶业标准降低”事件为例发现，在当前地方政府激励模式下，地方政府经营化倾向日益显著，由于行业以及企业发展对于地方政府完成经济目标十分重要，地方政府与企业之间势必会结成天然的同盟，这一同盟以自身收益最大化为目标，并对社会性规制体系的制定与执行造成了严重的负面影响。一旦社会性规制难以对企业行为进行有效约束，逐利倾向以及日益激烈的行业竞争将促使某些企业出现违规现象，并逐渐蔓延至整个行业，而当这种行业性违规行为突破经济社会所能承受极限、成为严重影响社会或者市场秩序行为的因素时，中央政府将会介入，在短时间破坏地方政府与企业之间的同盟关系。此时，社会性规制成为应急管理的工具，给地方政府、中央政府以及行业都产生了巨额成本。随后，当中央政府与地方政府都意识到这种成本是难以承受的，需要对规制体系进行调整而中央政府在短期内又无法改变当前的激励模式时，两者将达成新的妥协，即中央政府选择降低社会性规制标准，避免对地方经济造成过大的负面影响，以换取地方政府对社会性规制的重视。

从解决安全问题角度出发，这一研究结论的政策含义非常明显。一是短期内中央政府以及省级地方政府应加强对地市一级地方政府在安全方面的考核力度，强化安全生产的重要程度，使其不敢轻易通过降低安全规制的方式来刺激生产；二是加强对社会舆论监督的支持力度，保障其言论自由的权利，并重视媒体所报道的安全生产问题，使其成为监督地方政府安全规制的主要力量；三是长期内应从提高规制机构独立性角度出发，继续深化安全规制体系改革，使内生性规制逐渐成为外生性规制，弱化其发挥作用的外部条件；四是逐渐改进事故发生之后的“一刀切式”治理方式，明确事故责任，避免大量间接规制成本的产生，给地方政府经济造成严重损失，从而鼓励其降低安全规制水平。

本书出版得到教育部人文社会科学重点研究基地——东北财经大学产业组织与企业组织研究中心、东北财经大学产业经济学特色重点学科资助项目以及国家自然科学基金面上项目“中国煤矿安全规制波动的形成机理、实证影响与治理研究”（71173032）的资助。此外，本书出版还得到了中国社会科学出版社卢小生编审的大力支持和帮助。

目 录

第一章　导论

在当前试图解释中国经济增长理论当中，从政治性激励与经济性激励视角出发完成的一系列研究成果最受关注。这一理论认为，作为处于转型期发展中国家，中国所采取的政府主导型经济增长模式发挥了至关重要的作用，这一模式能够取得巨大成功的关键在于通过构建中央—地方两级政府之间政治性激励与经济性激励制度，有效地解决了行政分权与经济分权两个主要难题，成功推动了地方政府对取得高速经济增长的渴望，有效提升了地方政府系统在发展经济方面的执行力。正是在地方政府强大执行力保证下，改革开放之后，由中央政府采取的外向型经济发展战略才能够得以有效实施，使得经济高速增长最终成为现实。然而，现实事物发展均存在两面性。在取得高速经济增长同时，中国所采用的激励模式使得经济增长在各级地方政府目标函数中所占的比重过高，导致地方政府的目标函数被扭曲，弱化了地方政府在公共管理方面的职能，甚至出现公共管理职能被用来服务于经济增长的极端情况，直接表现为当前中国所面临的环境、健康与安全等一系列公共管理问题恶化现象。在这种背景下，经济研究范式中关于最大化社会福利的基本假设不适用于作为研究中国地方政府行为的出发点。这是目前许多中国经济现象难以通过西方经济理论进行解释的重要原因。那么，如果从政治性激励与经济性激励视角理解中国当前所面临的环境、健康与安全等一系列公共管理方面的问题，探究各类事故频发且难以治理的根源及其对经济社会发展的影响，会得到何种结论呢？进一步地，是否有助于更加深刻地理解中国经济发展模式，从而予以改进？这是本书要回答的主要问题。

事实上，由于各种原因，中国安全事故与污染事故发生率以及伤亡人数长期都居高不下。然而，从时间节点上看，环境、健康与安全等一系列公共管理问题真正受到关注是在2003年中国人均GDP首次超过1000美元之后，相当部分民众对生活质量的要求已由吃饱穿暖转向更安全更健康的生活体验，加之，中央政府对地方政府纵向与横向考核范围不断加大、媒体舆论监督力度的增强、互联网高度发展使信息传播的加速以及相关制度不健全，地方政府过度偏向经济增长的做法已经很难被民众接受。在发生事故或其他突发状况时，地方政府通常会采取相机抉择办法，出现了“运动式执法”、规制浮于表面等现象。本书将其称为“规制波动”。作为当前中国社会管理过程中最常见的现象，规制波动是理解当前环境、健康与安全等公共管理问题起因、传导路径以及治理的关键。

从制度演进角度来看，中国经济发展水平的提升推高了民众对生活质量的要求，导致公共管理制度设计问题的暴露并且放大了其影响，逐渐形成推动制度革新的力量。因此，消除规制波动现象本身也是中国公共管理制度完善和提升的过程。虽然政治性激励与经济性激励帮助中国实现了经济高速增长目标，但其作为特定发展阶段的产物，并不能改变政府属性，社会福利最大化依然是政府的基础职能之一。随着环境、健康与安全等公共管理问题越来越突出，政府职能势必将出现回归，这将不仅仅是对原有激励模式下中央—地方两级政府经济与政治关系的微调，而将是一次范围和规模的变革，理解规制波动现象将有助于我们更好地完成这次变革。那么，中央—地方两级政府之间的激励究竟为什么会变得如此引人关注？以及中央—地方两级政府激励究竟影响什么？第一章从政府激励角度对全书研究背后的逻辑以及基本观点进行概述，最后讨论本书的研究意义、主要贡献和不足之处。

第一节　中央—地方两级政府激励模式究竟影响了什么

一　关于政府激励

所谓政府激励，就是中央政府通过政治或经济的双向激励手段，如政治晋升制度、财政分配比例、转移支付与政府补贴等，调动地方政府的积极性，激励地方政府投入更大的努力程度去完成中央政府所布置的任务，如经济增长、治理本地环境污染等。政府激励受到广泛关注的重要原因在于，以阿西莫格鲁（Acemoglu）为代表的西方经济学家通过观察比较新兴国家经济增长趋势，逐渐意识到政治制度以及治理模式是除劳动力、资本和技术进步之外推动经济高速增长的又一重要因素，甚至有经济学者认为，围绕制度对经济增长影响所开展的研究将成为经济理论的又一次革命。事实上，从制度视角出发，的确能够更好地解释为何以亚洲“四小龙”、中国为代表的东南亚国家在资本和技术均并无积累前提下，能够保持较长时间的经济高速增长，并最终形成了影响深远的“北京共识”。①

亨廷顿（Huntington）在其经典著作《变化社会中的政治秩序》中提出，世界各国之间最重要的政治分野，不在于它们政府的性质，而在于它们政府的有效程度与执行力。从中国经济高速增长的实现过程来看，1978 年党的十一届三中全会决定实施改革开放战略之后，原有按照计划经济所建立的政府结构及其职能设计已无法满足新的经济发展模式要求，需要进行完善与创新，否则，推动经济体制改革就很可能落空，完成政府结构及其职能转变的关键环节便是如何将地方政

① “北京共识”（Beijing Consensus）中最重要的核心原理就是保持不断创新，而这里所谓“创新”，相当重要的部分指的是一系列政治治理模式上的突破。拉洛（Rallo）在“北京共识”中提出，中国重要的成功要素之一在于“追求稳定的改革，它本身现在就是政治制度要求权力垄断的一个重要理由，是政治制度以意识形态为基础向能力为基础的转变”，这与亨廷顿在《变化社会中的政治秩序》中所持有的观点非常类似。

府职能由计划经济时代中的被动执行中央指令，转变为主动推动经济增长，换言之，就是如何重塑中央—地方两级政府的政治性激励与经济性激励。正是在稳妥处理好这一问题基础上，保证了政府在推动改革开放过程中具有足够的执行力，中国才能将工作重点放在经济发展上，两者相互结合、互相影响，才最终形成了中国现有的政府主导经济增长模式。在这一混合模式下，政府部门所发挥的作用既不同于计划经济，又有别于市场经济，成为保障中国经济高速稳定增长的重要动力和有力保障。

如果仅从宏观经济绩效来看，中国当前采用的政府激励模式非常成功。然而，如果将考核范围扩大，这一政府激励模式的表现并不尽如人意，其中，最明显的是，这一政治激励模式对经济增长速度的过度追求，将粗放的生产要素投放视为关键指标，忽略了政府在企业生产过程中对环境、健康与安全等公共管理问题的监管。于是，高污染、高事故的发生便成为与高经济增长一起的常态。以工作场所安全事故为例，从统计指标看，与西方发达国家相比，中国生产安全问题一直比较突出。1990 年以来，中国各类事故死亡总量每年以超过 6% 的速度在增长；国家安全生产监督管理总局的统计资料显示，2005 年，全国共发生各类事故 717983 起，总计死亡 127089 人，中国工矿企业 10 万人死亡率为 10 左右，其中，煤炭行业从业人员 10 万人死亡率高达 109.1，非煤采矿业为 80.2，化学工业和建筑业分别为 10.26 和 9.95；2006 年，全国共发生各类安全生产事故 627158 起，总计死亡 112822 人，中国工矿企业发生事故 12065 起，死亡 14382 人，其中，煤炭企业发生 2945 起，死亡 4746 人，非煤采矿业 1869 起，死亡 2271 人；2005—2006 年，全国平均每天发生约 8 起一次死亡 3—9 人的重大事故，每周发生近 2.4 起一次死亡 10 人以上的特大事故，每月发生 1 起一次死亡 30 人以上的特别重大事故；2007 年，全国发生各类生产安全事故 506376 起，死亡 101480 人。①

上述数字表明，中国采用的政治激励模式在促进经济发展方面非

① 根据国家安全生产监督管理总局资料整理，http：//www.chinasafety.gov.cn。

常有效，但在解决环境、健康与安全等公共管理问题方面，却存在先天的缺陷，政府的执行力出现了较大问题。随着国民经济实力提升，这些问题的出现不仅使政府主导的发展模式受到质疑，也使现行地方政府激励模式面临严峻的挑战，如果不及时进行调整，社会矛盾的积累很可能会反噬经济领域取得的成果。在这种情况下，对现有的地方政府激励模式进行调整，甚至全面改革就成为当务之急。

事实上，政府激励模式已经越来越不适用于当前中国经济社会发展，一方面，这是由于中央政府激励模式固化造成的；另一方面，人均 GDP 超过 1000 美元之后，中国进入了一个崭新的发展阶段，随着收入增加，民众的关注点发生了变化。虽然政府激励模式较好地解决了经济发展问题，完成了进行原始资本积累的目标，但它在解决诸如安全、健康和环境此类问题上所能发挥的作用并未得到充分证明。同时，中央政府在不改变诸如财政分配等基本制度设定的前提下，不断将福利目标纳入政绩考核体系中的一系列做法，则带有鲜明的“摸着石头过河”色彩。当在社会福利以及经济增长两方面都同时面临强大压力情况下，地方政府所具有的目标函数随之出现严重的双重化倾向，不得不采取政策目标短期化的方式应对，而这也使中国出现了许多用传统西方经济学无法解释的现象。本书所讨论的安全规制波动现象，就是其中较为典型的一种。

二　中央—地方两级政府激励的形成与演进

本质上说，政府激励模式的形成与演进过程，就是公平与效率、中央与地方、财权与事权三方面矛盾相互作用的直观表现。从财政制度角度来讲，地方政府激励问题实际上是中央、地方各级政府在财权和事权分配上的直接博弈。纵观中国五千年历史中央与地方两级政府之间关系的演进历程，这种博弈早在先秦时代就已存在，封建时代的中央政府与地方政府在财政收入分配问题上曾经历不计其数的博弈，前后发生了八次规模较大的变革（王军，2009）。出于维护政权目的，各个封建朝代大多采取中央政府强力集权的方式，但始终难以解决过度集权所产生的财力枯竭问题，最终导致王朝的颠覆和更迭。

新中国成立之后，如何处理好中央与地方之间的财政关系，做到既保证中央政府获得足够的财政收入、充分发挥社会主义制度集中力量办大事的优越性；又有利于调动地方政府投身生产建设的积极性、不断提高整个社会国民经济效率，成为新中国面临的重要任务之一。新中国成立初期，在全国高涨的建设热情以及高度集权的计划经济体制下，政府激励存在的意义并不突出，此时的中央政府控制了政治、经济、社会、文化等方面的大部分权力，地方政府更多的是充当执行者的角色。但随着时间的推进，建设热情消退、计划经济体制效率低下的弊端开始暴露，整个国民经济效率已变得非常低下，生产物资与生活物资都十分短缺，效率问题变得愈益突出。

改革开放之后，中央政府选择了在建立市场经济体制的同时，分地区、分阶段地向地方政府下放经济与行政权力，以期激活国民经济发展活力。谢庆奎（2000）在对这一权力下放过程进行分析之后认为，中国式地方政府分权带有以下三种趋势：倾斜分权、纵向分权以及经济分权。这种分权方式伴随其他领域的改革措施，有效地调动了地方政府发展本地经济的积极性，实现了国民经济效率的提高。由于这一阶段改革带有较强的普惠性，效率目标占据着压倒性的优势，地方政府在获得权力之后，对于经济增长的追求是被广泛接纳的。此时，由于社会经济形态已接近公平与效率中的角点解，因而，在经济逐渐展现出繁荣景象的同时，公平目标（至少是低程度的公平目标）的实现情况也随之有所改善。此后，随着相关地方政府激励政策产生的效果逐渐显现，中央政府更加注重推进旨在向地方政府进行权力下放的改革，诸如财权与事权等都是下放的核心内容。这使到了20世纪90年代初期，中央对地方政府的激励达到相当高的水平，在地方政府权力得到扩大的同时，地方财力也随之大幅提升（见图1－1）。

随着分权改革的不断推进，地方政府财政权力越来越大，以至于20世纪90年代初，与地方政府的高激励水平相伴，出现了中央财政的极大困难，甚至不得不向地方财政借款以维持正常运转。与此同时，各个领域的改革还需要中央政府具备强大的财政能力作为支撑，屡次出现的通货膨胀也使中央政府面临丧失国民经济控制的风险。这些都为之后影响深远的分税制改革埋下了伏笔。1994年，中央政府终

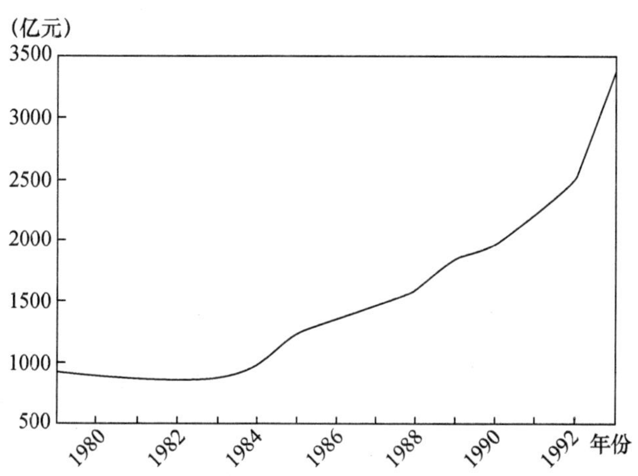

图 1-1 1979—1993 年地方财政收入

于在重重压力下再次进行中央和地方的财政收入划分，其财权与事权关系也得到重新配置。从激励角度看，这次分税制改革成为对此前地方政府激励的一次重大调整，但通过此次改革，中央政府仅仅强化了对于预算内财政的集权，却没有相应地减少地方政府在发展本地经济与负责公共事务方面的责任，最终形成了现今中央—地方两级政府的激励模式。

三 当前中央—地方两级政府激励模式的负面影响

在了解地方政府激励模式的形成与演进历程之后，再去理解其对中国经济社会各方面产生的影响就会更为容易。与传统计划经济下中央集权式的政治模式相比，当前较为宽松的地方政府激励模式无疑在提高效率方面具有更强的适应性，更能体现“效率优先”的分配原则。事实上，为了更好地对地方政府进行激励与约束，基于发展国民经济需求，中央政府对地方的政绩考核体系也是依据效率原则加以设置的。在面临来自政绩考核以及发展本地经济的双重压力下，经济增长在很短时间内就成为各级地方政府所追求的目标，也使地方政府成为中国经济发展最重要的推动力。但是，从近几年的情况看，兴起于20 世纪 90 年代的地方政府激励模式不仅在推动国民经济发展方面出现了动力不足的迹象，还无助于环境、安全、健康等问题的解决，甚至出现了地方政府为了追逐经济利益，助推了社会不公平现象的出现。经过总结，本书发现，地方政府激励在以下三个方面产生了较为明显的负面影响。

（一）经济增长压力使地方政府在经济建设中偏好过度投资，造成全国各地大量出现重复建设的情况

由于政府投资能够在短时间内大幅提升当地 GDP 增长水平，十分符合政绩考核体系的增长要求，普遍被地方政府视为发展本地经济的有效途径。1997 年，东南亚国家发生了严重的金融危机，并最终扩散至全球，对中国对外贸易产生了严重负面影响。为应对危机，并保持国民经济的发展活力，中央、地方两级政府通过实施积极的财政政策，在全国范围内进行基础设施建设，顺利地渡过了难关。此后，虽然金融危机影响逐渐减弱，但是地方政府依然保持较高的投资热情，不仅没有减少政府投资，反而在投资规模上有所加大。这种情况到 2009 年则更为严重。为应对兴起于美国“两房”的国际金融危机，中央政府颁布了两年“四万亿元”经济刺激计划，在这种背景下，地方政府对于投资的偏好达到了顶峰。数据显示，2009 年全国固定资产新建投资累计达到 90313.77 亿元，固定资产扩建投资累计达到 30488.32 亿元，增速分别为 37.2% 和 25.1%；到 2010 年，虽然增速有所降低，分别为 26.8% 和 12%，但两项投资累计达到 114151.46 亿元和 33927.37 亿元。

（二）现有激励模式加剧了地方政府之间的竞争，造成了地方保护主义盛行，同时，地方政府与企业之间形成了更为紧密的利益联系

为了激励地方政府发展经济，中央政府对政治晋升制度进行了相应的调整，官员升迁往往是由所辖行政区域的经济发展速度决定。在这种情况下，不同地区地方政府之间就产生了十分激烈的竞争关系，进一步地，企业作为推动本地经济发展最重要的要素，与地方政府则会随之建立起更为密切的联系。地方政府为了获得更高的发展速度，通常会不遗余力地支持本地企业，使得地方保护主义盛行，从而导致了地方政府出现“公司化”倾向，而企业在追求利润最大化的违规行为往往会成为诸多社会矛盾的源头。

（三）为了追求经济发展速度，公共管理与社会性规制的质量受到严重影响，甚至被当作发展经济的工具

在目前的地方政府激励模式下，地方政府手中的任何资源都有可能被当成其追逐经济增长的工具。除经济增长之外，地方政府还要承担公共服务、社会性规制①等诸多关系到社会公平的职能，但是，对这些职能的考核本身就存在诸多困难。因而，在中央政府无力对其进行监管前提下，地方政府偏好通过牺牲公平目标以换取效率目标，这进一步强化经济增长所产生的外部性，当地民众不得不负担地方政府行为所造成的额外成本，由此，许多社会问题诸如健康、环境、安全等，都在近年出现了不断恶化的趋势，煤矿安全、食品安全、环境污染、药品安全等诸多影响恶劣的社会性事件接连爆发。例如，2000 年广东“毒大米”事件、2003 年浙江金华“敌敌畏毒火腿”、2005 年“苏丹红 1 号”事件、2008 年三鹿“三聚氰胺毒奶粉”事件、2010 年河南双汇集团“瘦肉精”事件、2010 年紫金矿业污染福建汀江事件、2011 年康菲公司蓬莱 19－3 海上钻井平台漏油污染渤海湾事件、2011 年云南曲靖铬渣污染事件，等等。随着民众对生活质量与社会公平要求的提高，这一问题正在越来越受到关注。本书研究所关注的“安全规制波动”，正是这方面较具代表性的问题之一。

第二节 安全规制波动的提出

一 关于规制

（一）“规制”定义

最新版《帕尔格雷夫经济学辞典》对“规制”（Regulation）进行解释的词条撰写者博伊尔（Boyer）认为，不同领域的规制理论组成了一个研究领域，它集中关注的是经济发展的长期转变，并进一步指

① 由于中国在各个规制领域都缺乏独立的垂直规制体系，地方规制通常是对所在地区政府负责。

出，一种规制形式就是生产与社会需求相适应的某种动态过程。本质上讲，博伊尔是将规制视为与经济发展水平相适应的一个动态内容。[①]维基百科对于“规制”的解释更为具体，认为所谓规制，就是通过法律或者其他方式限制社会个体或者组织的行为。[②] 从适用范围的角度来看，前者包含宏观规制[③]与微观规制，可以被视为广义上对规制进行的定义；而后者则是专门针对微观规制来说，是在狭义上对规制进行的解释。

（二）经济性规制与社会性规制

按照发挥作用不同领域划分，政府规制可以分为经济性规制与社会性规制两大类。所谓经济性规制，主要是针对电力、铁路、电信等自然垄断特征明显的行业，政府对企业定价、进入与退出等方面所进行的约束，旨在解决信息不对称问题，以实现行业生产效率与公平服务之间的统一。作为规制经济学核心领域，经济性规制问题的研究在20世纪90年代达到顶峰。但是，近年来主要研究方向已逐渐转向社会性规制，健康、安全以及环境等社会性规制问题正在受到越来越多的关注。所谓社会性规制，主要是针对人们生产与生活过程中，政府对威胁民众安全、健康、环境等方面的问题所进行的约束，旨在解决负外部性问题。植草益认为，“社会性规制是以确保国民生命安全、防止灾害、防止公害和保护环境为目的的规制”。正因为如此，与经济性规制注重效率与公平的统一不同，社会性规制更多的是把重心放在公平方面。本书主要关注的就是微观规制中的安全规制，是社会性规制的重要组成部分。

二　从动态视角出发的安全规制波动

（一）主流经济理论中的社会性规制

西方学者对于社会性规制的研究兴起于20世纪50年代，随着经济发展水平越来越高，人们逐渐改变单纯追求物质享受的生活习惯，

---

① http：//www. dictionaryofeconomics. com/article? id = pde2008_ R000085.

② http：//en. wikipedia. org/wiki/Regulation.

③ 宏观规制，在一定程度上说，是宏观调控的另外一种说法。

希望以更健康、更环保、更安全方式进行生产与生活，而政府逐渐注意民众的这种诉求，随之开始越来越重视在安全、健康和环境等领域的制度建设。事实上，在此之前，已有少数学者对部分社会性规制问题进行了研究，其中，有关工作场所安全的文献是出现最早的。理查兹（Richards，1915）对美国兴建铁路时期高发的安全事故进行了研究，经过对当期事故原因的一系列分析，理查兹认为，过度追求效率以及忽视安全程序是发生事故最主要的原因。随着西方各国在社会性规制方面制度建设的不断完善，涉及相关研究的学者人数越来越多，对于安全、健康与环境方面的研究逐渐形成了一个相对独立的研究领域，并形成了一定的特色。本书将对主流经济理论中社会性规制问题研究特征进行简单总结。

首先，西方社会性规制研究都是以相对较为完善的市场经济制度和政府治理模式为背景的。以研究时序来说，社会性规制理论研究出现的时间是晚于经济性规制的。作为民众在更高层次上的需求，在社会性规制研究兴起时，欧美等西方发达国家在市场经济制度、政府治理模式等社会基本制度框架建设方面已经较为完善。因此，主流社会性规制研究基本不会涉及诸如地方政府激励以及类似因素，而是在相对稳定的制度环境中进行不断完善与补正。

其次，许多围绕社会性规制开展的研究都注重通过现象的经济分析，提出相关制度建设，尤其是法律方面的完善意见。根据民众的制度诉求，不断对相关法律进行修订，是欧美等西方社会完善制度建设的主要途径。因此，西方国家学者在研究社会性规制时，通常十分关注在安全、环境、健康等领域出现的新现象，并通过运用经济工具分析对其进行解释，以此为颁布相应的法律提供理论支持。由于它们在政府监督以及规制机构设置方面的制度建设较为完善，在相关法律颁布之后，其对执行规制过程中出现的问题具有相应的解决途径，因此，西方社会学者们较少担心规制的执行问题，而是较为关注最后的执行效果，以作为相关法律有效性的反馈。

最后，大多数研究以实现社会福利最大化为唯一目标，仅有少数文献对规制产生的成本进行分析。作为规制经济学的重要特点之一，社会性规制问题大多带有较强的公共产品或公共服务性质，因此，西方社会学者通常是以公平目标最大化作为社会性规制研究的最终实现目的，使得立足于社会公平所得到的研究结论在绝大多数情况下都不利于被规制者进行生产或经营活动。由于这种情形有可能会使规制成本变得过于高昂，因而出现了少量文献，它们注意到这方面的问题，并对规制所产生的成本进行了分析和估算。

综上所述，主流经济理论对社会性规制的研究是在一个相对完善的经济社会制度背景下建立起来的。如果将社会制度完善程度视为一个横向维度，将规制研究视为另一个维度的话，如图 1－2 所示，区域Ⅰ代表西方国家社会性规制研究所涵盖的范围，具有经济社会发展程度高的特点；区域Ⅱ代表新兴国家社会性规制研究所涵盖的范围，其特点是经济社会发展程度较低；区域Ⅲ则是区域Ⅰ和Ⅱ的交集。可以看到，由于发展程度差异，许多发达国家社会性规制的研究对于新兴国家借鉴意义有限，使得新兴国家出现的许多问题在现有文献中难以找到合理的解释。因此，结合新兴国家的国情，推进相关研究发展就显得非常必要。

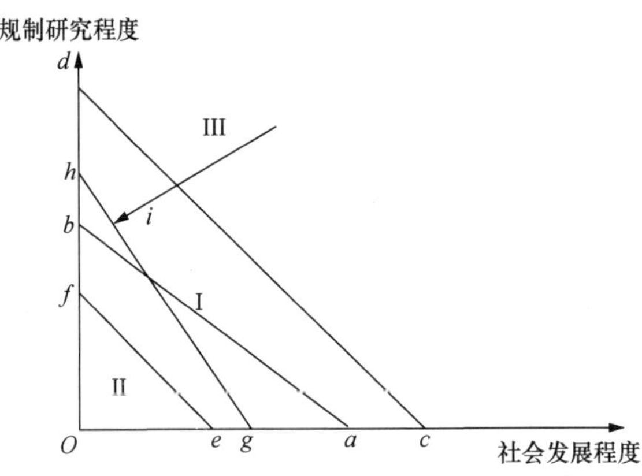

图 1－2　发展中国家与发达国家社会性规制研究差异

（二）过松与过严两种情况并存的中国安全规制

由于在制度建设阶段存在的先行优势，欧美等西方发达国家在建立社会性规制体系时，已经拥有较为完善和稳定的法律框架与政治治理模式。因此，这些国家社会性规制体系从建立伊始，就具有许多新兴国家难以企及的优势。最直接的表现就是西方国家的规制体系表现出非常强的独立性，而其展现出来的执行水平在相对较长的时间内也较为稳定。但新兴国家的社会性规制表现却不然。以中国为例，虽然在推进市场经济改革之后，市场进行资源配置的能力越来越强，但与之相关的社会制度建设却要滞后得多。就社会性规制领域来说，最重要的问题就是各式各样的行政干预在社会性规制执行过程中屡见不鲜，使规制从政策制定到具体执行都缺乏独立性。加之地方政府在政府激励模式下维稳心态愈加强烈，因此，一旦发生突发事件或安全事故，正常的规制往往会被更为强力的行政手段所替代。

具体而言，就是在社会性规制执行过程中，规制执行水平经常会在短时间内出现大幅度变化，本书将其称为安全规制波动。对于这类问题，人们能够通过各类社会媒体直接观察到的现象就是，在发生较为严重或者影响较大的事故之后，中央政府的相关部门介入调查，在巨大的社会压力下，地方政府对出现问题的环节不计成本地进行大力整顿，直至追究相关责任人的责任。但是，这种模式通常没有达到消除事故的作用，经过一段时间之后，事故还会持续不断地出现。通过本书的分析发现，这种事发后地方政府不计成本进行治理的做法，其实，只是整个规制波动循环中的一部分，本书称之为规制过严，而有些媒体将其称为“运动式执法”，其特征是高安全投入、低生产收益和低事故发生率。进一步地，反观事故发生之前，由于一系列原因，安全规制并不会被认真执行，造成此时安全规制所表现出的水平难以达到遏制事故发生的程度，本书将这种情况称为规制过松，其特征是低安全投入、高生产收益和高事故发生率。规制过松和规制过严，既是规制波动的明显特征，也是组成规制波动的两个阶段，而规制波动的内涵就是在外界因素影响下，安全规制水平所呈现的短期动态。

（三）地方政府激励与安全规制波动

理解安全规制波动现象，本质上讲，就是分析安全规制水平的短期动态变化过程，而首先需要明确的是造成安全规制波动的原因。从前文分析可以发现，当前地方政府激励模式与安全规制水平出现的短期动态化关系非常密切。

进入21世纪之后，中国实现了国民经济原始资本积累，居民生活得到极大的改善（见图1－3），民众对更健康、更安全和更环保的生活工作方式的需求不断提高；而持续多年的粗放型发展方式开始显示出难以为继的迹象，对GDP增长的片面追求也使安全、环境、健康等方面的问题逐渐恶化。在这种情况下，2003年，党中央国务院提出“科学发展观”的重大战略思想，成为扭转发展模式的一个转折点。随后，中央政府开始逐渐对过去曾经发挥重要作用的地方政府激励模式进行调整，最直接的表现就是，诸如安全、健康、环境之类社会性问题治理在地方政府绩效考核中的比重逐年增加，并且在发生事故之后问责越来越严厉。改革开放后，在相当长的时间内，地方政府都没有面对如此苛刻的问责制。这种对政府越来越高的要求与中国未来经济社会发展趋势相符合。但是，中央政府却并未对现有财政体制进行调整，这加剧了两级财政中财权与事权关系不匹配的矛盾。虽然与之前相比，中央对经济增长水平考核所占的比重略有下降，但总的来说，对经济增长仍然占有绝对比重。两方面压力的加总使得中国地方政府面临一个前所未有的难题——既要保障本地社会福利水平，防

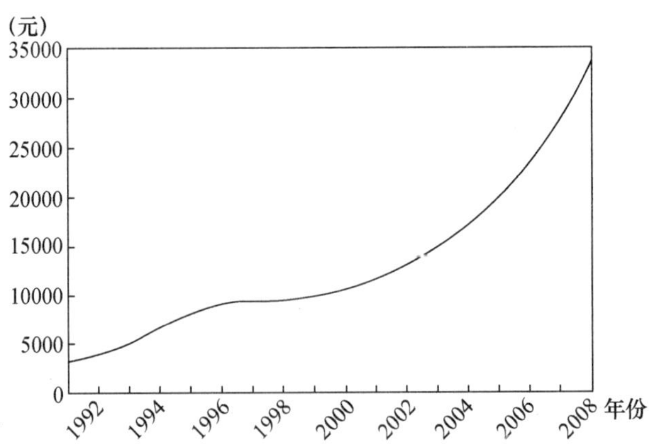

图1－3　1991—2008年全国在岗职工工资总额

止发生严重的事故，或者至少要保障发生事故之后的社会稳定，又要不遗余力地发展本地经济。在这种背景下，地方政府的目标函数表现出的双重性特征十分明显。

霍姆斯特姆和米尔格罗姆（Holmstrom and Milgrom，1991）曾对一个代理人从事多种任务的情形进行过分析，他们认为，代理人在面临多种任务时，不仅要在不同任务上分配激励，更为重要的是，要在不同任务上分配注意力。因此，地方政府在面对经济增长和社会福利两项任务时，必须首先要做出抉择，确认哪个放在首要位置，哪个放在次要位置，随后才能安排激励。在这种情形下，相对于以往追求经济增长的单目标来说，地方政府激励模式发挥作用的途径就产生了一定的变化。通过上述分析，可以初步发现安全规制波动现象与地方政府激励模式之间的联系。在进行更为深入的分析之前，本书将结合来自真实世界中存在的现象，对安全规制波动特征进行归纳。

第三节　来自真实世界的证据

一　地方政府“运动式治理”的泛滥

“重视的时候是真重视，遗忘的速度则同样超出想象”，这是媒体对于地方政府“运动式治理”的描述。① 而在日常生活中，诸如“集中整治”“专项治理”“狂飙行动”等词汇时常见诸报端，地方政府中的各类执法部门也习惯于集中优势人力、物力资源，在短期内对违法违规现象进行治理。以下是一些非常典型的例子。

2011 年 4 月起，全国范围开展了公务用车专项治理活动，重点解决超编制配备使用公务用车、超标准配备使用公务用车、违反规定换车与借车、摊派款项购车、豪华装饰公务用车和公车私用六个方面的问题。②

---

① http：//epaper. oeeee. com/I/html/2010 – 11/01/content_ 1213678. htm.

② http：//news. xinhuanet. com/fortune/2011 –05/31/c_ 121479952. htm.

2010 年，在为上海世博会、广州亚运会和亚残运会营造良好社会文化环境的要求下，全国进行了一场“扫黄打非”专项治理活动，希望通过一系列不间断的专项治理行动，遏制淫秽色情出版物、侵权盗版出版物等非法出版物的传播和蔓延。

2009 年 8 月 15 日起，公安部在全国开展了为期两个月的严打酒后驾驶违法行为行动。醉酒驾驶机动车人员将一律被拘留 15 日，暂扣驾驶证 6 个月。对一年内两次醉酒驾驶的，一律吊销驾驶证，两年内不得重新取得驾驶证。①

2007 年 3 月 8 日，河南汝南下发《县委、汝南县人民政府关于开展狠刹“四风”活动强化作风建设的意见》，决定从 3 月开始，开展以狠刹公款吃喝风为重点的作风建设活动。在随后一个月内，陆续有公安局、检察院等多个部门 30 多人受罚。②

2006 年 4 月 24 日，为了整治“黑出租车”，北京市进行了为期一个月的专项治理。按照北京市发布的《依法查处取缔无照营运行为的通告》，期间查获的黑车一律处以“极刑”，即不论车型全部按照上限 50 万元的标准予以罚款。如果第二次被查，除被罚款外，车辆将一并没收。在高压治理下，虽有不少“黑车”落网，但更多的却是暂时休整，或实施“战略转移”到打击力度相对薄弱的远郊区县，随后，那些原本就是“黑车”聚集地的城乡结合部，泛滥之势愈加严重。③

类似的例子不胜枚举，可以看到，“运动式治理”已成为政府在扫黄打非、整治醉酒驾车、“黑出租车”、公车滥用等诸多领域进行治理的主要方式。从执行效果看，“运动式治理”的效果毫无疑问是十分明显的，对于恢复正常秩序具有立竿见影的效果。但是，由于“运动式治理”带有强烈的外生性特点，相当于在不改变治理结构的情况下，产生一个外生性冲击。这种打破原有均衡的方式，虽然会在短期

---

① http://news.sina.com.cn/c/2009－08－14/182218437282.shtml.

② http://news.sohu.com/20070430/n249797052.shtml.

③ 李松：《新华社调查型记者：中国隐性权力调查》，华夏出版社 2011 年版。

内影响相关主体的行为选择、恢复期望秩序，但是一旦执法期结束，相关主体仍然会恢复之前的行为选择。唐贤兴（2009）认为，在社会动员模式发生变化的现实情况下，政府仍对“运动式治理”产生偏好，这实质上是政府的社会动员能力不足的表现，并且“运动式治理”也确实存在着弥补政府动员能力不足的可能性。通过上述分析，本书不妨将地方政府的“运动式治理”视为在不改变治理结果的前提下短期内具有明显效果但成本高昂的一种治理方式。

二 社会性规制中的“运动式治理”

与扫黄打非、治理“黑车”等恢复社会正常秩序的“运动式治理”相比，在安全、健康、环境等社会性规制中的“运动式治理”面临的约束愈加复杂，地方政府目标函数所表现出的双重性更加突出，能够更为深刻地体现目前地方政府在进行协调效率与公平问题时所面临的困境。

目前，“运动式治理”最为突出也较具代表性的就是煤矿安全规制。停产整顿已经成为地方政府煤矿事故发生之后的通行做法，而业内将其称为“连坐”。2007 年北京房山区小煤矿连续发生事故，市安监局发出通告，要求该地区所有煤矿马上停止生产活动，复工煤矿需要经过主管区长的签字同意。通报称，为有效遏制和全力压减煤矿生产安全事故，市安监局和房山区政府决定，房山区各煤炭企业必须立即停产整顿，撤出井下所有人员。停产期间，各矿矿长、法人代表、投资人要死盯死守，不得擅自离矿，若有特殊情况，须经乡主管领导批准；凡停产整顿期间擅自组织生产，或假停产、真生产的煤矿，一经发现，一律暂扣安全生产许可证；在停产整顿期间发生死亡事故的煤矿，一律吊销安全生产许可证，并提请地方人民政府予以关闭，并依法追究相关责任人的责任。复工时，须经煤矿规制等部门联合验收合格，主管区长签字同意，报市安监局批准后方可恢复生产。

2007 年，江西省连续发生三起煤矿事故，导致 8 人死亡。为此，江西省发出通知，要求全省所有煤矿即日起立即停产整顿。同年，陕西韩城市连续发生煤矿安全事故，地方政府同样采取停产整顿的方法。韩城市境内共有地方煤矿 34 家，从 11 日起，无论生产条件是否安全，全面停产整顿。在 2008 年 3 月底之前，坚决不准生产。韩城市将采取封存六证、断电、停供火等措施，强行遣散矿工，由 34 位市级领导、各职能部门和包联单位实行责任包干，看死盯牢，严密监督各煤矿停产整顿到位。并且此后，对每月地方煤矿的安全生产排序时在末位的两个矿，将强制实行停产整顿。

2003 年，河南伊川县发生重大煤矿透水事故，负责安全规制的省煤炭工业局下发紧急通知，责令伊川县乡镇煤矿全部停产整顿。通知要求，洛阳市煤炭局要立即对该市范围内的所有煤矿进行一次以防治水为重点的专项安全大检查。凡达不到《河南省乡镇煤矿安全生产基本标准》的，要坚决予以停产整顿。凡“一通三防”设施、系统不完善，制度不落实，管理不到位的矿井要全部停产整顿，坚决防止发生瓦斯煤尘重、特大事故。通知还强调，凡洛阳市煤炭管理部门验收合格的矿井，必须由省局批准后方可复工生产；凡停产整顿的乡镇煤矿，必须由所在地县（市、区）级煤炭管理部门组织初次验收，洛阳市煤炭管理部门进行复验，合格后报省局批准后方可复工生产。

从以上例子可以看出，每一次重、特大煤矿事故发生之后，人们似乎形成了煤矿一旦出事则相应地方的煤矿就该停产的经验判断。

从图 1 -4 中可以看到，煤矿事故死亡人数呈现锯齿式波动，波峰与波谷之间距离很短，通常仅有 1—3 个采样间隔，并且落差较大，其中以 2002—2006 年最为明显，而这段时期恰恰是近年来中国煤矿

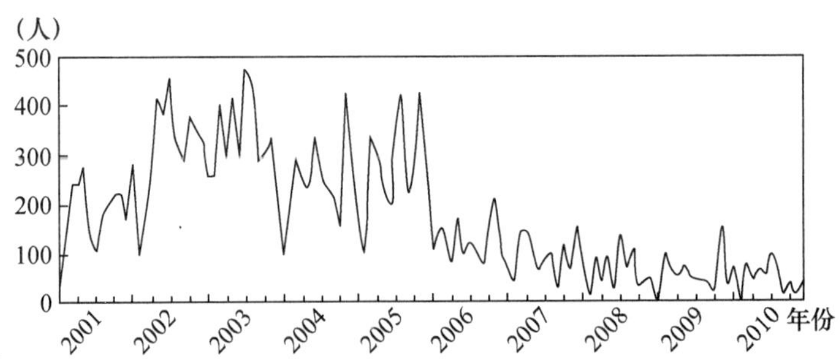

图 1 -4　2001 年 1 月至 2010 年 12 月全国煤矿事故死亡人数

资料来源：根据“国家安全生产监督管理总局事故查询系统”统计整理得出。

安全问题最突出的阶段，相继发生了黑龙江鸡西“6·20”、重庆开县“12·23”、郑州大平“10·20”、陕西铜川“11·28”、辽宁阜新“2·14”、山西朔州“3·19”等震惊全国的特大煤矿事故。2005 年之后，中央政府着手大力解决煤矿安全问题，死亡人数波动范围出现明显下移，但死亡人数所呈现的仍然是锯齿式波动。

很明显，“运动式治理”并未解决煤矿安全问题，截至目前，重、特大安全事故的报道仍然会出现在民众的视野中。同样，这种情况不仅仅出现在煤矿安全规制当中，在其他社会性规制领域也屡见不鲜。2010 年 11 月 15 日，上海胶州路发生特大火灾，导致 58 人死亡。随后有关部门在全国开展了一场声势浩大的“高层建筑消防及外墙装修专项检查活动”。在 2011 年 1 月 14 日，湖南长沙市又发生了一起导致 10 人死亡的特大火灾，事故发生地点不久前刚刚经历了一次消防事故检查。2010 年 7 月，媒体报道“三聚氰胺毒奶粉”再次出现在甘肃、青海、吉林、河北等省份，消息一出，不禁让人又回想起 2008 年那次震惊全国的“三鹿毒奶粉”事件。2011 年 3 月，河南孟州爆出双汇“瘦肉精”事件，作为早在 2001 年就已明令禁止使用的饲料添加剂克伦特罗，出现了十年难禁的情况。在工业生产领域同样如此。2015 年 8 月 12 日，天津港瑞海公司危险品仓库发生特别重大火灾爆炸事故。2010 年 12 月 15 日，大连新港油罐区发生火灾，造成 3 人死亡，而这已是短短的一年间，同一地区发生的第三场火灾，其中就包括引起全国关注的“7·16 输油管爆炸事故”。[①] 此外，类似的还有 2005 年 11 月 13 日中石油吉林石化公司工厂发生爆炸，导致松花江水质被严重污染、2010 年 7 月 3 日紫金矿业有毒废水泄漏事件，等等。

面对这类情况，人们普遍判断是规制力度不足，需要加强规制。但是，事情真是这样吗？事实上，从静态角度出发，安全规制可以分为事故预防型规制和事故追究型规制，两类规制贯穿始终，在不同阶

---

① 《大连漏油事件中石油投资换赔偿》，http：//finance. sina. com. cn/chanjing/gsnews/20110104/01279198153. shtml。

段发挥着不同的作用（肖兴志等，2010）。对规制不足的判断是基于事故预防型规制来说的。而通过前面所列举的诸多案例，本书发现，如果从事故追究型规制角度来看，中国在安全领域的规制强度并不像普遍认为的那样处于比较低水平，恰恰相反，各级政府一直都十分重视。基于上述认识，本书将从地方政府激励以及由此形成的地方政府双重目标出发，对安全规制执行短期内的频繁变化进行分析。

第四节　本书主要观点

一　研究规制波动的意义

本书立足于中国社会性规制实践，汲取新规制经济学、新政治经济学等前沿成果，主要以煤矿安全规制波动为例，探究规制波动形成机理、实证影响和作用方式。理论价值主要是以下三个方面。

第一，作为带有鲜明中国转型期特征的经济社会现象，规制波动反映了围绕企业生产的多方利益纠葛及其对安全规制执行产生的影响。将新政治经济学关于利益分歧下行为的洞见引入规制领域，有可能利用这一独特素材在规制经济学领域，特别是在关于发展中国家的社会性规制的领域有所创新。

第二，规制波动反映了在生产和安全双重目标约束下地方政府行为的扭曲。深入剖析规制波动现象，就有可能建立一个能将生产和安全结合起来的动态分析框架，更加贴近中国对经济增长高度依赖的国情，拓展社会性规制的研究范畴。

第三，规制波动所产生的影响具有非线性特征。本书将主要用于检验货币政策非线性效应的平滑转移回归（STR）模型引入社会性规制波动影响的实证分析，将规制过松与规制过严两个阶段放入一个统一的动态实证分析框架，有助于推进规制经济学实证研究的创新发展。

二　主要观点

在发生突发事件或者安全事故之后，地方政府通常采取行政手段进行干预，表现为高水平的规制，企业有时不仅需要严格按照各项规定程序进行生产，甚至还会停产整顿，影响正常生产经营活动，但是，随着突发事件或者安全事故所造成的负面影响逐渐淡化，地方政府的行政干预将撤出，规制水平回归正常，但这种调整通常不会像发生安全事故时那样，会在很短时间完成，而是需要一个较长的过程。具体表现是：地方政府会选择逐渐降低规制水平，企业也会相应地逐渐提高努力水平，例如，延长工作时间、简化生产程序等，这些努力都会使产量呈现上升趋势，然而，再次增加了发生事故的概率，直至突破安全生产的约束，完全变成低水平的安全规制，此时，产量与安全事故发生率均达到最大化，在突发事件或安全事故发生之后，进入下一个规制波动周期。在上述过程中，未发生安全事故时，地方政府为了刺激企业生产，经常会放任企业的违规生产行为，造成的规制水平下降，本书将其称为规制过松，其特征是低安全投入、高生产收益和高事故发生率；发生安全事故之后，地方政府采取严重影响企业正常生产乃至停产的不当干预行为，被称为规制过严，其特征是高安全投入、低生产收益和低事故发生率。规制过松和规制过严既是规制波动的明显特征，也是组成规制波动的两个阶段，而规制波动的本质就是在外界影响因素下安全规制水平出现的短期动态化。

本书的基本观点是，过度的经济增长激励与硬化的社会稳定约束使得地方政府目标存在明显的双重性，地方政府必须通过权衡实现其收益最大化；发生事故之前，安全事故的偶发性以及与中央政府之间的信息不对称强化了地方政府的投机倾向，规制治理漏洞的存在又给其操作提供了空间；发生事故后，中央政府的强力干预又迫使地方政府目标函数发生短期变化。上述因素的耦合作用最终导致规制波动现象的出现。

三　贡献与不足

总的来说，本书的贡献有如下几个方面。

第一，将社会性规制中出现的规制过松与规制过严纳入统一的动态分析框架，提出规制波动问题，探讨中国特有的政治晋升与经济激励体制下规制波动的形成机理及其对生产与自身安全规制的影响，并运用计量经济方法对理论分析进行实证研究，对煤矿安全规制波动理论进行了验证。本书的研究贴近实际经济现象，有助于揭示处于转型期的中国社会性规制过程中所遇到的问题，加深对中国社会性规制中出现问题的认识，推进社会性规制理论在中国具体国情下的进展。

第二，基于国家安全生产监督管理总局网站的数据系统和理论分析，从结果性指标中寻找规制水平的替代变量，为分析规制水平动态变化提供了一个新视角。在此基础上，借鉴宏观经济分析中专门研究非线性状态转换的平滑转移回归模型研究规制波动实证问题，扩展了非线性计量分析方法在不同学科之间的应用。本书构建的规制波动模型，具有较强的适用性和拓展性，可以应用于研究政治晋升与经济激励环境下社会性规制领域的波动问题，克服了既有研究之间缺乏统一分析框架的不足。

第三，结合“三聚氰胺毒奶粉”事件和“奶业标准降低”事件的两个典型案例，从地方政府与安全规制之间关系的视角出发，分析了“三聚氰胺毒奶粉”事件发生对乳制品行业以及重点企业所产生的影响，并进一步发现，这些影响最终还将体现在地方政府收入上。随后，以此为基础，进一步分析了“奶业标准降低”事件过程中地方政府与中央政府的博弈情况，从规制视角揭示了地方政府行为对社会性规制的干预情况。

但是，囿于时间和作者水平，本书也存在若干不足：

第一，本书理论分析所采用的是委托—代理模型框架，虽然在一定程度上实现了对规制波动形成机理的解释，但是，从构建防范合谋角度出发，并讨论不满足若干重要约束的方式所进行的分析，对不同情况下均衡解的分析仍然可能会产生争议，因此，有可能还存在更好的讨论这一问题的模型框架。

第二，在为规制水平寻找替代变量时，囿于衡量政府规制行为数据缺乏的限制，本书所选取的仍然是结果性指标，虽然借助之前的理论，能够对其短期的合理性进行解释，但从长期来看，这些替代变量的选择仍然比较容易引起争议。

第二章　现代规制经济学理论综述

作为经济学门类，现代规制经济学是在合同理论基础上建立起来的，最早研究对象是自然垄断行业。然而，随着经济学者对市场机制的理解越来越深刻，“规制”逐渐成为政府“弱干预”代名词，之所以将其称为“弱干预”，主要是因为与一般意义上的政府干预不同，为了防止政府行为对市场机制的过度扭曲，规制机构更偏好使用间接手段，或者说市场手段，而非直接行政手段纠正被规制者行为。一方面是防止过度扭曲产生的高成本损害市场经济运行效率；另一方面是随着实践经验的不断积累，经济学者与政府部门均已意识到采取直接干预的做法往往失效，而采取弱干预是更好的选择。

与此同时，关于制度演进的新制度经济学受到了学术界前所未有的关注，经济学者逐渐意识到，对经济均衡的讨论只有在给定政治环境前提下才有意义，因此，大量经济学者专注于对比不同政治体制下的经济政策，取得了大量重要的研究成果。但是，从目前已有文献来看，绝大多数研究都是基于比较成熟的西方现代民主政治制度，对处于转型进程中的新兴国家来说，由于不满足经济均衡所需的诸多假设，因此，借鉴意义相对有限。在这种情况下，新兴国家的经济学者开始结合本国制度演进的实际情况，提出区别于西方的政治制度理论。毫无疑问，基于这些政治制度理论对经济发展、公共政策、收入分配等问题进行解释更贴近现实。就中国来说，随着改革开放不断推进以及市场经济体制完善，政府已由最初直接负责各行业经营逐步转变为对其进行规制。通过借鉴西方国家经验与自身努力，初步形成与本国国情相适应的规制制度。然而，特殊的政治制度背景以及处于转型期的现实使得中国所面临的问题更加复杂，这对中国规制经济理论研究提出了更高的要求。

在讨论本书主题之前，对现代规制经济的发展历程、核心理论等一般性问题进行梳理有助于我们更深刻地理解规制波动这一问题的脉络。之后，本书将以中国政治晋升“锦标赛”理论与社会性规制理论为例，从政治经济学与规制经济学相互融合的角度出发，深入讨论政治晋升“锦标赛”对社会性规制理论的影响以及两者之间存在的冲突。事实上，本书所要阐明的一个基本观点是目前中国社会性规制存在的主要问题大多源于政治激励与社会性规制之间目标的冲突。

第一节　现代规制经济学发展脉络

规制经济学作为将自然垄断产业作为主要研究对象的经济学科，其在 20 世纪 70 年代之前一直处于零散状态，此时的规制经济学还只是产业组织的一个研究方向，从事相关研究的经济学家数量少，研究成果乏善可陈。1970 年，美国经济学家卡恩（Kahn）著的《规制经济学：原理与制度》出版标志着规制经济学作为一门经济学科的诞生。进入 20 世纪 70 年代之后，美国垄断行业与社会普通民众的利益冲突加剧，尤其是 AT&A 等行业巨头的存在，使得经济学家开始对这种资源分配模式的效率进行思考，破除自然垄断成为美国经济的迫切需求。在这一时期，著名经济学期刊《兰德经济学杂志》前身《贝尔经济学杂志》相继发表了鲍莫尔、波斯纳、施蒂格勒、威廉姆森（Baumol，Posner，Stigler，Williamson）等著名经济学家的经典论文，这些文献对当时美国垄断规制模式进行了激烈争论。此后，一批具有杰出才华的年轻经济学家也投入规制经济学的研究中来。这些经济学家的研究成果，促使规制经济学不断发展，逐渐成为产业组织理论的重要分支。

20 世纪 80 年代，在微观经济理论发生信息革命之后，合同理论以及机制设计等现代经济学研究方法的出现大大促进了规制经济学的发展，巴伦和迈尔森（Baron and Myerson，1982）是最早使用现代经济学技术进行规制经济学理论分析的经济学家，他们的工作具有十分重要的意义，对拉丰和蒂诺尔（Laffont and Tirole）这两位现代规制经济的奠基者产生了重要的影响，现代规制经济学自此走上了一条从产业组织理论的分支到一门独立系统的现代经济学学科发展的道路。20世纪90年代，规制经济学发展到达巅峰，拉丰和蒂诺尔在系统地总结前人的研究成果之后，发现尽管经济学家提倡放松规制，鼓励竞争，但是，在如何设计激励机制这一核心问题上缺乏深刻的认识。此外，从合同理论和机制设计角度出发，他们认为，传统规制经济学在分析规制政策时所做出的规制机构与被规制者之间具有完全信息这一假设是极不符合现实的，导致许多现象难以得到合理的解释。因此，拉丰和蒂诺尔放松了完全信息这一关键假设，使用合同理论以及机制设计等现代经济工具发表了一系列经典论文，并最终在1993年出版了《政府采购与规制中的激励理论》一书，该书的出版标志着现代规制经济学的诞生。在拉丰于2003年因病去世之后，蒂诺尔基于两人在现代规制经济学上的贡献于2014年获得了诺贝尔经济学奖。他们的工作为世界各国政府规制制度改革提供了理论基础。之后，由于现代规制经济学理论研究遇到了“瓶颈”，研究重心逐渐由理论研究转移到实证研究。

除理论框架搭建完成之外，过去20多年中，规制经济学在其他方面同样出现了较快发展。首先是规制效果评价的兴起。简单来说，就是通过一系列技术对规制效果进行评价，然后基于评价结果对规制进行修正，最终达到提升规制质量的目的。其次是研究领域的扩展。现代规制经济学的研究领域由自然垄断行业等经济领域扩展至环境、健康与安全等社会公共管理领域。此外，随着互联网信息产业发展，互联互通与接入问题也成为当前规制经济学研究的新热点。最后是实证研究范式的建立。随着统计学、计量经济学等研究方法的发展，现代规制经济学中采用实证研究的成果数量开始增加，虽然仍然存在非常多的问题，但这一进步显著提高了现代规制经济学研究理论的可验证性。

第二节 现代规制经济学核心理论

在拉丰和蒂诺尔奠定现代规制经济学理论框架之前，传统规制经济学的研究范式更接近产业组织中的SCP框架，把政府规制视为外生制度，将被规制者分布视为类似市场结构的内容，被动地对规制效果或者影响进行评价，而后对规制主体行为进行调整。因此，与SCP框架存在问题类似，由于没有包含对规制机构与被规制者的信息结构、约束条件和所能选择策略三项关键信息，传统规制经济学缺乏对两者间行为互动的解释，使得传统规制经济学的理论分析没有触及一项十分重要的内容，即受规制企业的激励问题。上述理论不足导致规制机制设计变成一个非常被动的过程，即只有被规制者表现出相应问题，并且被规制效果评价过程识别之后，规制主体才可能发生相应调整。在大多数情况下，由于官僚机构反应迟缓，完成上述流程的机会成本是非常高的。

事实上，西方国家很早就尝试在自然垄断行业推进放松规制改革，旨在提升自然垄断行业的生产效率。在大多数情况下，这些改革取得了不错的效果，但也出现过一些问题，主要原因在于一些国家在自然垄断行业实施改革时出现了过度市场化，削弱了其公共产品的属性，最终导致社会福利受损。其中，最典型的例子就是美国电力市场加利福尼亚州模式的危机。20世纪90年代初，由于环保法及原油价格不断上升，加利福尼亚州用电价格非常很高，民众要求引入竞争以降低电价。90年代中期，加利福尼亚州政府顺应民意，逐渐解除电力市场规制，最终在1998年全面实施竞争性电力市场运作。然而，2000年石油输出国组织再次压产提价，天然气价格暴涨至15年来的最高位时，不受规制的发电厂受利润驱使，卖掉原本用于发电的库存天然气，直接导致2000年6月起加利福尼亚州出现了第二次世界大战以来从未有过的电力短缺。在政府采取一系列行政干预之后，电力危机逐渐缓解。然而，危机并未因此解除。加利福尼亚州模式更为严重的问题出现在输电环节。在对发电环节放松规制的同时，政府忽略了输电能力的供给不足。在放开上网电价的同时，政府对终端销售电价进行限制。由于具有很强的公共品属性且属于资本密集型，输电环节利润很小，缺乏投资吸引力，大量资本流向发电环节，导致输电网设备老化程度非常严重且得不到更新。意识到上述问题之后，加利福尼亚州政府开始大量收购电厂电网，最终完全由政府控制全州电力的生产、输配和销售。然而，政府的上述措施同样未能带来电力供应的改善。2003 年 8 月，美国加利福尼亚东部发生大范围、长时间的停电事故。自此，美国电力市场加利福尼亚州模式宣告失败。这一事件再次引发了规制经济学家对于激励性规制改革的思考，规制经济学家意识到过度推进市场化不仅不能有效提升自然垄断行业生产效率，很可能还会适得其反。随后，世界许多国家在自然垄断行业进行市场化改革时，更注重对于规制的建设。虽然市场化并非万能，但迄今为止，尚无一个已经引入市场竞争的国家倒退回传统模式，足以充分证明激励性规制所发挥的作用。

拉丰和蒂诺尔是最早进行激励性规制理论研究的经济学家，两人从 1986 年开始发表了十几篇经典文献，从不同角度研究了激励性规制，奠定了他们在该领域的权威地位。最终在《政府采购与规制中的激励理论》一书中对之前发表的论文进行了系统总结。他们指出，激励性规制要想达到预期目的，核心环节是要在信息不对称条件下，设计一种既能够给予企业足够激励，又使企业不至于滥用相机抉择权的激励规制合同。简单来说，激励规制合同包括强激励型和弱激励型两种。强激励型合同是指在实际上企业承受较高比例的成本，企业利润的多少与企业成本的高低密切相关，企业得到的总货币补偿随企业实际成本的变化而变化，成本越高，企业的净收益越低。弱激励型合同是指企业的利润不受成本变动的影响，企业的成本将完全得到补偿；同时，企业降低成本的收益不完全归企业所有，将部分转移给政府和消费者。在信息不对称情况下，提高合同的激励强度，企业将努力降低成本，产生大量的超额利润，这些利润完全归企业所有，称为信息租金。如果要通过分享等途径来减少企业的信息租金，则必然要降低合同的激励强度，企业降低成本的动机也会随之减弱。因此，在设计激励规制合同时，规制当局面临激励强度与信息租金之间的两难选择。此外，激励规制合同的设计，必须针对企业的类型空间，设计出在企业类型给定的情况下每一个参与者都是最优策略诚实执行者的机制。这样就可以得到关于激励和信息租金之间权衡的一般性结论：可以设计一个合同菜单让企业自己选择最优合同，其中低成本类型的企业选择高强度的激励规制，而高成本类型的企业则选择低强度的激励机制。

此外，在规制经济学实证研究方面，学者试图努力通过构造激励指数来实现激励的衡量。所谓激励指数，主要是指诱导企业采取最优化行为，即单位成本最小化或生产效率最大化行为的一系列量化指标，激励指数包括企业的产出价格指数和产出数量指数，既能够衡量单一产出企业的生产经营效率，也能够用于多产出企业。具体到某一企业，激励指数的设计需要考虑两个方面的因素：一是目标企业自身投入产出状况；二是同一产业内部企业的绩效。激励指数主要包括动态和静态两种，分别用于衡量被规制企业的动态和静态绩效，充分体现了激励性规制的目标和特点，在发达国家，激励指数已经较为广泛地应用于电信、邮政、电力等行自然垄断行业。

第三节　社会性规制：现代规制经济学新领域

进入21世纪之后，世界主要国家自然垄断行业激励性规制改革逐渐完成，规制经济学发展出现了“瓶颈”。然而，近年来，世界各国对环境、健康和安全等公共管理问题的关注为规制经济学带来了新的发展契机，为其注入了新的活力。由于研究范式相似，核心理论均是信息不对称环境下的最优合同设计问题，因此，规制经济学家能够非常方便地将关注点转移到环境、健康和安全等问题上，促成了规制经济学与公共管理学两门学科的融合。这一发展无论是对规制经济学还是公共管理学来说，均具有非常重要的意义，一方面，极大地拓展了规制经济学的研究范围；另一方面，为公共管理学提供了更加强大的研究工具，丰富了其研究范式。为了便于区分，学术界一般将自然垄断行业激励性规制理论研究划为经济性规制，将环境、健康和安全等问题划定社会性规制。

所谓社会性规制是政府为控制外部性和可能会影响人身安全健康的风险，而采取的行动和设计措施。日本著名规制经济学家植草益指出，“社会性规制是以确保国民生命安全、防止灾害、防止公害和保护环境为目的的规制”，具体包括对制药业、工作安全、产业安全、污染的排放控制、就业机会、教育等规制，集中表现为外部不经济和内部不经济两种市场失灵的规制。20 世纪 70 年代之前，学术界并不存在社会性规制概念，主要是对环境、健康和安全具体问题的关注，偏重于公共管理领域，而且非常零散，主要原因在于当时全球整体经济发展水平相对较低，居民生活水平不高，发展经济是更为重要的目标。自 20 世纪 70 年代开始，随着西方国家经济发展水平不断提高以及全球化进程加快，民众对于环境、健康和安全的需求骤然增加。在这一背景下，西方学者开始系统地进行社会性规制研究。其中，最典型的就是西方学者对于工作场所安全规制方面的研究。Viscusi 在此领域做出了重要贡献，他在 1995 年出版的《关键权衡：社会与个人对于风险的责任》一书中对人生命的价值、社会和个人对安全风险的反应、安全风险规制等问题进行了详细分析，并评价了美国 20 世纪 80 年代安全规制改革。他认为，健康和安全水平主要受三方面影响和支配：市场、由健康和安全管理机构对危险水平的直接管制以及工人抚恤金导致的安全激励。市场、规制机构的直接规制是为工作场所安全规制提供一个具体的客观环境，而由工人抚恤金所导致的激励则是健康和安全规制的内在动力。

从研究范式看，社会性规制与经济性规制类似，均是在信息不对称条件下由规制机构向被规制者提供一组强激励型与弱激励型搭配合同，使得被规制者在完成环境、健康和安全等社会性目标与利润最大化等经济性目标之间时，取得最优平衡，在完成社会性目标的同时，又不至于过多地损失经济效率，达到最大化社会福利的目的。因此，从外部性与信息不对称角度分析最优的规制政策设定是社会性规制最为常见的研究。

第四节 规制经济学实证主义：从规范研究到实证研究

作为一门现代经济学门类，规制经济学的研究范式包含规范研究和实证研究两大类。其中，规范研究主要讨论什么时候应该引入规制、应该如何引入规制等，关注的是规制应当是怎么样的；实证研究主要讨论规制是如何进行的、效果如何以及影响规制的因素。早期规制经济学文献大多属于规范研究，分别从解释市场失灵和最优规制政策两个角度进行研究。近年来，随着计量经济技术的发展以及现代规制经济学理论框架的搭建完成，规制经济学逐渐转向实证研究。从研究方法来看，计量经济学与统计分析是最主要的分析工具。

目前，规制经济学实证研究文献主要集中于两类理论：第一类是公共利益理论，该理论以最优合同为基准，重点关注规制需求以及运行的影响因素。在多种条件约束下，规制者被设定为社会福利的最大化者，而规制效果既被作为检验规制制度是否成功实现福利最大化的目标，又被作为量化规制成本与收益依据，施蒂格勒、佩尔茨曼、波斯纳是该理论的代表。目前，学术界普遍从福利经济学角度来看待这一理论。第二类是利益集团规制理论，这是目前规制经济的主流思想。该理论认为，规制的结果与执行过程是对利益集团之间复杂交互影响的反应，利益集团能够从不同的政府干预中获利或受损。在上述分析框架下，学者能够对规制效果进行预测、衡量和评价。蒂诺尔、拉丰、麦克切斯尼（McChesney）、埃利格（Ellig）等规制经济学者对利益集团规制理论做出了重要贡献。随着规制实践的变化以及合同理论等现代经济学前沿理论的发展，利益集团规制理论继续发展，出现了新规制经济理论（McChesney，1987，1997）、内生规制变迁理论（Ellig，1991）、利益集团政治合同理论（Laffont and Tirole，1991，

1993，2000，2002）等一系列分支。

利益集团政治规制理论是影响最深远的规制理论。对利益集团政治模型化工作是由拉丰和蒂诺尔（1991）系统完成的。该理论建立在对规制理论缺陷进行批判的基础上：第一，假设信息完全。在信息完全的假设条件下，企业无法抽取租金，缺乏激励理论的分析。同时，选民能够控制他们的代理人即规制者。这就无法解释现实中为何规制者拥有极大的自由裁度权，以及利益集团的利益与权力所在。第二，忽视规制供给方内部存在的重要代理关系。该理论认为，利益集团影响规制决策的根本原因在于规制会影响他们的利益。因此，有必要制定一套减少或阻止规制机构被俘获的激励机制。

内生规制变迁理论是埃利格（1991）提出的。该理论试图将规制变迁变成经济系统的内生变量，以弥补传统规制理论只将规制作为经济系统内生变量的缺陷。埃利格模型继承和发展了传统的政治均衡模型，即贝克尔模型，在完全信息的假定下，引入时间因子，引入对未来成本—收益现值的理性预期，将规制内生变迁整合到贝克尔模型中，根据成本—收益的现值变化，推出一个新的政治均衡模型，由此将贝克尔模型由静态变成动态。这无疑使规制经济理论向现实更接近了一步。

新规制经济理论由麦克切斯尼（1997）提出。他在总结了传统规制经济理论的优缺点之后，认为应当强调政治家在政府规制中的主动作用，并进一步建立了政治家“抽租”模型来解释这一问题，这克服了规制经济理论过分关注需求方的缺陷，并且“抽租”模型比以往的“创租”模型更具普遍性，对现实更具解释力。由于发展中国家“抽租”行为更为公开化，因此，该模型对研究发展中国家规制具有重要意义。但是，根据该理论，规制却被无限地扩展到所有经济领域，这显然与经验不相符。

除上述已经被理论化的实证研究范式之外，以直接优化政府规制为目的的规制效果评价也是备受关注的领域。无论是经济性规制，还是社会性规制，在规制效果评价方面均出现了许多具有一定影响的研究。其中，在经济性规制方面，张昕竹等（2007）使用36个发展中国家电力部门1985—2003年的面板数据，分析了私有化、引入竞争和放松规制对电力产业发电量、劳动生产率和生产能力利用率的影响。由于这篇文章所研究的改革问题较为复杂，难以使用新规制经济学的数理分析框架来进行，所以，他们分别从产权、竞争和规制三个角度，通过对相关政策发挥作用途径的理论分析构建了实证研究的模型，并在此基础上，设定了计量分析模型，即：

$$\ln y_{it} = \alpha_i + \beta_1 R_{it} + \beta_2 C_{it} + \beta_3 PG_{it} + \delta x_{it} + v_{it} + u_t + \varepsilon_{it}$$

其中，R_{it}、C_{it}、PG_{it}分别代表规制、竞争和产权变量，x_{it}是控制变量，α_i是常数，ε_{it}是误差项，v_{it}是截面效应，u_{it}是时间效应。为了更加深刻地描述不同领域政策之间对电力产业发展的影响，他们又设定了一个加入交互项的计量模型：

$$\ln y_{it} = \alpha_i + \beta_1 R_{it} + \beta_2 C_{it} + \beta_3 PG_{it} + \beta_4 R_{it} \times C_{it} + \beta_5 R_{it} \times PG_{it} + \beta_6 C_{it} \times PG_{it} + \delta x_{it} + v_{it} + u_t + \varepsilon_{it}$$

这种处理方法虽然简单，但有效地描述了产权、竞争和规制三者之间对电力产业发展的影响，具有较强的启发性。然后，他们通过一系列检验和修正，选择固定效用模型进行估计，最终结果显示，私有化和放松规制没有显著地直接改善电力部门生产效率，引入竞争起到了较明显的刺激作用。

布罗克斯（Brocks，2006）使用美国加利福尼亚州管辖下32个地区1995—2000年的数据①，以验证在对信息不对称情况下，CPUC②对这些地区供水行业进行规制的效果。他结合加利福尼亚州自来水行业的实际情况，构建了实证研究的理论框架，推导出回报率规制和最高价格规制下行业的最优投资水平K、最优回报率R、最优产品价格p以及最优税收水平T。需要指出的是，由于他是在信息不对称情况下进行分析的，所以，上述最优参数都是信息水平的函数，随着信息水平变化而变化。之后，他根据理论框架结论设定了产量、价格和成

---

① 这58个地区中，有32个地区的服务由加利福尼亚州供水公司提供，其他地区服务由南加利福尼亚州供水公司提供。

② CPUC是The California Public Utilities Commission的缩写，加利福尼亚州公共设施委员会。

本三组计量分析模型，并采用了GMM 方法进行了多步估计。[①] 最终结果显示，所有在价格规制下的公司都会产生一定的损失，并且如果自来水价格上升，会造成预期消费水平的下降，因此，公司的生产也会下降，所以，CPUC 的规制确实发挥了一定的作用，导致了一个较高的产出水平。

社会性规制实证研究方面，最有代表性的研究是美国对 MSHA 规制影响所做的评价。福斯和洛文斯坦（Fuess and Loewenstein，1990）研究得出了 MSHA 的安全规制与煤矿事故率呈正相关的结论，但是，有学者认为，他们的研究并没有考虑到在 MSHA 成立之前未对事故情况进行细分这一事实，因而有可能低估 MSHA 成立之前的事故率。尼斯纳和利思（Kniesner and Leeth，2003）采取与之前不同的研究方法，使用最近关于井下煤矿作业的产量、事故率（伤害率）、安全规制和其他规制活动有关数据，通过构造一个回归模型来评估煤矿安全规制和煤矿安全结果之间的关系，得出 MSHA 在当前规制水平下不能提高安全水平这一结论。门德洛夫（Mendeloff，1998）、夏皮罗和麦克加里蒂（Shapiro and McGarity，1991，1993）、门德洛夫和格雷（Mendeloff and Gray，2005）等认为，规制过严是规制机构采用高成本低收益的方法来达到规制目标的做法。进一步地，规制过严必然要求严格的规制政策，而严格的规制政策并不能达到保护工人、提升安全水平的目的（Scholz and Gray，1993；Klick and Stratmann，2003）。

作为目前世界经济发展最快的国家之一，中国社会性规制问题也较为严重。其中，又以煤矿安全问题最为突出，因此，学术界对煤矿安全问题的研究是比较丰富的。刘穷志（2006）、郭朝先（2007）、

---

① GMM 是广义距估计法，文中设定的三组方程分别为：（1）$q_i = \exp(d_0) Z_{di}^{d1} p_i^{d2} \exp(\varepsilon_{di})$；（2）$C_i = \exp(\beta_0) p_{Li}^{\beta_L} p_{Ei}^{\beta_E} q_i^{\beta_y} K_i^{-\beta_K} Z_{ci}^{\beta_c} \exp(\beta_L \theta_i) \exp(\varepsilon_{ci})$；（3）$\log(p_i) = \frac{1}{(d_2+1)(\beta_K+1)-d_2\beta_y} \times \{\eta + \beta_L \log p_{Li} + \beta_E \log p_{Ei} + \beta_c \log Z_{ci} + (d_1\beta_y - d_1\beta_K - d_1)\log Z_{di} + \beta_K \log\delta_i + \xi(\theta_i; r, \gamma)\}$，其中，需要估计的参数有 d_0、d_1、d_2、β_0、β_L、β_E、β_K、β_c、r、γ。他采用了三步法进行了估计：第一步，采用非线性 GMM 估计了 d_0、d_1、d_2；第二步，采用线性 GMM 估计了 β_0、β_L、β_E、β_K、β_c；第三步，估计了 $\beta_0 + \log E_p$ 和 r、γ。

胡文国和刘凌云（2008）、肖兴志和韩超（2010）从产权关系、道德风险、矿工与煤炭企业关系、安全规制体系、矿工队伍素质等角度分析了煤矿安全事故发生的原因，并提出相应的政策建议。这些文献主要研究煤矿安全问题自身以及相应的政策设计，认为规制不足是煤矿安全问题的症结所在，需要通过制度设计，加强安全规制水平，杜绝事故的发生。实证研究方面，钱永坤等（2004）、白重恩等（2011）发现，短期内规制水平大幅度变化有可能会对煤矿安全和煤炭生产造成负面影响，并使用中国数据进行了验证。肖兴志等（2008）在煤矿安全规制效果理论分析基础上，采用 VAR 模型对中国煤矿规制效果进行了实证检验，认为在长期安全规制内是能够发挥作用的。但是，受限于数据匮乏和理论研究的欠缺，国内关于煤矿安全规制的实证研究仍有待提高。

然而，在规制经济学实证研究中，不能不提出的问题就是如何量化规制。由于信息不对称的存在，在绝大多数情况下，经济学家很难获得足够的数据对规制机构行为进行衡量，不得不寻找替代变量。一类方法是构建指标体系。斯特恩和霍尔德（Stern and Holder，1999）以及斯特恩和库宾（Stern and Cubbin，2003）将高质量的规制机制概括为明确的法律框架、独立的规制机构、可靠的规制者。制度性因素的存在将直接影响规制行为从而对规制效果产生间接的影响，因此，有部分学者通过构造虚拟变量以刻画规制的制度性因素。通常情况下，虚拟变量法主要采用斯特恩和霍尔德（1999）以及斯特恩和库宾（2003）的方法，从法律框架完备性、规制机构独立性及规制者可靠性等维度来构造。这一方法不同于传统计量领域的虚拟变量法，传统的虚拟变量是在两种不同事物间设为 0—1 变量，以分析政策在不同类别间的区别。在这里，规制指标构造方法是通过人工设置一个由 0—1—2—3……组成的序列。尽管虚拟变量法构造的制度性因素在一定程度上反映了规制治理的质量，但采用该方法往往会在设置变量时由于缺乏科学准确的依据而出现主观性及随意性，从而影响分析结果的可靠性。另一类方法是直接使用能够代表规制强度变量，如检查次数、出警次数等可以描述规制机构行为的指标，在 Viscusi（1979）等文献中就曾使用这类指标。这样的做法相对于"构造虚拟变量"方法而言误差要小很多。事实上，最好的测度规制政策的方法是能够找到规制前后，一个真正的0—1虚拟变量。这类方法已经在其他政策分析领域应用，如DID方法（Difference in Difference）、断点回归等准自然实验。这类方法需要找一个控制组和一个实验组，通过双重差分消除两者除政策外其他因素造成的污染，能够真正测度一项政策的效果。

目前，研究大多使用线性计量方法对规制效果或者影响规制的因素进行实证分析。随着研究越来越贴近现实，一些研究者开始尝试使用非线性计量方法进行研究。肖兴志、陈长石（2011）选取中国2001年1月至2009年12月的相关数据，运用非线性STR模型，研究了煤矿安全水平对煤炭产量所产生的影响，发现规制水平变动对煤炭产量的影响呈现明显的非线性特点。

第五节　制度环境与规制经济学的融合

正如前面提到的，对经济均衡的讨论只有在给定政治环境的前提下才是有意义的。虽然是试图借助市场手段进行间接干预，但本质上规制仍然属于政府行为范畴，难以避免受到政治环境影响。因此，近年来，越来越多的学者开始从政治制度角度讨论规制问题。从理论发展角度看，这一进展大大推动了规制经济学与主流经济学的融合，拓展规制经济学的研究范围，提升了其经济模型的解释力。对中国规制经济理论发展来说，这一进展具有更大的意义。众所周知，现代规制经济学是在西方现代民主环境下发展形成的。中国作为转型期国家，制度环境处于不断完善的过程当中，许多理论假设均是不满足的，因此，现代规制经济学理论中的诸多均衡并不一定能够在中国的制度环境下实现。在这种情况下，重新设定符合中国国情的制度环境，并讨论相应的最优规制合同，才是有意义的。在接下来的内容中，我将通过较大篇幅的讨论，介绍与规制相关的制度环境以及理论发展。

一 从政治选举到政治合谋

选举作为西方国家获得公共权力最主要的方式，被视为政治经济学研究起的点，同时也是最早被经济学者广泛研究的政治学内容之一。自道斯（Downs，1957）提出，投票决定两党竞选情况的经典模型之后，又经过伯格斯特罗姆和古德曼（Bergstrom and Goodman，1973）、罗默（Romer，1975）、罗伯茨（Roberts，1977）、梅尔策和理查德（Meltzer and Richard，1981）、莱迪亚德（Ledyard，1984）、林德贝克和威布尔（Lindbeck and Weibull，1987）、格罗斯曼和赫尔普曼（Grossman and Helpman，1996，2001）、阿西莫格鲁和罗宾逊（Acemoglu and Robinson，2000，2006）等学者的不断完善和拓展，以西方政治选举制度为基础的政治经济学已形成较为完善的研究体系。与西方国家相比，新兴国家获得政治权力的手段不完全相同。以中国为例，目前在政治生活中获取公共权力的主要方式是政治晋升而非选举，因此，政治选举理论对于中国政治经济学发展的借鉴意义有限。但是，政治经济学的其他相关理论，诸如财政分权理论和公共选择理论等，却为中国特色的地方政府激励、政治晋升以及相关理论研究提供了重要的研究基础。

（一）集权与分权

向地方政府下放财政权力与行政权力是中国改革初期最重要的内容之一。事实上，财政分权也是地方政府激励研究的理论基础之一。不仅是中国，包括印度、巴西在内的许多新兴国家都在第二次世界大战结束后陆续推进本国的财政分权改革，这吸引了许多经济学者对财政分权与经济发展之间的关系进行研究。学术界目前的普遍观点是，由于在许多领域存在严重的政府失灵，集权式政府治理暴露出效率低下的问题正在变得越来越严重，分权式政府治理能够通过加强地方政府间竞争，有效地克服这一问题，提升政府治理的效率和效果（Bardhan，2002）。随着财政分权改革在许多新兴国家获得成功，推进财政分权改革获得了越来越多的支持。

在已有研究政治分权文献中，西方学者大多从财政联邦主义角度对地方政府之间存在的竞争关系进行分析，而这些文献通常是对蒂布特（Tiebout）经典模型所做的拓展。蒂布特（1956）在对马尔格雷夫（Musgrave，1939）和萨缪尔森（Samuelson，1954）提出的观点[①]进行修正之后，提出“用脚投票”的著名命题，成为政治经济学研究财政分权理论的重要起点。具体来说，蒂布特模型包含七个重要假设：（1）居民会按照自身偏好，根据不同地区公共产品供给情况，通过迁移方式选择居住地；（2）居民是完全信息的，能够掌握不同地区公共产品的供应情况，并对其做出反应；（3）有许多可供居民选择的居住地；（4）不考虑就业机会对于居民选择居住地影响，换言之，居民之间的收入是没有相互影响的；（5）居住地之间不存在外部经济或外部不经济问题；（6）居住地的公共产品提供方式是根据该居住地原有居民的偏好来决定的；（7）居住地存在一个最优规模，尚未达到这一规模的居住地希望吸引新的居民，以降低平均成本，超过这一规模的居住地则恰恰相反。蒂布特模型初步说明了地方政府存在的意义，为此后的分权定理以及财政分权理论的发展提供了启示。

但是，蒂布特模型同样存在较为严重的不足，对于新兴发展中国家来说，它的假设过于严格，而这恰恰为研究新兴国家的政治分权提供了空间。奥茨（Oates，1969，1973）对蒂布特模型进行了更为一般化的补充，认为在居住地类型多样以及不存在超额人口情况下，分权治理比集权治理效率更高。通过实证研究发现，财产税和公共服务上的差别反映在住房价值中，在学校较好和税率较低的社区中，住房价值更高。在此之后，西方学者不断地对蒂布特—奥茨模型进行完善，具有代表性的包括贝斯利和特鲁曼（Besley and Truman，1981）、贝斯利和卡斯（Besley and Case，1995）、Zodrow 和 Mieszkowski（1986）等。在受西方分权理论发展的影响以及结合中国分权改革的实际情况之后，Qian 和 Xu（1993）、Qian 和 Weingast（1995）、Qian 和 Roland（1998）、Blanchard 和 Sheleifer（2000）、Jin 等（2005）提出了影响深远的“中国特色财政联邦主义”理论，成为研究中国地方

① 即公共物品不能依靠市场机制来提供，与私人部门相比，在公共部门中有相当比例的国民收入没有实现最优配置。

政府激励问题的重要起点。学术界关于“中国特色财政联邦主义”的正面评述已经相当多，这里不再赘述。需要注意的是，我们不仅仅要看到长达30年的经济持续高速增长，也应该看到为此所付出的沉重代价，地方政府激励模式产生了大量令人难以接受的成本。在长期追求“效率”的政策导向下，社会民众对于“公平”的诉求愈加迫切。

（二）合谋理论

如果说财政分权被用来解释地方政府激励如何造就中国经济增长奇迹，合谋理论则更多地被用来解释地方政府激励所产生的社会成本以及为何会出现社会性规制失灵问题。张伯林（Chamberlin，1929）在研究寡头企业之间的竞争行为时提出，寡头企业会为了避免因竞争而削减价格情况的出现，转而通过非正式方式寻求合作，以实现维持垄断价格的目的。这是对合谋现象最原始的描述。随后，又经，特尔瑟（Telser，1960）、施蒂格勒（1964）、Orr和MacAvoy（1965）、阿布鲁（Abreu，1986）、Rotemberg和Saloner（1990）等学者的不断完善，逐渐奠定了合谋理论在产业组织中的地位。

与此同时，还有一些文献将合谋思想引入其他领域。明茨伯格（Mintzberg）认为，以往研究过于重视寡头企业之间的合谋行为，而忽略了包含更多个体的组织行为。而以奥尔森（Olson，1965）、布坎南和图洛克（Buchanan and Tullock，2004）为代表的公共选择学派很好地弥补了这个缺陷，他们的研究对合谋理论做出了很好的补充。公共选择学派将政府与普通民众之间的代理问题视为其学派的核心思想，认为有组织的利益集团能够通过游说以及“寻租”活动对经济决策产生重大影响。此外，这一学派还指出，许多政治代理问题的本源都是来自民众难以掌握有关政治过程的全部信息。虽然公共选择学派的前提假设是基于投票理论提出的，但它同样适用于分散化的市场制度、集权的国家机制，或者基于混合制度的社会决策当中。此后，一些经济学者将公共选择学派的理论贡献与传统产业组织研究相结合，提出了诸如“垂直合谋”等概念。

随着20世纪80年代政治经济学研究的兴起，经济学者发现，合谋理论在政治周期、治理腐败、政治制度安排对经济增长影响等方面同样具有很强的解释力，其中较具代表性的研究有 Leff（1964）、Murphy、Shleifer 和 Vishny（1991）、Shleifer 和 Vishny（1993）、Krueger（1993）、Mauro（1995）。事实上，如果单纯从合谋现象出现的概率来说，处于转型期的新兴国家甚至更为典型。由此可以做出的基本判断是，合谋是造成新兴国家规制失灵最重要的原因之一。因为与发达国家相比，新兴国家在规制机构设置、监管与惩罚等方面的制度建设要更加薄弱，经济主体选择合谋作为其策略的成本收益比较低。为了解决合谋问题，蒂诺尔（1986）、考夫曼和洛伦斯（Korfman and Lawance，1993）、拉丰和蒂诺尔（1991，1993）、拉丰和马蒂莫特（1998）等学者也在不断努力，但从目前已有的研究来看，蒂诺尔利用显示原理提出的“最优的防范合谋合同”无疑是目前最具代表性的研究成果。

（三）“最优的防范合谋合同”的基本模型

考虑一个包括委托人—代理人—监督人的层级制度，其中代理人负责生产，从而可以获得利润 x，利润 x 是由生产参数 θ 和努力程度 e（$e>0$）线性决定的，表示为 $x=\theta+e$。假设努力对于代理人的负效用是相同的，并且有 $g(0)=g'(0)=0$。委托人收到 x 之后，会发给代理人薪水 W。假设 W 是一个递增可微严格凹的冯纽曼—摩根斯坦恩（Von Neumann - Morgenstern）函数，同时假设存在一个 ω 满足 $\lim\limits_{W\to\omega}U(W)=-\infty$，因此，可以得到代理人的期望效用函数为 $EU[W-g(e)]$。同时假设存在一个保留效用 $\bar{U}=U(W_0)$，满足代理人的参与约束 $EU[W-g(e)]\geqslant\bar{U}$。监管人为代理人监督委托人，假设监管者所付出努力可以忽略不计，代理人将付给监管人的薪水为 S，与代理人效用函数的相关假设一致，监管人的期望效用函数为 $EV(S)$，并且满足 $EV(S)\geqslant\bar{V}=V(S_0)$。最后，假设代理人是风险中性的，其期望效用满足 $E(x-S-W)$。

假设生产参数 θ 有 $\bar{\theta}$ 和 $\underline{\theta}$（$0<\underline{\theta}<\bar{\theta}$）两个值可供选择，$\Delta\theta=\bar{\theta}-\underline{\theta}$。除此之外，假设存在四种自然状况，表示为 i，并满足 $\sum\limits_{i-1}^{4}p_i=1$。代理人在选择努力程度之前将首先观察 θ，产生四种情况：（1）代理人

和监管者都观察到$\underline{\theta}$；（2）代理人和监管者都观察到$\underline{\theta}$；（3）代理人观察到$\overline{\theta}$，而监管者什么都没观察到；（4）代理人观察到$\underline{\theta}$，而监管者什么都没观察到，表示为在给定θ的情况下，监管者的选择是$\{\theta, \varphi\}$。最后，假设监督者和委托人观察不到代理人努力程度，博弈时序如图 2－1 所示。

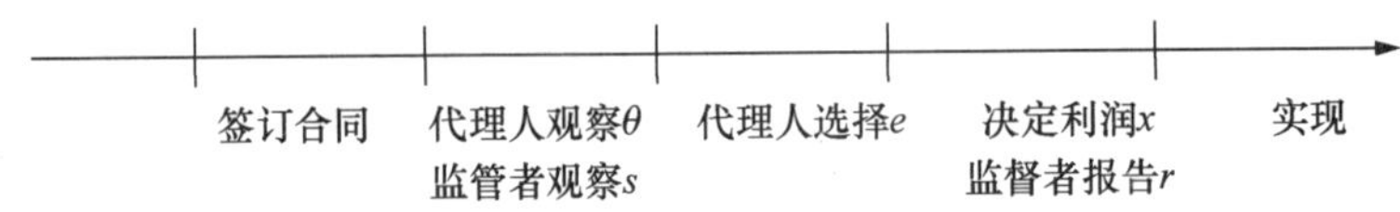

图 2－1　蒂诺尔最优防范合谋合同模型时间线

作为标尺，信息对称情况下的社会最优，应满足：

$$\max_{e}\{\theta+e-g(e)\} \tag{2-1}$$

对于所有的θ来说，得到一阶条件为：

$$g'(e)=1 \tag{2-2}$$

信息不对称情况下的预防合谋合同，需要满足：

$$\max_{\{S_I, W_i, e_i\}}\sum_i p_i(\theta_i+e_i-W_i-S_I) \tag{2-3}$$

同时，还要满足代理人和委托人参与约束（*IR*）、代理人的激励约束（*AIC*）以及防范合谋的激励约束（*CIC*）。蒂诺尔的模型证明了一旦引入了防范合谋激励，委托人能够通过合同选择有效地避免代理人与监督者之间的合谋行为。他同时还进一步讨论了监督者在风险中性、风险厌恶等不同情况下对于最优防范合谋合同的影响，这里不再赘述。在此之后，不断有人对蒂诺尔模型进行完善，其中，较为典型的有：拉丰和蒂诺尔（1993）、考夫曼和洛伦斯（1993，1996）、拉丰和马蒂莫特（1998）。蒂诺尔模型为研究防范合谋问题提供了一个基本框架，但不幸的是，由于地方政府激励广泛存在，蒂诺尔模型中分析的合同理论中层级划分与新兴国家发生的合谋现象并不十分一致，仍然需要对其进行完善。

二　政治晋升锦标赛理论及其发展

与西方国家不同，中国政治制度中最具特色的是其独特的分权与集权特征，核心是对地方政府的政治激励。这一制度的存在被普遍认为是改革开放之后中国经济高速增长的重要原因之一。目前，这一领域中影响最大的有两个理论：第一个是钱颖一等学者提出的“中国特色财政联邦主义”理论；第二个是周黎安（2007）、Li 和 Zhou（2005）提出的“政治晋升锦标赛”理论。如果前者可以被视为经济层面的激励理论，那么，后者就可以被视为政治层面的激励理论。接下来，将对周黎安等学者提出的政治晋升锦标赛理论的提出以及发展进行评述。

（一）政治晋升锦标赛模式的理论起源与提出

政治晋升锦标赛模式最早是由拉齐尔和罗森（Lazear and Rosen，1981）在总结斯蒂格利茨（1975）、米勒斯（Mirrlees，1976）等学者对传统激励模式研究基础之上提出的，其核心思想是按照不同工人在相同时间的产出进行排序，并按照该次序发放报酬，以实现提高生产效率的目的。在这一理论提出之后，经济学者们发现，锦标赛模式在研究许多非经济竞争领域方面，包括明星竞争、组织内部晋升、“寻租”竞争等问题具有非常好的适用性，于是逐渐地对拉齐尔和罗森提出的模型进行扩展，其中较为典型的是施莱弗（Shleifer，1985）、罗森（1986）、霍尔和利伯曼（Hall and Liebman，1998）。为了更深刻地了解这一竞争模式，首先提炼出一个简单的拉齐尔和罗森锦标赛模式。

假设存在一个只有两个竞赛参与者的封闭经济环境，胜利者获得的奖励为 W_1，失败者获得的奖励为 W_2。两个竞争者的生产函数都可以表示为 $q_j=\mu_j+\varepsilon_j$，其中，μ 表示投资水平或者技术能力，ε 表示其他随机扰动水平。竞赛获胜衡量标准是哪方能够获得更高的产量。假设 μ 是事前确定的，并且竞争者知道所有参赛规则，但不存在合谋的情况。这也意味着，即使只有两个竞争者，这一环境也可以视为竞争市场，因为竞争者的投资是事先确定的，并且谁也不知道对方做出了何种决定，继而可以得到竞争者期望效用为：

$$P[W_1-C(\mu)]+(1-P)[W_2-C(\mu)]=PW_1+(1-P)W_2-C(\mu) \tag{2-4}$$

其中，P 是获胜概率，$C(\mu)$ 是生产成本。进一步计算竞争者 j 的获胜概率为：

$$P = prob(q_j > q_k) = prob(\mu_j - \varepsilon_j > \mu_k - \varepsilon_k) = prob(\mu_j - \mu_k > \xi)$$
$$= G(\mu_j - \mu_k)$$

其中，$\xi = \varepsilon_j - \varepsilon_k$，$\xi \sim g(\xi)$，因为 ε 满足标准正态随机分布，所以，$E(\xi) = 0$，$E(\xi^2) = 2\sigma^2$。每个竞争者选择 μ_i 使式(2－4)最大化。接下来，采用纳什—古诺(Nash－Cournot)模型的竞争环境，即竞争者选择投资水平来对抗其竞争对手，而这种选择对于市场是毫无影响的。在这种情况下，对于竞争者 j 来说，

$$\partial P/\partial\mu_j = \partial G(\mu_j - \mu_k)/\partial\mu_j = g(\mu_j - \mu_k) \quad (2-5)$$

相应的，就可以得到竞争者 j 的反应函数：

$$(W_1 - W_2)g(\mu_j - \mu_k) - C'(\mu_j) = 0 \quad (2-6)$$

根据对称原理，可以得到竞争者 k 的反应函数。进一步地，可以得到纳什均衡为 $\mu_j = \mu_k$，$P = g(0) = 0.5$，因此，最后的结果完全是随机决定的。将纳什均衡代入式（2－6），可以得到：

$$C'(\mu_i) = (W_1 - W_2)g(0), \quad i = j, k \quad (2-7)$$

假设竞争者都是风险中性的，全行业收益为（$q_j + q_k$）V，而成本则是所支付的工资水平之和（$W_1 + W_2$），结合之前得到的纳什均衡，可以得到零利润点为：

$$V_\mu = (W_1 + W_2)/\mu \quad (2-8)$$

在竞争者纳什均衡条件下，工人的期望收益为：

$$V_\mu - C(\mu) \quad (2-9)$$

可以发现，满足式（2－9）最大化的一阶条件为 $V_\mu = C'(\mu)$。而进一步可以得到竞争者所支付的工资为：

$$W_1 = V_\mu + C'(\mu)/2g(0) = V_\mu + V/2g(0)$$

$$W_2 = V_\mu - C'(\mu)/2g(0) = V_\mu - V/2g(0)$$

拉齐尔和罗森锦标赛模式证明，在一定条件下，采取这一模式同样能够实现资源最优配置，且更为节省成本。这一结论的重要性不言而喻，它的提出为锦标赛模式的推广提供了有力的理论支撑。

周黎安（2007）在提出“晋升锦标赛治理模式”之前，拉齐尔和罗森锦标赛模式在国内影响还十分有限，并未引起足够的重视，但

由于改革开放之后，竞争机制逐渐渗透于社会各个领域，其思想实际上已深入人心。对于正处于民主化进程中的政治领域也是如此。财政分权与行政分权的推进为政治选拔提供了绝佳的竞争平台，被赋予广泛权力的地方政府官员开始在这一平台上施展其行政才能。由于中国政治体制对经济发展所产生的巨大影响，这一政治竞争输赢很大程度上决定了经济发展的进程，而这使得地方政府之间的竞争成为近年来经济学者所关注的领域。毫无疑问，“晋升锦标赛治理模式”的提出顺应了这一趋势，使之成为“中国特色财政联邦主义”理论之后，影响最大的新政治经济理论。

（二）对于政治晋升锦标赛的质疑

事实上，周黎安及其他学者提出，中国地方政府竞争理论的初衷，是在劳动力、资本以及技术创新以外寻找解释中国经济增长奇迹的原因，这也是绝大多数此类经济学文献共同的一个出发点。基于上述目的，他重点分析了这种治理模式发挥作用的条件、机理以及所产生的成本。但与拉齐尔和罗森锦标赛模式的研究方法不同，周黎安的研究是基于案例，围绕政治晋升这一主题对地方政府竞争行为及其影响所做的实证研究（周黎安，2007；Li and Zhou，2005）。有必要指出的是，虽然他们对地方政府在多重目标下所产生的成本进行了讨论，但仍然是按强调地方经济收益最大化（即效率），而并非社会收益最大化（即公平）的思路进行分析的。

随着越来越多的学者加入对“晋升锦标赛治理模式”的研究当中，质疑的声音开始出现了。虽然目前这种质疑还不是很多，但已足以引起人们对于政府激励模式在经济发展过程中究竟发挥了何种作用进行再次思考。本书研究重点并不是地方政府激励模式，但在考虑社会收益最大化的情况下所得到的研究结论确实在一定程度上与“晋升锦标赛治理模式”的研究结论相悖。

截至目前，陶然、苏福兵等（2010）对“晋升锦标赛治理模式”提出的质疑最为直接。通过对现有地方政府政绩考核正式制度的分析，他们认为，改革开放之后的中国并不存在一个从中央到地方、从省到地市、从地市到县乃至乡级的层层放大的、将政治晋升与经济增长，或主要经济指标相挂钩的考核体系。此外，他们还对 Li 和 Zhou（2005）的实证结果提出了质疑，并通过对其重新修正与估计，发现政治晋升与地方经济增长水平之间并无必然联系。

具体来说，他们将目前地方政府政绩考核体系分为四大类，即各个组织部门对干部任职期间进行的所谓“德（思想政治素质）、能（组织领导能力）、勤（工作作风）、绩（工作业绩）、廉（廉洁自律）”考核；由人事单位对公务人员常规事务考核；条条系统中对下级单位的目标责任考核；对各级领导班子的综合目标责任制考核。在此基础上，通过对第一类和第四类考核体系进行的分析，他们认为，由于第一类考核中缺乏明显的指标计算体系，通常是作为一个规定程序来执行，所得到的结果也是被视为组织部门的推荐意见，决定权仍然属于高层领导，因此，对干部提拔来说发挥的作用有限。因此可以认为，第四类考核体系是“晋升锦标赛治理模式”的主要依据。他们整理了考核体系建设相关文件，发现支持“晋升锦标赛治理模式”理论的证据最早出现在 20 世纪 90 年代，并且在 2000 年以后开始逐渐推广。更为重要的是，这种推广首先是在县、乡一级地方政府出现，2008 年之后，才开始在地市以及省级政府出现，因此，并不足以成为支持“晋升锦标赛治理模式”的证据。

此外，他们还从逻辑上对“晋升锦标赛治理模式”提出若干质疑。第一，由于中国集权化的政治权力分配体制，即使存在“晋升锦标赛”这样一个规则，会不会被严格遵守仍然有待商榷。因此，他们认为，上级政府对下级政府的激励更多地集中在经济激励方面，而非政治激励。第二，简单地将 GDP 增长水平作为考核机制势必会出现数字扭曲的问题，但他们认为，这种情况并不常见，更有甚者，一些地方政府官员出于某种目的，还会出现低报 GDP 增长水平的情况。第三，他们发现周黎安的实证研究在选取政府层级上存在问题。第四，忽略了关系网络对于政治晋升的重要性等。

应当说，陶然等学者这篇质疑“晋升锦标赛治理模式”的文章是对中国地方政府激励问题研究进行的一次总结，提出了一些更为接近现实的学术问题，尤其是对“晋升锦标赛治理模式”适用范围的划分，将会为未来学者深入研究中国政治体制对经济增长的影响提供了非常有益的启示。其实，这篇文章之前，已有学者开始讨论，中国官员政治晋升到底是由何种因素决定的。欧珀和布雷姆（Opper and Brehm，2007）发现，省级官员的关系网络对晋升的影响显著，而经济绩效的作用不明显，这在证实了“人际关系假设”的同时，从另一个角度对陶然等学者的研究结论提供了支持。从技术层面来说，欧珀和布雷姆采用的样本集与 Li 和 Zhou（2005）所用的样本十分接近，导致研究结论完全不同的原因在于对自变量的处理过程存在差异、控制变量选择不尽相同以及样本容量大小。从计量模型的设计思路来说，Li 和 Zhou 的研究更加关注经济业绩对官员晋升的影响，而欧珀和布雷姆则更加关注社会网络关系对官员晋升的影响，因此，两者在其文献中分别选取了能够凸显其研究思路的工具变量。

除分析官员晋升的影响因素外，王贤彬、徐现祥（2008）还对官员晋升对地方经济业绩的影响进行了实证研究。他们收集整理了1978—2005 年中国省长、省委书记晋升样本，并对其类型做出划分，之后与其所管辖省份经济增长绩效匹配之后，进行了实证分析。结果发现，不同类型的省长、省委书记所管辖的省份经济增长绩效明显不同。这种绩效的不同表现，从来源角度看，来自中央部委的省长、省委书记的经济增长绩效并不显著；从离任后去向角度看，调任中央的省长、省委书记的经济增长绩效并不显著；从任期内经济增长轨迹看，一部分省长、省委书记的绩效显著地呈现倒“U”形变动，与之相对应的最优任期是 5 年，而其他类型的则没有。我们认为，王贤彬和徐现祥的研究是从逆向维度上对影响官员晋升因素的分析，从他们的分析中可以看到，决定官员晋升的因素的确并非只有经济业绩一项。

第六节 实证主义引领下的中国地方政府激励问题研究

一 地方政府官员行为与地方政府激励

除“晋升锦标赛治理模式”与“中国特色的财政联邦主义”外，以周黎安、张军、王贤彬、徐现祥等为代表的学者还对地方政府行为与经济增长之间的关系进行研究，主要用于解释地方保护主义、重复建设等问题。其中，以周黎安（2004）的研究最具代表性。他通过一个旨在强调地方官员晋升激励对地区间经济竞争和合作影响的政治晋升博弈模型发现，与纯粹的经济竞争相比，中国地方官员同时处于两种竞争之中，既为地区的经济产出和税收而竞争，又为各自的政治晋升而竞争。这使得政府官员在考虑竞争利益时不仅需要计算经济收益，而且还要计算晋升博弈中的政治收益，两者的总和才真正构成对他们行为的激励。他进一步认为，由于政治晋升博弈的基本特征是零和的，这使得同时处于政治和经济双重竞争的地方官员之间的合作空间非常狭小，而竞争空间非常巨大。他认为，这正是地方保护主义、重复建设等现象长期存在的原因。这些研究的出现丰富了学术界对于地方政府行为与地方经济增长之间关系的认识。但同时也要看到，由于目前中国仍具有转型期的特点，地方政府行为仍然存在很强的不透明性，政策从制定到执行还存在诸多不为人知的地方，在这种情况下，进行实证研究难度比较大，存在诸多有待改善的地方。

（一）地方政府激励与地方保护主义

维基百科对地方保护主义的定义为：指一个地区实行的文化及人口保护，从而排斥外来事物，又被称为地方主义或地域主义。百度百科的定义则更具中国特点，它界定了若干种表现形式，即限定对象、设置壁垒、行业垄断、干预执法等，认为地方保护主义的是指政权的地方机构及其成员，以违背国家政策的方式去滥用或消极行使手中权力，以维护或扩大该地方局部利益的倾向。总而言之，地方保护主义的核心是指地方政府为了争夺资源以保护本地的局部利益，运用公共权力对本地产业和市场进行干涉及操纵。近年来，随着整个国民经济发展水平的提升，区域经济之间的竞争正在变得越来越激烈，学术界对此进行了大量研究。在这里，我并无意梳理学术界对于地方保护主义的研究，为了更加突出研究主题，仅对与地方政府激励有关的地方保护主义文献进行评述。

在周黎安之后，不断有学者采用实证方法，从地方政府激励角度研究地方保护主义所产生的影响。徐现祥、李郇、王美今（2007）构造了一个简单的地方政府晋升博弈模型，证明在中央根据经济绩效晋升地方政府官员的情况下，地方政府官员为了晋升最大化，既可能选择市场分割也可能选择区域一体化，而其选择则因条件而异，从而为地方政府官员在区际关系上的迥异行为提供了一个具有内在逻辑一致性的解释。本质上讲，他们的理论模型解释了地方保护主义对于区域经济划分所产生的影响。随后，他们依据 1970—1999 年中国省级面板数据，对上述理论模型进行了验证。以长三角为例，他们发现，长三角地方政府官员自 1992 年选择区域一体化实践后，平均增长速度显著高于其他非一体化区域。这意味着当条件成熟时，地方政府官员选择区域一体化可获得更快的经济增长与更大的晋升可能性。

潘红波、夏新平、余明桂（2008）以 2001—2005 年发生的地方国有上市公司收购非上市公司的事件为样本，研究地方政府干预（地方保护主义）、政治关联对地方国有企业并购绩效的影响。他们认为，由于地方政府承担了较多的政策性负担以及地方政府官员的政治晋升目标，地方政府有动机和能力通过并购活动来掠夺或支持其控制的公司。实证检验结果证实了以上逻辑：对于盈利的地方国有上市公司，地方政府干预对公司并购绩效有负的影响；而对于亏损的地方国有上市公司，地方政府干预对公司并购绩效有正的影响。同时，他们的研究还为 Shleifer 和 Vishny（1994，1998）提出的“政府掠夺之手理论”和“政府支持之手理论”提供了实证支持。

朱轶、熊思敏（2009）采用 2000—2005 年省级面板数据对地方保护主义与 FDI 之间关系进行实证研究，发现各地对 FDI 的引资优惠引致并强化了FDI对私人投资的挤出效应；中西部地区对外资的优惠强度明显高于东部，由此导致的挤出效应也最为显著。即使在“两税合并”后，分权体制所导致的引资冲动仍使得地方政府有足够激励采取各种变相优惠吸引FDI，因此，应从根本上调整地方政府激励机制，规范区域间引资竞争行为。

张璟、沈坤荣（2008）运用1991—2005年省际面板数据，研究了财政分权背景下地方政府干预和区域金融发展对经济增长方式转型产生的影响。他们发现，虽然区域金融发展有助于促进省际TFP增长率的提高，并有效地抑制了资本的“粗放式”积累，但在财政分权背景下，出于自身财政压力和政治晋升压力等原因，地方政府会直接或间接地干预金融机构的资金运用，这会固化中国目前依靠资本投入和积累速度提高的“粗放型”经济增长方式，因而对经济增长方式转型产生极为不利的影响。因此，协调中国的财政体制与金融体制改革，对促进经济增长方式转型和经济增长效率的提升极其重要。

此外，还有学者研究了地方政府激励对宏观经济稳定产生的影响。郭庆旺、贾俊雪（2006）通过建立一个三阶段序贯博弈模型，分析地方政府干预行为对宏观经济稳定的冲击。研究表明，地方政府在财政利益和政治晋升的双重激励下，总是有利用违规优惠政策进行引资的强烈动机，从而引发企业投资冲动，导致投资过热，进而对宏观经济稳定产生巨大冲击。他们认为，中央政府作为宏观调控的主体，应该通过加强监管的方式，遏制地方政府的投资冲动，以保持宏观经济的稳定。

（二）地方政府激励与地方重复建设

作为与地方保护主义同时出现的现象，地方重复建设同样引起学术界关注。事实上，在从政府激励视角研究地方重复建设之前，已有许多学者从过度进入、企业合谋、进入壁垒设置等多种角度进行过分析（江飞涛、曹建海，2009）。在这种情况下，地方政府竞争事实上是作为一个新视角出现的。

除周黎安（2004，2007）外，杨培鸿（2006）建立了一个基于合同理论框架模型，从政治经济学角度分析了地方重复建设的形成机理。在其模型中将中央政府作为投资委托人、地方政府作为投资代理人，模型分析表明，在信息不对称条件下，地方政府利用信息优势（对中央政府）“寻租”的行为会导致重复建设问题。

皮建才（2008）从政治晋升的激励角度考察了中国重复建设的内在机制。分析表明，横向政治晋升激励的作用机制和纵向政治晋升激励的作用机制之间存在差异。例如，在横向政治晋升激励的作用机制下，落后地区初级产品生产率和发达地区制造品的生产率之间比值的大小起到了非常关键的作用；而在纵向政治晋升激励的作用机制下，落后地区初级产品生产率和落后地区制造品的生产率之间比值的大小起到了非常关键的作用。他认为，中国宏观经济环境中存在的价格扭曲放大了横向和纵向政治晋升的激励作用。因此，为了降低落后地区进行重复建设的程度，中央政府既需要对不同地区地方政府的官员采用不同的政治晋升激励，也需要努力推动自然资源和初级产品的价格体制改革。

方军雄（2008）以温德（Wind）数据库“重大事项—资本运作—收购兼并”栏目收录的1994—2007年发生的2102起并购事件为原始调查数据，实证分析了在存在地方政府干预背景下所有权性质与企业并购决策的关系。他发现，地方政府直接控制的企业更易实施本地并购和多元化并购，而中央政府控制的企业则可以突破地方政府设置的障碍，实现跨地区并购。这在一定程度上解释了地方政府干预对于企业合并行为的影响，为市场分割理论以及重复建设提供了支持。

二　关于政治晋升影响因素的实证研究

当前学者们在研究中国地方政府激励模式时最感兴趣的问题之一是地方政府官员积极追求经济增长的动力究竟来自何处？正如之前分析的，对于经济激励与政治激励，前者以“中国特色的财政联邦主义”理论为代表，而后者则以“晋升锦标赛治理模式”理论为代表。目前，国内外学者进行了许多关于上述两个理论的实证研究，在这节内容当中，将重点对后者，尤其是政治晋升影响因素方面的文献进行综述。

分析官员晋升与经济增长之间的联系最为经典的文献是Li和

Zhou（2005），他们采用1979—1995年的微观数据，发现官员晋升与当地经济增长水平呈正相关。事实上，这也在一定程度使得后来的学者相信GDP增长水平是影响官员晋升的决定性因素。人们开始逐渐接纳“GDP疯狂”，而非“财政收入疯狂”。除Li和Zhou的经典文献外，徐现祥、王贤彬等对这一问题的研究是目前国内较具代表性的。

王贤彬、徐现祥、李郇（2009）在理论上讨论了多种地方官员更替影响短期经济增长的机制，强调省长、省委书记更替会对辖区经济增长带来短期的负面影响，并采用1979—2006年中国29个省区市的官员更替样本进行检验。结果发现，省长、省委书记更替对辖区经济增长有显著的负面影响；这种影响的程度因地方官员更替频率、更替地方官员的年龄等因素不同而不同；地方官员更替主要影响辖区短期经济增长波动，并非长期经济增长趋势。

徐现祥、王贤彬（2010）在一定程度上希望发现除GDP以外，是否存在另外一些影响官员晋升的因素。他们收集、整理了1978—2006年全国29个省区市党委书记以及省长（或市长、主席）的任命、调动资料，运用双差分方法解决样本内可能存在的系统差异，并对数据进行了平均化处理。研究结果显示，中国地方官员对政治激励做出有利于辖区经济增长的反应不是绝对的，而是有条件的，会因年龄和任期而异；年龄越大，政治激励作用越小；任期适度延长，也有利于政治激励作用的发挥。通过他们的研究，人们逐渐认识到，影响官员升迁的因素并非只有GDP增长水平这么简单。

王贤彬、徐现祥、周靖祥（2010）采用1981—2007年全国投资增长数据对投资增长和波动的政治激励之间的关系进行实证分析发现，中国地方政府存在投资增长的政治周期现象。他们还发现，地方政府和官员对于政绩和仕途的追逐是形成投资高增长和高波动的重要政治原因，并且这种因素主要在20世纪90年代初的这段时间体现得尤为明显。

张莉等（2011）从理论上证明，在一个政治集权经济分权的经济体，地方政府官员出让土地的“土地财政”和“土地引资”动机同时存在，并采用1999—2005年中国30个省区市的面板数据进行了实证分析。他们发现，地方政府官员热衷于出让土地是源于“土地引资”，而非“土地财政”。继而在一定程度上支持了 Li 和 Zhou（2005）的观点。

从上述文献中不难看出，虽然出现了陶然等（2010）、欧珀和布雷姆（2007）、王贤彬、徐现祥（2008）等一些质疑的声音，但目前主流观点仍然认为，经济增长水平是地方政府官员晋升最重要的影响因素之一，并且地方政府官员的职务更迭也会对地方经济增长产生影响。但是，正如陶然等（2010）所提到的那样，随着科学发展观的提出，社会越来越重视安全、环境、健康等生活质量与生产质量的提高，对于经济增长过程中出现的恶性事件容忍程度正在降低，这势必将对原有地方政府的激励模式造成冲击，迫使其进入一个二次适应期。在这种情况下，中央政府如何调整地方政府激励模式，使其更加强调公平，就成为能否减少这一时期内恶性事件的一个关键因素，而这也是本书主要关注问题之一。

第七节　地方政府激励与社会性规制的冲突：规制波动现象的简单阐述

由于诺斯等的开创性贡献（North and Thomas，1973；North，1981），学术界越来越关注政治制度和经济制度安排对经济增长的重要作用，并成为近年经济学理论的热点。随着学术界对政治制度作用理解程度的加深，越来越多的经济学科开始引入政治制度，规制经济学也不例外。引入政治制度为研究社会性规制问题提供了一个全新视角，而社会性规制中出现的现象又为政治制度研究提供了新素材，两者之间相互影响，加深了对政府行为规律的认识和理解。

政府结构安排、行为约束等因素会对经济增长产生巨大影响（Shleifer and Vishny，1993；Delong and Shleifer，1993），而不同因素对经济增长产生的影响也不尽相同。一些学者开始将上述思想引入对社会性规制问题的研究当中。聂辉华、李金波（2006）将中国经济和政治环境引入煤矿安全问题分析框架，认为在中国财政分权制度下，本地经济增长会给地方政府以经济上的激励，他们采用合同理论模型构造了一个中央政府、地方政府和企业之间的三层代理模型，研究了政企合谋对地方经济发展以及安全事故所产生的影响。虽然他们意识到这一问题，但并未继续深入分析煤矿普遍存在的停产整顿问题。以往国内研究煤矿安全问题的大量文献主要集中在规制过松方面，强调安全规制体制不完善、官商合谋等是造成煤矿安全问题难以解决的主要原因。然而，在中国煤矿安全规制过程中，不仅仅存在规制过松，还存在规制过严。钱永坤、谢虹、徐建博（2004）较早注意到中国煤矿生产过程中出现的停产整顿，认为简单关闭矿井会导致企业在安全投入上的回报率下降，将引起更多事故。钟笑寒（2011）、白重恩等（2011）对煤矿停产整顿以及关井政策两种典型的规制过度做法进行了实证研究。

但是，在现有文献中，很难找到对规制波动现象的系统分析。由于发展阶段、国情等方面差异，西方国家的煤矿安全规制水平并不存在短时间内大幅度变化的情况。国内只有为数不多的学者关注了这一问题。肖兴志、陈长石（2009）同时将政绩考核以及由此造成的政府双重目标引入对煤矿安全问题的研究之中，研究了规制波动这一现象，对引起规制水平短期内出现动态变化的原因进行了分析，发现地方政府为了完成政绩考核指标会造成安全规制水平的波动，这种波动不仅使经济增长水平受到影响，还会增加安全事故死亡人数。他们还发现，政绩考核指标过于偏向经济增长，而忽视了对社会福利水平的考核。肖兴志、陈长石（2010）将经济激励环境引入模型分析以诠释中国安全规制和煤矿生产之间的关系，构建了中央政府、地方政府与煤炭企业之间经济激励模型，得到了从安全生产角度出发的最优契约。

本章小结

经济学研究在某种意义上是问题导向，即理论创新一定要回归现实，回到解决现实问题上。换言之，只有着眼于现实问题的理论研究才可能有鲜活的生命力。地方政府激励与规制理论的融合验证了这一论断。首先，由于发展阶段、体制差异等方面问题，新兴国家的社会性规制问题尤其严重，随着经济水平的不断提升，环境、健康与安全等社会性规制问题越来越受到重视，新的制度要求势必与传统制度形成激烈冲突，出现新的规制经济学研究热点。其次，国内政治制度研究的兴起，反映了现实问题的召唤，突出新兴国家的发展特征，将其作为研究的外部假设，势必成为主流研究范式。围绕规制波动现象所开展的研究正是在此背景下产生的，对这一现象的理解植根于理论发展的脉络之中，政治制度视角为研究该现象提供了新的视角，新规制经济学与实证方法为研究该现象提供了适当的分析工具，而本书的研究则是对破解社会性规制难题的探讨。

第三章　规制波动的模型解释

第一节　问题的提出

改革开放 30 多年来，中国依靠经济高速增长积累了大量资本，经济社会逐渐进入新一轮转型期，国民收入大幅提升，人们不再满足于基本需求，转而追求更高的生活品质和工作环境，对环境、健康与安全等公共管理的需求越来越高。但是，近年来，工作场所重、特大安全事故发生频率不仅未减少，反而有所提高，涉及范围以及产生的负面影响也在不断扩大，其中，涉及范围最广、影响最大的无疑是 2015 年“8·12”天津港危化品特别重大爆炸事故。事实上，在“8·12”天津港爆炸事故发生之前，全国各地已不断发生危化品爆炸事故，例如 2010 年“7·16”大连输油管爆炸事故等。那么，究竟应该如何理解这一现象呢？中国的经济增长到底与安全事故之间存在怎样的联系？究竟有什么样的制度性因素在影响着经济发展与安全事故之间的这种联系？事实上，如第一章中所描述的那样，20 世纪 90 年代至 21 世纪初的情况，与近年来危化品安全领域类似，煤矿安全规制也出现过事故频发且规制无效的情况，本书将其称为规制波动。经过对比，本书认为，两者之间并无实质性区别。因此，在接下来的内容中，笔者将以煤矿安全事故为例，来对规制波动现象进行解释。[①]

在以 GDP 指标为主的政绩考核制度和煤矿安全规制体制不完善情况下，地方政府首要目标是追求本地经济增长，煤矿安全规制将被其纳入经济发展的决策中去。这是因为，经济增长是地方财政最重要的来源，与此同时，地方官员的升迁也与地方经济增速紧密相关，安全规制机构无论从职能上还是从财政来源上讲都是从属于地方政府的，在地方政府具有强烈地追求经济发展的意愿下，其职能的发挥必然受到较大限制，这就为安全事故发生埋下了隐患。在发生事故之后，地方政府为了避免负面影响的扩大，防止社会群体性事件发生，又将煤矿安全规制作为社会福利的调节工具，直到社会局面稳定以后，又恢复到较低的规制强度水平，继续追求经济增长。在这种情况下，地方经济追求高增长的过程必然是与高事故发生率并存的。

安全规制波动是当前地方政府治理的显著特征。地方政府在未发生安全事故时，会保持适当宽松的规制强度，一旦发生安全事故，地方政府又会在很短时间提高规制强度，直接导致地方政府在选择煤矿安全规制强度时，受所追求目标函数变化影响，不断对规制强度进行调整，缺乏稳定性，造成波动的发生。最典型的例子就是目前广泛出现的过度规制现象。[②] 这种安全规制强度上的波动对煤炭企业造成的负面影响十分明显，首先，地方政府的承诺可信度下降，即使煤炭企业选择安全生产，也难以避免其他煤矿发生生产事故时，自己也被停产，甚至还出现摊派事故赔偿金情况。其次，煤炭企业在适应不断变化的安全规制强度时，要消耗大量的协调成本，无形中给经营造成了额外的压力，会提高企业进行违规生产的动机。最后，安全规制强度的波动会影响煤炭企业对未来经营的预期，在发生生产事故后的一段

---

① 之所以选择煤矿安全规制作为研究对象是因为以下两点：第一，煤炭是中国经济增长最重要的投入要素之一，是最主要的能源，并且存在许多依靠煤炭发展起来的资源型城市，中央政府对煤炭供给的重视程度很高。第二，煤矿事故是工作场所安全事故中最为常见的，伤亡人数最多，所产生的负面影响最大。

② 这种规制过度现象，主要是指一旦发生矿难，规制机构通常会强制同地区内所有煤矿进行停产整顿，媒体对此有广泛报道。

时期内，规制强度处于高水平，煤炭企业为了和地方政府追求社会福利最大化的目标函数一致，会提高安全生产水平，但此时产量将受到影响；当这段时期过去，从地方政府角度来讲，要完成经济政绩考核目标，规制强度会降低，从煤炭企业角度来讲，要完成经营目标，需要弥补之前紧缩产量所带来的损失，安全生产水平会随着规制强度水平的降低而降低，随之进入安全事故高发期。

上述过程伴随整个地方经济发展过程，但到目前为止，还少有学者从政绩考核制度的角度对经济发展以及煤矿安全规制的问题进行过系统研究。杨瑞龙（1998）、林毅夫和刘志强（2000）、聂辉华（2006）认为，在中国财政分权制度下，本地经济发展会给地方政府以经济上的激励，其中，聂辉华采用委托—代理模型构造了一个中央政府、地方政府和企业之间的三层代理模型，研究政企合谋对地方经济发展以及安全事故所产生的影响，他虽然意识到了这一问题，但并未将政绩考核制度作为变量纳入模型中去。同时，Li 和 Zhou（2005）认为，在当前中央政府任免制度下，以 GDP 指标为主的政绩考核制度是重要依据，但我进一步发现，中央政府政绩考核制度不单单要求地方经济发展的高 GDP 增长率，还要求地方社会处于稳定的状态，尤其是要避免发生恶性的社会群体性事件。因此，上述两种激励之间存在的矛盾是导致当期煤矿安全规制困局最直接的原因。

基于上述认识，本章试图将地方政府双重目标和政绩考核制度引入模型分析，构建一个基准模型。与以往对煤矿安全规制问题研究不同的是：第一，地方政府作为本地经济发展的主导者，同时还要承担煤矿安全规制的职能，换言之，地方政府面临着提高煤炭产量和降低死亡人数的权衡，我在模型中引入了地方政府决策的权重参数，以量化地方政府在产量与死亡人数之间的这种权衡。第二，将政绩考核制度转化为变量形式，直接引入地方政府的决策中，考察中央政府政绩考核与地方政府最优决策之间的关系。

第二节　基础模型

一　研究思路

考察一个由中央、地方两级政府以及煤炭企业组成的封闭经济体。中央政府负责对地方政府官员的政绩进行考核，包括经济发展和社会福利两部分内容。地方政府指的是广义上的，包括各级地方党委、政府以及负责煤矿安全生产规制的机构，主要是安全生产监督管理局以及下属的办公室等。地方政府依靠煤炭企业来提高本地的经济发展水平以及社会福利水平，同时，按照中央政府的安全生产政策，具体执行对煤炭企业安全生产的规制。

在经济发展方面，地方政府以追求煤炭产量为主，产量越高，经济发展水平越高，地方政府同时还要承担处理安全事故所耗费的部分成本。在社会福利方面，则在煤炭产量基础上加入了煤矿安全事故所带来的社会福利损失，并且这种社会福利损失存在一个导致社会群体性事件爆发的底线，如果超过底线的话，将会引起中央政府各种形式的干预，进而影响地方政府的政绩。上述关系可以理解为：为了完成经济考核指标，地方政府对安全事故有一定的容忍度，但如果安全事故的发生有可能导致社会群体性事件的发生，则地方政府会做出反应，通过调整煤矿产量和规制强度进行控制。也就是说，在发生严重的安全事故或频率过高的情况下，迫于中央政府压力，地方政府会把决策转向社会福利绩效，以最小化安全事故所带来的社会福利损失。从本质上讲，在这种经济结构下，地方政府通过选择安全生产的规制强度，直接决定着煤炭企业的生产。

煤炭企业则专门负责生产以及具体安全管理，对地方政府不同的规制强度选择做出反应。在安全事故低于要求水平的情况下，则规制强度较低，煤炭企业会选择加紧生产，此时，政府的经济发展水平和社会福利水平都会提高，但发生安全事故的概率就会提高，发生社会群体性事件的可能性也随之增大；在安全事故发生过于频繁的情况下，则规制强度较高，煤炭企业会降低生产水平，政府的经济发展水平和社会福利水平增加的速度会变慢，但发生安全事故的概率会降低，发生群体性事件的可能性也随之减小。

二 重要假设

在正式构建模型之前，首先给出模型分析中的三个重要假设：

假设1 地方政府具有经济绩效和社会福利绩效双重目标

中国是一个处于经济与社会发展转型期的发展中国家，面临经济发展和社会各项制度完善的双重压力。这就决定了政府目标函数的双重性，一方面要追求经济水平的提高，以积累国家发展所需要的资本；另一方面要追求社会福利的提高，但这与发达国家政府追求的社会福利提高有所不同，中国所追求的社会福利提高更多的是为了保证社会稳定，为经济发展提供良好的环境。

从本质上讲，中央政府是国家政策制定者，而政策的具体执行是由地方政府负责的，中央政府通过官员的政绩考核制度对地方政府行为产生约束。因此，作为政策执行者的地方政府在进行管理时，表现出的这种追求经济绩效和社会福利绩效双重目标倾向更容易分析。在模型分析中，为了突出重点和简化分析，仅对地方政府的目标函数做出上述假设。

假设2 中央政府能够准确掌握地方政府与煤炭企业的合谋行为

以往学者研究大多数是从政企合谋角度出发的（聂辉华、李金波，2006），但本章模型的分析重点在于中央政府政绩考核制度对地方政府行为的影响，以及规制强度选择对企业行为的影响情况。我们为了便于分析，做出该项假设。在现实中，一方面，由于新闻媒体的广泛报道和社会极高的关注度，地方政府与煤矿的合谋已经不再是秘密，中央政府并不难获得此类信息；另一方面，发生煤矿安全事故以后（尤其是影响较大的煤矿事故），中央政府通常会直接介入，此时作为合谋一方的地方政府不再有动机继续与煤炭企业合谋，为了自身社会福利政绩，转而趋于和中央政府的目标函数一致，出卖煤炭企业的动机加强。

假设3 煤矿安全规制体制以及中央政府的政绩考核制度是外

生的

煤矿安全规制体制具有外生性的含义是指地方政府对煤炭企业进行安全规制时能够选择的规制政策是不变的，但是，地方政府能够通过不同政策之间的搭配来达到选择规制强度的目的。同时，假设3的含义包括安全规制体制无法在短期内根据煤矿生产具体情况进行完善，中央政府对地方政府的约束是不变的，因此，煤炭企业和地方政府对外部环境的预期是相对稳定的。

三　经济发展水平函数与社会福利水平函数

根据研究思路以及基本假设，地方政府追求的经济发展水平函数为：

$$p \times q - k \times death \tag{3-1}$$

其中，q 是煤矿产量，p 是煤炭价格，k 是伤亡每人次地方政府所负担的经济赔偿水平，$death$ 是伤亡人数。函数采用成本收益的表示方法，在收益方面，由于假设地方政府只能从煤矿生产中获得经济收益，因此，收益中只含有 q 变量；在成本方面，只考虑政府按照事故赔偿制度对伤亡人员所进行的抚恤，所耗费的成本采用变量 $death$ 表示。

地方政府追求的社会福利水平函数为：

$$\beta \times p \times q - \rho \times death \tag{3-2}$$

其中，β 是社会福利乘数，表示政府使用每单位经济收益所达到的社会福利增加值，ρ 是每伤亡人次社会福利的损失水平。为了便于分析，在设定福利函数时与经济效益相一致，采用成本收益的表示方法，与经济绩效函数不同的是，煤炭产量增加所带来的社会福利增加大于经济绩效增加，但是，事故伤亡所带来的社会福利损失也是大于经济绩效损失。①

① 满足 $\rho > k$；$\beta \times k > \rho$，容易得到 $\beta > 1$。

第三节 最优均衡

一 模型约束

根据相关经济解释，考虑地方政府在选择最优煤炭产量和控制伤亡人数时所面临的约束条件。

首先，地方政府的经济发展水平函数与社会福利水平函数必须要满足以下参与约束，分别为：

$$(EIR)\, p \times q - k \times death \geqslant I_e \tag{3-3}$$

$$(WIR)\, \beta \times p \times q - \rho \times death \geqslant I_s \tag{3-4}$$

其中，I_e 是中央政府提出的经济考核指标，I_s 是导致社会群体性事件发生的社会福利水平。[①]

其次，地方政府对社会福利函数的决策权重 α[②] 要满足：

$$\alpha \geqslant I_s / I_e + (death - I_d) / I_d \tag{3-5}$$

其中，I_d 是中央政府提出的安全事故控制伤亡人数标准。由于不等式右边是 α 选择空间下限，因此可以看到，α 的选择空间随着 $death - I_d$ 的波动而发生变化。当 $death > I_d$ 时，α 的选择空间就会变小，地方政府就有可能做出更偏向于社会福利的选择；当 $death < I_d$ 时，α 的选择空间底线就变低，选择空间就会变大，地方政府就有可能做出更偏向于完成经济绩效。

最后，地方政府经济发展水平函数中的收益满足：

$$p \times q \geqslant p \times q_e - (death - I_d) \times k \tag{3-6}$$

其中，q_e 是与 I_e 对应的煤炭产量水平。这一约束中隐含了地方政府在决策时的偏好。由于煤炭对于经济发展的重要性以及 I_e 较 I_s 的易观察性，即使加入了死亡率的波动，地方政府仍然要保证 q_e 的完成。

---

① 满足 $I_e > I_s$，其中，I_e 是相对较容易观察的考核指标；I_s 是较难观察到的。

② 满足 $0 < \alpha < 1$，其经济含义是，当 α 偏向 0 时，地方政府偏向完成经济考核指标，规制强度较小；当 α 偏向 1 时，地方政府偏向控制安全事故水平，规制强度较大。

同时，该约束也显示了通常情况下煤炭产量的增加与事故死亡人数的增加成正比。

二　最优决策选择

根据之前所做的假设，EIR 和 WIR 都是自然满足的，通过整理，得到双重目标下的地方政府的目标函数为：

$$\max_{\{q,death\}}[\alpha\times(\beta\times p\times q-\rho\times death)+(1-\alpha)(p\times q-k\times death)]$$

$$\text{s.t.}\ (a)\alpha\geqslant I_s/I_e+(death-I_d)/I_d$$

$$(b)p\times q\geqslant p\times q_e-(death-I_d)\times k$$

构造拉格朗日方程并运用库恩—塔克定理求解上述规划，可以得到命题 1（证明过程见附录 A）。

命题 1：在上述条件假设下，地方政府双重目标下最优决策具有以下性质：

（1）地方政府的经济绩效参与约束和社会福利参与约束是松的，其他约束都是紧的。

（2）所有内生变量由下列公式决定：

$$q^*=q_e+\frac{I_d\times k}{p}\times\left(\frac{I_s}{I_e}-\alpha\right)$$

$$death^*=I_d+\left(\alpha-\frac{I_s}{I_e}\right)\times I_d$$

命题 1 具有以下经济含义：

（1）地方政府在决策过程中追求经济绩效和社会福利两项目标可以同时达到。这是因为，煤炭生产除能够提高经济收益以外，政府使用来自煤炭生产的收益还能够提高社会福利，这一点能够被民众清楚地了解到，同时民众也能够了解从事煤炭生产的危险水平较高。此时，地方政府只要能够处理好煤炭产量提高所带来的福利增长与死亡率提高所带来的福利损失之间的关系，就能既完成经济考核指标，又能有效避免发生社会群体性事件。其中隐含着对地方政府如何使用煤炭收益的要求，在社会转型过程中，如果地方政府能够将所获得的煤炭收益放在提高社会福利方面，则民众对煤矿事故的容忍程度就会相应提高；相反，如果地方政府没有利用好这部分收益，则民众对煤矿事故的容忍程度就会降低，发生煤矿事故时，发生社会群体性事件的概率也会相应增加。

（2）表明双重目标函数下，地方政府选择的最优产量决策 q^* 和控制伤亡人数 $death^*$。从等式中可以看到，最优产量水平 q^* 等于 q_e 加上一个扰动项，该扰动项的符号是由 $I_s/I_e-\alpha$ 来决定的。通过观察约束条件（a）可以发现，I_s/I_e 是地方政府对福利水平赋予权重底线的基准权重水平。换言之，地方政府在确定 α 选择空间下限时，是以 I_s/I_e 为基准，加上安全事故伤亡水平的扰动来进行的。进一步地，由约束条件（b）中隐含的地方政府偏好可以容易得到 $I_s/I_e-\alpha<0$，因此可以得到政府选择的最优产量水平 q^* 是小于 q_e 的。也就是说，在追求双重目标条件下，地方政府所选择最优煤炭产量要小于中央政府考核指标的产量。同样的道理，控制伤亡人数 $death^*$ 则是在政府规定的绩效考核水平 I_d 的基础上再加入 I_d（$\alpha-I_s/I_e$）水平一个扰动项，容易得到该扰动项的符号为正，因此，地方政府的控制伤亡人数 $death^*$ 大于中央政府提出的安全事故控制伤亡人数标准 I_d。

命题 2：地方政府双重目标下最优决策具有以下比较静态学性质：

（1）$\frac{\partial q^*}{\partial k}>0$

（2）$\frac{\partial q^*}{\partial I_d}>0$；$\frac{\partial death^*}{\partial I_d}>0$

（3）$\frac{\partial q^*}{\partial I_s}>0$；$\frac{\partial death^*}{\partial I_s}<0$

（4）$\frac{\partial q^*}{\partial I_e}<0$；$\frac{\partial death^*}{\partial I_e}>0$

（5）$\frac{\partial q^*}{\partial \alpha}<0$；$\frac{\partial death^*}{\partial \alpha}>0$

命题 2 具有以下经济含义：

（1）伤亡每人次地方政府负担的赔偿水平 k 与最优产量 q^* 之间是正比关系，这就说明，提高地方政府在处理安全事故中所负担的经济成本，会导致煤炭企业生产水平增加。因为为了完成经济考核指标，地方政府会通过增加产量的办法来弥补所承担的损失。

（2）中央政府提出的安全事故控制伤亡人数标准 I_d 与最优产量 q^* 和控制伤亡人数 $death^*$ 之间都成正比。政府规定的 I_d 越低，则最优产量 q^* 和控制伤亡人数 $death^*$ 就越小，这表示中央政府在安全生产考核时所发挥的效用，在导致伤亡人数下降的同时，还会使产量下降。①

（3）说明社会福利考核水平 I_s 的变动与最优产量 q^* 成正比，与控制伤亡人数 $death^*$ 之间成反比，这表示如果民众对煤矿事故发生的容忍度降低的话，从另一个角度来讲，如果中央政府提高对地方政府的社会福利水平要求，则不仅能使煤炭产量上升，还会促使其加强对煤炭企业安全生产的管理。

（4）说明经济考核水平 I_e 的变动与最优产量 q^* 成反比，与控制伤亡人数 $death^*$ 之间成正比，如果中央政府提高对地方政府经济绩效考核水平，则不仅煤炭产量会下降，伤亡人数也会同时上升，作为本模型主要结论，上述两点中所蕴含的更深刻的经济意义将在下一节进行分析。

（5）地方政府对社会福利所赋予权重 α 的变动与最优产量 q^* 成反比，与控制伤亡人数 $death^*$ 之间成正比，也就是说，政府越是在决策中偏好追求社会福利，则伤亡人数就会越少，但同时煤炭产量水平也将越低。

命题 2 表明，地方政府追求双重目标情况下，中央政府的各项考核指标对于地方政府的行为影响较大。因此，如果中央政府有效地对考核指标进行调整，是完全能够发挥作用的。当前的政绩考核制度，尤其是中央政府对地方政府社会福利和经济绩效两项指标的政绩考核上，存在一定的缺陷，一定程度上说是导致目前煤矿安全生产困局的原因之一。我们将在后面进一步讨论这个问题。

---

①　进一步地，还可以得到 $\frac{\partial q^*}{\partial I_d}=\frac{k}{p}\left(\frac{I_s}{I_e}-\alpha\right)$，$\frac{\partial death^*}{\partial I_d}=1+\alpha-\frac{I_s}{I_e}$，当 $\alpha>I_s/I_e-p/(k+p)$ 时，$\frac{\partial q^*}{\partial I_d}>\frac{\partial death^*}{\partial I_d}$；当 $\alpha<I_s/I_e-p/(k+p)$ 时，$\frac{\partial q^*}{\partial I_d}<\frac{\partial death^*}{\partial I_d}$。

第四节　均衡结果的进一步分析

作为经济考核指标和煤矿安全规制政策制定者，中央政府对地方政府行为所产生的影响力是无可置疑的，地方政府遵循中央政府的政绩考核导向进行决策。与此同时，煤矿安全事故屡屡发生，甚至有一段时间重、特大事故的发生频率还存在上升的倾向。我们不应将两者之间的关系分开来看，除了从地方政府和煤炭企业的合谋的角度来考虑煤矿安全规制生产问题，更深层的问题在于中国社会转型发展过程中经济发展与煤矿安全生产之间存在的矛盾。上述模型仅是描述了政绩考核制度下各项指标与产量以及死亡率的关系，更多的问题要与现实联系起来进行分析。唯有如此，才能更为透彻地理解模型中变量之间的关系。

一　中央政府政绩考核制度的影响

通过对命题1的分析可以很容易发现，在追求双重目标的情况下，地方政府选择的最优产量决策 q^* 要小于中央政府考核指标中的产量 q_e，但是，如果地方政府要完成中央政府所下达的经济指标 I_e，就必须偏离最优产量决策 q^*，这就增大了发生安全事故的概率，在现实中，由于煤炭是当前中国工业经济发展最重要的生产要素之一，为了保证工业平稳高速发展，中央政府每年都下达相当规模的煤炭生产指标，为了保证按时完成中央政府下达的指标，地方政府通常会鼓励煤炭企业加快生产，加上煤炭的需求带有一定的波动性，在电力、取暖等方面需求比较旺盛的月份更是如此；而命题1中的另一结论，控制伤亡人数 $death^*$[①]大于中央政府提出的伤亡人数指标 I_d，则从安全事故考核的角度解释了为什么一方面地方政府要放松煤炭企业的安全规制强度，以达到增加煤炭产量的目的；另一方面为了完成伤亡人数指标 I_d，会采取瞒报煤矿安全事故的办法。从上面分析不难看到，

① 需要指出的是，此处的 $death^*$ 指的是在发生煤矿安全事故过程中实际的死亡人数。

不仅是煤矿生产企业，地方政府同样存在为了完成政绩考核指标，故意瞒报漏报安全事故的偏好。这在很大程度上说是由于政绩考核制度不合理造成的，中央政府所规定的经济发展水平考核指标和伤亡人数指标 I_d 之间存在不协调的情况。

目前，中央政府的政绩考核制度中明显偏向对经济指标的考核，在政绩考核过程中虽然也有对社会福利的考量，但存在明显不足，并且与经济指标相比，社会福利的指标更难量化，所以，地方政府偏向不遗余力地提高经济发展水平，而将社会福利水平作为控制指标，以煤矿安全事故发生的频率或社会群体性的发生作为基准，采取事后控制的办法，将其稳定在一个相对较低的水平上即可。

通过对命题 2 的进一步分析可以发现，对政绩考核制度进行改革能带来经济绩效和社会福利的普遍提高。如果中央政府弱化对经济目标的考核，转而加强对社会福利水平的考核，则不仅可以增加煤炭产量，还能够降低安全事故的发生。这是因为，如果中央加强对社会福利考核，地方政府首先要立足于降低安全事故的发生，但死亡人数的降低并不能达到提高社会福利的目的，只能使社会福利保持在一定水平之上，而煤炭产量提高，地方政府可支配的财政收入增加，地方政府会使用这部分增加财政收入来提供更多更优质的公共服务，以达到提高社会福利。为了兼顾上述两点，地方政府会偏向加强安全生产，在降低死亡人数同时，提高煤炭产量。需要特别指出的是，由于 $\beta > 1$，地方政府将从财政投入到社会福利提高中所获得的收益，是要大于财政收入本身价值的。如果地方政府将这部分资金用来完善医疗、教育、养老、低保等社会保障制度，则在提高社会福利的同时，还能够增加民众对安全事故的容忍程度，从根本上减小发生社会群体性事件的可能性。

二　地方政府对煤炭企业规制强度选择的影响

假设 2 将煤矿安全规制体制设定为外生的，但地方政府能够通过不同政策搭配来选择不同的规制强度，其中隐含了地方政府对待煤矿安全规制体制的态度，即将其看作调节社会福利水平的工具。从西方国家煤矿安全规制体制的成功经验来讲，独立性是煤矿安全规制体制作用能够充分发挥最重要的必要条件之一。依照相关法律[①]规定，煤矿安全规制机构是与地方政府脱离的，直接对中央政府负责，因此，安全规制强度相对较为稳定，避免因地方经济的变化而产生波动，地方政府可以将更多的精力放在提高社会福利或经济发展水平上。

但是，目前中国的情况却不是如此。地方政府在负责发展经济或提高社会福利同时，还要负担调控煤矿安全规制的职能。在中央政府严格的政绩考核制度下，地方政府官员为了保证经济指标的完成以及社会福利水平稳定，会偏好将其他领域的行政权力纳入其决策中。毫无疑问，在实际操作中，安全规制对煤炭企业来讲是最重要的外部因素之一，这表现在安全规制能够直接影响煤炭企业生产时间以及安全生产的具体操作流程。为了完成中央政府下达的经济考核指标，地方政府可以选择较小的规制强度，增加煤炭企业的生产时间，放任煤炭企业简化生产流程；但是，为了在事故发生之后迅速稳定社会福利水平，地方政府可以选择较高的规制强度，缩短煤炭企业生产时间。从上面的分析可以看到，中国煤矿安全规制体制之所以无法充分发挥作用，主要原因是缺乏必要的独立性，地方政府能够将煤矿安全规制纳入其完成政绩考核的决策中，而这一过程又是通过选择规制强度来实现的。

三　地方政府承担过多事故成本的影响

命题 2 中，我发现政府在处理事故中所负担的成本越高，则会导致最优产量水平 q^* 的提高，这是很容易理解的。在处理矿难事故过程中，地方政府所承担的成本主要包括：(1) 对死亡人员及其家属的赔偿。按照相关法律规定，这部分成本应该是由煤炭企业承担的。但现实中，发生安全事故的煤矿，尤其是规模小、安全性差的小煤矿，通常很难继续生产，没有足够资金完成赔偿，因此很多煤矿事故的赔偿金都是由地方政府垫付的，有些地区甚至还出现了地方政府向其他煤矿摊派赔偿金的情况。(2) 处理安全事故的行政费用。在发生安全事故之后，从组织援救到成立调查组、处理善后事宜等，都要耗费大量的行政成本，这部分成本同样是由地方政府承担的。(3) 煤矿停产

---

① 如美国的《职业安全卫生法》、英国的《职业健康与安全法》等。

带来的经济损失。正如之前在规制波动影响一节中所分析的那样，在发生安全事故之后，为了维持社会福利的稳定，地方政府会提高安全规制强度，压缩煤炭企业生产时间，这将会严重影响煤炭企业生产，地方政府官员就要承担无法完成经济考核指标的风险。从地方政府的角度来讲，上述三项成本都是很难转嫁的，唯一办法就是事故平息之后，通过放松规制强度的方法，鼓励其他煤炭企业加快生产，以达到弥补上述成本的目的。

本章小结

本章发现，在中国处于转型期背景下，地方政府承担的角色非常重要，并且其目标函数与现代规制经济学中关于政府的假设不同。简言之，在当前的政绩考核机制下，所设置的考核指标过于偏向经济增长，忽视了对社会福利水平的考核。在这种情况下，中国地方政府的目标并不是社会福利最大化，而是在社会福利水平相对稳定的情况下，本地经济能够实现高速增长。因此，本章论证了地方政府为了完成政绩考核指标，必然要偏离社会福利最大化假设下的最优决策，或者以其自身收益最大化为目标，这种偏离在推动经济增长的同时，还会大幅增加安全事故发生概率。本章研究将地方政府决策纳入煤矿安全规制当中，为解释中国经济增长和安全事故之间的关系提供了一个崭新的视角。

但也应注意到，本章需要在研究方法上做进一步的改进，由于并未将规制强度作为变量纳入模型分析过程中，因此，无法对相关变量对规制强度的影响做出准确的量化分析，也为之后的实证研究设置了一定障碍。但是，书中所体现的思想完全可以被用来作为规制强度指标设定的依据，这两方面也是以后努力的方向。另外，书中对国有煤矿和私营煤矿并未做出区分，从中国实际情况来看，不同所有权煤矿面临的外部约束有很大不同。考虑煤矿所有权在当前这种外部环境下所产生的影响，也是我们所面临的一项挑战。

第四章　规制波动模型的拓展

第一节　问题的提出

在目前国内外研究地方政府激励的文献中，最有影响力的是“中国特色的财政联邦主义”（Qian and Weingast，1995；Qian and Roland，1998；Jin et al.，2005）。其支持者认为，中国解决地方政府激励的方法有两个：第一，实施行政分权改革，增加地方政府自主决策权；第二，推行财政分权，实施财政包干合同，允许地方政府存留财政收入。杨瑞龙（1998）认为，行政分权与财政分权使地方政府具有了独立的行为目标和行为模式，从而在向市场经济的渐进过渡中开始主动谋取潜在的制度收益。在这种情况下，地方政府势必会依靠地方企业向中央政府展现实力，以谋求在与中央政府谈判过程中获取更大的话语权，于是地方政府就常常成为企业的代言人以及保护伞。按照这一逻辑，中国目前所采用的地方政府激励范式必然会造成地方政府在进行公共事务管理时出现不尽如人意的地方（沈立人、戴园晨，1990；周黎安，2004；聂辉华、李金波，2006），典型的表现就是食品安全、生产安全、环境污染等问题频繁出现。事实上，地方政府激励使地方政府出现“公司化”倾向，背离了其实现社会福利最大化的职能目标。为了实现局部（或短期）利益最大化，地方政府不可避免地忽视各个领域的食品安全、生产安全、环境污染等问题。聂辉华、李金波（2006）将其视为财政分权与政治晋升的双重激励下，地方政府在追求“高GDP”时所造成的“高成本”，政企合谋是造成安全生产问题难以解决的根本原因。但上述逻辑（或者说从政企合谋角度出发）难以充分解释中国在治理安全问题时，为何常常采取“一刀切式治理”①（或“运动式执法”）的办法。

事实上，目前地方政府面临的问题与国有企业的双重目标相似（刘小玄、刘芍佳，1998；王曦、舒元、才国伟；2007），过度的经济增长激励与硬化的社会稳定约束使地方政府目标存在十分明显的双重性，一方面，地方政府要保证经济增长；另一方面，还要不断地向民众提供越来越完善的公共事务管理、安全规制等政府服务，这就迫使地方政府必须通过权衡实现其收益最大化，这与姚洋（2008）对中国政府是泛利性政府的判断一致。但迄今为止，从地方政府双重目标角度进行的研究并不多见，汪立鑫、王彬彬、黄文佳（2010）从地方政府权衡经济增长与民生的角度分析了最优户籍政策的制定。聂辉华、李金波（2006）模型中隐含的重要假设也是政府存在双重目标。但是，他们却并未对地方政府双重目标的直接后果进行更为深入的分析。经过新闻查阅和资料整理，我观察到现实中存在一个非常值得探究的现象——安全规制执行尺度的频繁变化，新闻舆论称之为“运动式执法”，本书将其称为“规制波动”。这种现象的明显特征就是事故发生之前的低强度规制以及事故发生之后的高强度规制。具体来说，安全事故②发生之前，偶发性以及与中央政府之间的信息不对称强化了地方政府的投机倾向，规制体系漏洞的存在又为其操作提供了空间；安全事故发生之后，中央政府的强力干预迫使地方政府目标函数变化。上述因素的耦合作用最终导致规制波动的出现。

回顾已有涉及规制波动问题文献，大多数研究成果都集中于发生安全事故之前的低水平规制，仅有少数学者关注安全事故之后的高水

---

① 以煤矿为例，当某地一家煤矿发生重大事故之后，便要求该地区所有煤矿停产整顿。整顿的范围视事故的严重程度而定，小到一个县、一个地区，大到整个省（自治区、直辖市）。自 2005 年 7 月之后，根据国务院《关于坚决整顿关闭不具备安全生产条件和非法煤矿的紧急通知》和《关于预防煤矿生产安全事故的特别规定》，停产整顿的范围更扩大到了全国范围的小煤矿。2008 年，“三鹿奶粉事件”被曝光之后，政府在全国食品行业进行的安全整顿也是空前的。

② 这里的安全事故是广义上的，包括环境污染、安全生产、食品安全等。

平规制。门德洛夫（1988）、麦克加里蒂和夏皮罗（1991，1993）等国外学者曾对这一情况的原因以及影响进行过分析，他们认为，规制过严是由规制机构采用高成本低收益的规制手段来达到规制目标造成的，并且进一步指出，过度规制必然要求严格的规制政策，而严格的规制政策并不能达到保护工人、提升安全水平的目的。上述文献对于安全问题的解决提供了有益的启发，但仍然存在一些缺陷。钱永坤、谢虹和徐建博（2004）较早注意到煤矿事故发生之后的“一刀切式治理”，认为简单的关闭将导致企业在安全投入上的回报率下降，引起更多事故。钟笑寒（2011）、白重恩等（2011）对煤矿停产整顿现象以及关井政策两种典型的强力规制的做法①进行了实证研究。上述文献对于安全问题的解决提供了有益的启发，但仍然存在一些缺陷。第一，缺乏将事前规制和事后规制联系起来的分析框架，都是集中于其中的某一类进行分析；第二，虽然考虑到了政府激励，但并未有效地将这种激励关系纳入分析当中。

理解上述规制波动现象的钥匙是地方政府在煤炭生产中的双重目标，即经济增长目标和社会稳定目标并存。首先，煤炭作为目前中国最主要的能源，在资源储量丰富地区对推动地方经济增长发挥至关重要的作用，GDP 增长、就业乃至财政收入都依赖煤炭生产。以山西省为例，煤炭以及与其相关的焦炭、冶金、发电等行业占工业生产总值的比重达到80%以上，煤炭及相关行业吸纳了大量劳动力，全省一半以上的财政收入直接来自煤炭行业，许多县、乡政府的财政收入几乎全部来自煤炭及其相关行业。与此同时，由于中央政府不断对政绩考核指标进行调整，加大了在煤矿安全生产方面考核的权重，逐渐在评优环节推广安全生产一票否决制度。迫于政绩考核与社会舆论的双重压力，地方政府较以往更为重视煤矿安全。霍尔姆斯特龙和米尔格罗姆（Holmstrom and Milgrom，1991）曾对一个代理人从事多种任务的情形进行过分析，他们认为，代理人面临多种任务时，不仅要在不同

① 停产整顿与限产关停是煤矿安全规制过程中两种典型的强力规制做法，前者是事故追究型规制，后者是事故预防型规制。

任务上分配激励，更为重要的是，要在不同任务上分配注意力。因此，地方政府在面对经济增长和社会稳定两项任务时，必须首先要做出抉择，哪个放在首要位置，哪个放在次要位置，随后才能安排激励。

在地方政府面临的两个目标之间存在着一个重要区别，即对完成任务的努力程度衡量难易不同。完成经济增长的努力能够更为精确地通过 GDP 增产率体现出来，但是，由于煤矿事故本身带有很强的偶发性且安全规制投入的收益属于隐性收益，因此，安全生产投入的努力程度很难精确地体现在某一指标上，更多地通过安全事故发生与否来进行判断。最终导致地方政府将经济增长放在首要位置，煤矿安全规制则被放在第二位。现实情况中也大致如此，面对来自上级政府的巨大压力，地方政府仍然要从政府运行的实际需要出发，考虑如何在保证自身财政收入和不影响经济发展前提下，贯彻上级政府的指令。于是，对本地煤矿“走过场式”的治理整顿关闭就成了下级政府敷衍上级政府“一刀切式”整治措施所采取的普遍手段，这种方式导致上级政府指令的实际效果层层衰减，最终消失于无声。①

在明确任务优先次序之后，地方政府会采取措施激励煤炭企业进行生产，这造成了安全规制难以充分发挥作用，严重影响了安全规制水平的稳定性。主要有三方面原因：第一，从隶属关系来说，负责具体实施安全规制的地方安监系统要对当地政府和党委负责，不是独立的执法机构。第二，根据周黎安（2007）提出的政治竞争晋升锦标赛模式，地方政府总是偏好通过最直接手段，迅速完成目标函数，此时无论是煤炭企业还是地方政府，都会把高水平安全规制视为提高煤炭产量增加的约束。第三，地方政府更偏好经济增长目标。因此，地方政府可以被视为风险偏好者，通过降低规制水平、提高事故发生概率

---

① 2005 年 8 月，国务院办公厅发布《关于坚决整顿关闭不具备安全生产条件和非法煤矿的紧急通知》，要求达不到安全生产许可证颁证标准的，一律依法予以关闭。一位副省长称，如果该省的乡镇小煤矿真的都关了，那么全省的电网就会崩溃。而一位省长也曾经作过这样的批示：各地在煤矿安全整治中要根据本地实际，实事求是地按国家有关安全生产规定督促企业尽快整改，做到切实保证安全生产和用煤需求。

的做法，换取煤炭产量的提高。加之煤炭企业的目标函数原本就可以视为追求产量最大化，于是地方政府和煤炭企业形成了天然的利益联盟。在地方政府放松安全规制的刺激下，煤炭企业采取简化生产程序、增加采掘面、延长工作时间等办法，达到迅速增加煤炭产量的目的，最终导致煤矿事故的发生。

发生安全事故之后，由于舆论的关注和中央政府的强力介入，使地方政府的目标函数在短时间内发生变化，经济增长目标淡化，社会稳定目标被放在首要位置，此时地方政府成为风险规避者，为了消除安全事故带来的负面影响，安全规制水平短时间内大幅提高，地方政府与煤炭企业之间的利益联盟关系瓦解，于是就出现了前面所列举的停产“连坐”现象。

随着安全事故影响减弱，经济增长再次成为首要目标，地方政府重新成为风险偏好者，规制水平再次逐渐降低，如此循环，使煤矿生产陷入“发生煤矿事故→规制水平提高→事故影响减弱→规制水平降低→发生下一次煤矿事故”的僵局。

本章试图通过理论上刻画最优安全规制合同，并在此基础上对现实中存在的规制波动现象进行经济解释。本章以最为典型的煤矿安全问题为例，在蒂诺尔（1986）的基础上构造中央政府、地方政府和煤炭企业组成的代理模型，并借鉴聂辉华、李金波（2006）模型中关于政企合谋的设定思路。在未发生安全事故时，地方政府将选择与企业进行合谋，通过降低安全规制的方式，刺激煤炭企业生产，并从中获得额外收益。但与其他研究政企合谋文献的主要区别之一在于，隐含假设地方政府与企业之间存在一种不稳定的合谋关系，这种不稳定性是由地方政府双重目标决定的，体现在事故发生后中央政府短暂介入期间，地方政府会与企业决裂，选择高水平的安全规制。除此之外，笔者将中央政府、地方政府与企业之间的生产和安全两种激励关系纳入模型，如果未发生安全事故，中央政府将对地方政府进行奖励，而地方政府将对企业进行奖励，如果发生安全事故，则地方政府与企业将同时承担成本。这也是本书另外一个特点。最后，笔者引入了工人作为第三方规制，并刻画了地方政府与煤炭企业对工人收买情况下，三方的收益分配关系。

第二节　模型设定

假定存在一个由中央政府、地方政府和煤炭企业三方组成的封闭经济体。煤炭企业负责生产与安全控制。地方政府[①]负责对企业进行监督，包括对生产的督促和安全控制的监督，酌情对企业进行的惩罚或奖励，此外，地方政府还能从煤炭企业生产中获得部分收益划归地方财政。中央政府主要负责对地方政府的考核，根据生产供应和安全控制两方面情况对地方政府进行惩罚和奖励。

假设煤炭企业的生产函数为：

$$q(s) = q_D \times e(s) + \sigma \times s \qquad (4-1)$$

其中，q_D 是企业的设计生产能力，s 是地方政府选择的安全规制水平，e 是企业的努力程度，且有 $e'(s) < 0$，$e''(s) > 0$，σ 是单位水平安全规制变动对产量所造成的影响。需要说明的是，σ 在模型中被视为地方政府可以通过不同政策搭配来影响的变量，做出这样假设的原因在于：模型中的地方政府是广义上的，涵盖了能够对煤炭企业在生产和安全两个领域进行规制的各类部门，具体执行过程中，安全规制部门可以选择政策搭配来选择安全规制水平 s，而其他经济规制部门则能够选择政策搭配来决定 σ，作为弱势谈判方，煤炭企业只能被动地接受地方政府对其所进行的规制，选择努力程度 e。

从形式上看，该生产函数可以被理解为煤炭企业的产量是由安全规制直接和间接地通过影响企业努力程度来决定的，也就是说，地方政府能够通过不同途径影响企业生产。地方政府在高水平的安全规制 $\bar{s}$ 和低水平的安全规制 $\underline{s}$ 之间进行选择。在选择 $\bar{s}$ 时，企业努力程度 e

---

① 这里是广义的地方政府，做出这样的假设是因为在各个省份所下达的关于煤矿安全规制机构设置及编制的文件中，更多地将其职能限制在“检查监督、指导协调”等方面，权限较低，在涉及执行“限产关停”等严厉措施时，需上报当地人民政府批准。

$(\bar{s})$ 较低，产量水平 $q(\bar{s})$ 也较低，企业安全生产的概率处于最高水平，假设为π；在选择 $\underline{s}$ 时，企业努力程度较高，可以获得较高水平的产量，此时地方政府可以从增加的产量中获得部分收益作为地方收入，比例为 α，但企业安全生产的概率也会减小，假设为 δ，$\pi>\delta$。

中央政府根据煤炭企业的生产情况对地方政府进行惩罚或激励。具体安排如下：无论地方政府选择安全规制水平如何，如果发生安全事故，则中央政府会对地方政府和煤炭企业做出共同的处罚 F_A，煤炭企业负担的比例为 β；无论地方政府选择安全规制水平如何，如果没有发生安全事故，中央政府会对地方政府做出奖励 R_s，地方政府会对煤炭企业做出奖励 R_i[①]；如果此时地方政府选择了较低的安全规制水平，产量同时增加的话，地方政府会对煤炭企业做出奖励 R_A，产量越高则地方政府对煤炭企业所进行的奖励则越多；反之则越少。另外，还假设无论在什么情况下，地方政府和煤炭企业的参与约束都是满足的，模型将集中分析激励约束和责任分担约束。

除上述一般假设外，模型中还有两个关键假设：第一，地方政府在发生事故时承担责任的比例小于未发生安全事故时得到奖励的比例，而煤炭企业则正好相反，表示为：

$$\frac{\beta}{1-\beta}\geqslant\frac{R_i}{R_s} \tag{4-2}$$

因为模型中假设地方政府是广义的，掌握了事关煤炭企业生产的各种行政资源，地方政府在与煤炭企业博弈过程中处于绝对的强势地位。因此，地方政府可以利用所掌握的行政资源，一方面，将中央政府的惩罚转嫁到煤炭企业身上；另一方面，可以占有本应属于煤炭企业的奖励。

第二，煤炭企业所承担的罚金额度要小于地方政府对其低安全规制水平下超额生产给予的奖励 R_A，表示为：

$$R_A>\beta F_A \tag{4-3}$$

---

① 此处的 R_s 和 R_i 都被视为外生变量，现实中，政府对安全生产的奖励，通常是以是否发生安全事故为标准，如果未发生安全事故，则给予一定额度的奖励；否则，就不进行奖励。

这一假设也比较容易理解。具体来说，即使在不定期发生安全事故的情况下，煤炭企业从生产中所获得的收益也大于其所承受的惩罚，模型中做出的参与约束满足假设也包含上述含义。一方面，为了保证煤炭企业有足够动力生产，地方政府会利用所掌握的资源给予其各种便利条件，而煤炭企业也将从中获益；另一方面，由于安全规制体系的缺陷、安全事故的偶发性、信息不对称以及政府有限理性等客观因素的存在，即使发生安全事故，未必都能引起中央政府介入，煤炭企业在这种情况下避免了惩罚所带来的成本。

模型博弈顺序为：

（1）0 期：地方政府根据中央政府的考核与煤炭企业签订合同，地方政府选择安全规制水平 s，煤炭企业根据 s 选择努力程度 e。模型假设地方政府在这一时期会在与煤炭企业进行过程中选择高规制水平。

（2）1/4 期：煤炭企业根据第一阶段合同进行资源配置。

（3）1/2 期：地方政府根据安全生产执行情况对安全规制水平进行修订。如果未发生安全事故，则会选择较低的安全规制水平，鼓励煤炭企业生产；反之，就保持较高的安全规制水平。煤炭企业则根据地方政府修订的安全规制水平对努力程度进行修订。

（4）3/4 期：煤炭企业根据第二阶段修订的合同进行资源配置。

（5）1 期：各方收益实现。

接下来，对安全规制波动形成机理进行分析，并分析引入工人作为第三方规制，解决规制波动的可能性。第一步，根据最优防范合谋合同原理构建模型，分析从安全规制角度出发，地方政府与煤炭企业签订的最优合同；第二步，分析发生安全事故之后，在中央政府介入情况下，地方政府所做的决策，并与最优合同进行比较；第三步，分析在不存在安全事故影响情况下，地方政府偏好逐渐降低水平规制情况，明确安全规制波动的形成机理；第四步，将工人作为第三方规制引入模型当中，分析解决规制波动的方法。

第三节　最优合同与扩展

一　最优合同

根据最优防范合谋合同原理的思想，如果地方政府在未发生安全事故情况下，仍然想要保持高水平的安全规制必须满足以下约束条件。

首先，煤炭企业的激励相容条件（AIC），应使煤炭企业在高水平安全规制下的期望收益，不低于低水平安全规制下的期望收益。

$$\text{AIC}: q_D\Delta e+\overline{\sigma}\Delta s+R_A+\delta R_i-(1-\delta)\beta F_A\leqslant\pi R_i-(1-\pi)\beta F_A \tag{4-4}$$

其中，$q_D\Delta e+\overline{\sigma}\Delta s$ 是安全规制水平变化后煤炭产量增加的水平，$\Delta s=\underline{s}-\overline{s}<0$。

其次，地方政府的激励相容条件（SIC）应使地方政府在选择高水平安全规制下的期望收益，不低于低水平安全规制下的期望收益。

$$\text{SIC}: \alpha(q_D\Delta e+\overline{\sigma}\Delta s)+\delta R_s-(1-\delta)(1-\beta)F_A\leqslant\pi R_s-(1-\pi)(1-\beta)F_A \tag{4-5}$$

其中，α（$q_D\Delta e+\overline{\sigma}\Delta s$）是安全规制水平变化后煤炭产量增加的水平中由政府占有的部分。

最后，还要考虑煤炭企业和地方政府的责任分担问题。如果煤矿发生安全事故，中央政府对地方政府和煤炭企业进行惩罚，则各自承担的罚金不应超过其实际收益。

$$\text{ALL}: q_D\Delta e+\overline{\sigma}\Delta s+R_A\geqslant\beta F_A \tag{4-6}$$

$$\text{SLL}: \alpha(q_D\Delta e+\overline{\sigma}\Delta s)\geqslant(1-\beta)F_A \tag{4-7}$$

地方政府的目标函数是最大化其所占有的产量增加带来的额外收益，可以表示为：

$$\overline{R}=\max_{\{\alpha,\beta,\overline{\sigma},R_A\}}\alpha(q_D\Delta e+\overline{\sigma}\Delta s) \tag{4-8}$$

可以得到命题 1。

命题 1：在给定上述约束情况下，使地方政府在未发生安全事故情况下仍然保持高水平规制的合同具有如下性质：

（1）企业参与约束和地方政府参与约束是松的，所有其他约束条件都是紧的；

（2）所有内生变量由下列公式确定：

$$\alpha=\frac{R_s}{R_i}\quad \beta=\frac{R_i}{R_s+R_i}\quad R_A=0\quad \overline{\sigma}=-q_D e'(s);$$

（3）$\overline{R}=0\quad q(\bar{s})=q_D[e(\bar{s})-e'(\bar{s})\bar{s}]$。

（证明过程见附录 B 和附录 C）

接下来，对最优合同所表示的经济含义进行分析。

第一，$\alpha=\frac{R_s}{R_i}$和$\beta=\frac{R_i}{R_s+R_i}$说明地方政府与煤炭企业利益分配和承担事故成本的比例及其各自所获得奖励的比例是相互匹配的。从谈判地位的角度解释，地方政府与煤炭企业在进行谈判或执行合同时应处于同等地位，根据各自在发生事故之前的收益分配比例来决定发生事故后承担成本的比例，并非根据谁处于优势地位或掌握的资源多少来决定。

第二，$R_A=0$ 说明此时地方政府与煤炭企业之间不应存在经济激励关系。地方政府与煤炭企业之间独立进行谈判，客观公正地对煤炭企业进行安全规制，不存在带有明显偏向的扶植政策，煤炭企业则独立经营决策。

第三，$\overline{\sigma}=-q_D e'(s)$说明最优的$\overline{\sigma}$应等于设计产量与边际努力程度的乘积，这是保证高水平安全规制下的最优选择。

第四，$\overline{R}=0$ 和 $q(\bar{s})=q_D[e(\bar{s})-e'(\bar{s})\bar{s}]$说明在所有内生变量都满足时，地方政府无法从煤炭企业生产中获得额外收益，并且此时的产量等于 $q_D[e(\bar{s})-e'(\bar{s})\bar{s}]$。因此，从保证安全规制有效性角度出发，命题 1 可以视为地方政府与煤炭企业之间签订的最优合同，保证地方政府无论在什么情况下都会保持高水平的安全规制，而这一合同最重要的思想就是要保证规制机构与煤炭企业之间决策的独立性。从安全角度来讲，地方政府选择规制水平 $\bar{s}$ 时，安全规制的作用完全能够得到充分发挥，煤炭企业完全按照安全程序进行生产；从激励角度来讲，这一合同过于强调对安全生产的偏好，而忽视了地方政府对煤炭产量的偏好，因此，如果要满足这一合同还要满足此处的一个隐含假设，即无论在什么情况下地方政府不存在对更高产量的偏好。

二 发生安全事故之后的安全规制合同

在这种情况下，中央政府的强力介入使地方政府与煤炭企业的各类约束变得没有任何意义，地方政府毫无选择，只能选择高水平的安全规制$\bar{s}$，而煤炭企业则只能根据高水平的安全规制将产量保持在较低水平，这在客观上满足了命题1中的条件，得到命题2。

命题2：在发生煤矿安全事故的情况下，中央政府的强力介入使地方政府只能选择高水平安全规制，并且此时$\bar{\sigma} = -q_D e'(\bar{s})$，进一步可以得到$\bar{R}=0$和$q(\bar{s}) = q_D[e(\bar{s}) - e'(\bar{s})\bar{s}]$。

（证明过程见附录C）

将命题1的研究结论与命题2的研究结论进行对比可以发现，在安全规制水平不存在波动的情况下，无论是否发生安全事故，σ、R和$q(s)$都是相同的。这一研究结论十分重要，通过这一结论可以发现，安全规制水平与产量水平之间存在着十分紧密的联系，如果安全规制水平保持稳定，安全规制几乎对煤炭企业生产不会产生负面影响。与此同时，安全事故发生的概率也能够得到有效控制。这是不存在安全规制波动情况下较为理想的状态。从国际比较角度来看，美国、英国、加拿大等安全规制体制比较完善的西方国家，为了免予规制机构在行使职能时受到外界因素的干扰，其独立性是直接受到立法保护的（闫海，2007），坚持一视同仁的原则，因此，国家的安全规制水平不存在短期内的急剧变化。根据上面的研究结论，也就不难解释美国、英国等国的安全事故无论发生频率还是死亡人数都相对稳定，这与这些国家能够持续保持高水平规制有直接关系。但是，中国生产以及安全规制的实际情况还远未达到上述状态。独特的财政分权与行政分权范式使地方政府和煤炭企业成了牢固的利益联盟。这一联盟的存在，一方面成为推进地方经济发展的动力，另一方面也成为安全事故频发的根源。因此，在中央政府未建立恰当补偿机制的情况下，地方政府很难放弃对煤炭企业的控制，煤炭企业也不会选择脱离利益联盟，因为从盈利角度看，煤炭企业没有足够的动力放弃地方政府给予的各类扶植政策。接下来，对煤炭企业生产过程中更为常见也更为隐蔽的情况进行分析。

三 安全事故影响减弱之后的安全规制合同

首先，假设除$\bar{s}$和$\underline{s}$之外，在安全事故影响减弱情况下，地方政府还会选择规制水平$\bar{s}'$（$\underline{s}\leqslant\bar{s}'\leqslant\bar{s}$），这一规制水平的特点是仍然满足最优合同的要求，即地方政府无法获得额外收益，但煤炭产量会出现变化。按照这一思路分析，可以得到：

$\bar{R}'=0$ 和 $q(\bar{s}')=q_D[e(\bar{s}')-e'(\bar{s}')\bar{s}']$

进一步地，我将 $q(\bar{s})$ 和 $q(\bar{s}')$ 进行比较发现，在地方政府选择规制水平$\bar{s}'$时，煤炭产量要大于$\bar{s}$时所得到的产量。因此，这一规制水平是地方政府在安全事故影响减弱情况下的偏好，它虽然无助于地方政府获得额外收益，但却能使煤炭产量有所提高，这有助于经济考核指标的完成。因此，在安全事故影响减弱的情况下，地方政府与煤炭企业签订合同时，通常不会严格按照命题 1 中的最优合同进行，于是得到命题 3。

命题 3：当安全事故影响减弱时，地方政府会选择逐渐放松规制水平，以达到获得较高的煤炭产量的目的，尽管此时地方政府是在最优合同下签订协议，无法获得额外收益，但企业更多的产量仍然有助于地方政府完成经济指标考核。

（证明过程见附录 D）

在这里放松了安全规制最优合同中的隐含假设，即无论在什么情况下，地方政府不存在对更高产量的偏好。在现实中，由于政绩考核的存在，即使地方政府无法从生产中获得额外收益，也偏好获得煤炭企业生产产量最大化，这样，能够尽可能地达到中央政府考核要求。因此，与命题 1 相比，命题 3 是更接近中国实际的研究结论。命题 3 中所描述的安全规制水平变动是带有较强隐蔽性的地方政府行为，由于它遵守了部分最优合同，能够在一定程度上控制安全事故发生的概率，因此，很难被中央政府察觉。

如前述分析，造成这种情况出现的原因是：首先，地方政府和煤炭企业之间存在错综复杂的利益关系，使地方政府在规制过程中很难保证稳定性，即使在地方政府层面无法获得额外收益，也有强烈的动机提高产量；其次，在面临严格的政绩考核时，地方政府会采取尽可能隐蔽的手段去完成中央政府安排的任务。最后，充分体现了地方政府追求的多重目标。因此，在这种情况下，虽然命题 1 中的最优合同中的约束仍然满足，但为了煤炭企业产量的增加，规制水平已经开始降低。

具体来讲，在发生安全事故情况下，地方政府采取高水平的安全规制，煤炭企业严格按照各项安全生产程序进行生产，生产努力程度降低，产量相应出现下降，但是，随着事故所造成的负面影响逐渐淡化，地方政府会对安全规制水平进行调整，但这种调整通常不会像发生安全事故时那样在很短的时间内完成，需要一个较长的过程。地方政府会选择逐渐降低安全规制水平，煤炭企业也会相应地逐渐提高努力水平，例如，增加采掘工作面、延长工作时间、简化生产程序等，这些努力都会使产量逐渐上升，并提高了发生事故概率，直到突破满足最优合同的约束要求，完全变成低水平的安全规制，使得煤炭产量大幅上升，最终导致地方政府在发生事故之后再次提高安全规制水平，进入下一轮规制波动周期。因此可以认为，命题 3 中所描述的情况是由高水平规制向低水平规制转变的重要表现。接下来，对完全不存在安全事故影响情况进行分析，这也是本书分析的最后一种情况。

四　完全不存在安全事故影响的安全规制合同

在满足命题 1 的情况下，地方政府将持续选择高水平的安全规制，这时很明显，安全规制对产量的影响是稳定的，本书对此进行了证明。但作为保证煤矿安全生产的最优合同，命题 1 中的假设在当前体制下是很长时间内难以满足的。地方政府更倾向于按照命题 3 所证明的那样，逐渐选择低水平的安全规制以刺激煤矿生产，并最终突破维持最优合同的最低规制水平，完全变成低水平的安全规制。显而易见，此时，地方政府的激励约束与参与约束都是不满足的。于是，可以得到命题 4。

命题 4： 当长时间未发生安全事故时，由于地方煤矿安全规制机构缺乏独立性及对额外收益的偏好，地方政府没有动力签订最优合同，最终将选择低水平的安全规制来刺激企业生产，此时煤炭产量短期内出现较大幅增加，发生事故的概率也大幅提高。在这种情况下，所发生的安全规制水平变化会使产量造成波动，波动范围$\underline{\sigma} \in \left[-q_D e'(\underline{s}),\ \frac{\beta F_A - R_A}{\Delta s} - q_D e'(\underline{s}) \right]$，产量$q(\underline{s})$的波动范围为：$\left[q_D[e(\underline{s}) - e'(\underline{s})\underline{s}], q_D[e(\underline{s}) - e'(\underline{s})\underline{s}] + \frac{\beta F_A - R}{\Delta s}\underline{s} \right)$。

（证明过程见附录 E）

可以看到，在命题 4 所描述的情况下，产量出现了较大幅度增加。此时，完全突破了满足最优合同所需约束条件，地方政府为了通过产量增加来获得额外收益和完成考核指标。通过低水平的安全规制刺激煤炭企业生产，煤炭产量大幅增加，但安全事故发生的概率也处于较高水平。这一阶段是最易发生煤矿事故的阶段，也是规制波动周期的最后环节，一旦发生安全事故，则重新进入下一轮规制波动。最后，将不同情况下的煤炭产量进行比较，以总结规制水平对产量所造成的影响，得到命题 5。

命题 5：当发生安全事故时，地方政府采取最严厉的安全规制$\bar{s}$，此时，企业选择产量$q(\bar{s})$，在这一产量下安全生产能够得到充分保证；当事故影响减弱时，地方政府在无法获得额外收益的状态下，选择偏低的安全水平$\bar{s}'$，这一隐蔽的行为通常不会被中央政府察觉，产量小幅增加为$q(\underline{s}')$，事故发生概率也小幅增加；当完全不存在事故影响时，地方政府完全采取低水平安全规制$\underline{s}$，产量大幅增加为$q(\underline{s})$，事故发生概率同时大幅提高，直至煤矿事故发生，进入下一轮规制波动周期。在这一过程中，存在$q(\bar{s}) > q(\bar{s}') > q(\underline{s})$，并且由$q(\bar{s})$向$q(\underline{s})$变化时，需要经由$q(\bar{s}')$，是较为漫长的过程，但由$q(\underline{s})$向$q(\bar{s})$逆向变化时，则是在很短的时间完成的。

证明：由上述分析容易得到命题 5。

命题 3、命题 4、命题 5 中所描述的情况是现实中很多安全事故发生的直接原因。为简化分析，在模型中设定安全规制变动只会发生在这三种具有代表性的水平之间。事实上，实际情况要复杂得多，这主要表现在规制水平的连续性。地方政府会根据安全事故的严重程度来选择不同的安全规制水平。前期的事故越严重，当期安全规制水平就越高；反之，安全规制水平就越低，地方政府会根据事故影响，通过生产规模，选择整顿范围。此外，由于安全规制体系的缺陷、事故的偶发性、信息不对称、政企合谋以及中央政府的有限理性等一系列复杂情况的存在，因此降低安全规制水平对产量所造成的实际影响程度要远远大于命题 4 中描述的范围。

五　工人作为第三方规制

在之前的分析中，为了突出规制波动形成机理，隐含假设煤炭企业与工人是一个整体，从实际情况来看，这一假设是合理的。从目前中国劳动力市场发展的整体水平看，工人在与煤炭企业进行谈判过程当中，普遍处于劣势地位，虽然 2008 年起实行的《劳动合同法》加强了对工人权益的保护，但煤炭企业仍然可以通过各种法律漏洞进行规避其应该负担的责任，因此，从理论上看，是可以忽略工人对煤炭企业决策所产生的影响。从煤炭企业管理者与地方政府的角度出发，作为对生产第一线信息感知最为明显的群体，工人既是正常生产情况下实现利润的必要前提，又是违规生产情况下需要进行收买的对象，否则，工人随时可能会告发煤炭企业，或者拒绝进行生产。那么，如果放松这一假设，通过法律将工人在安全规制中的责任制度化，是否能够解决安全规制波动呢？实际上，即使目前中央政府没有明确规定工人能够作为第三方规制，也会出现个别工人向媒体或上级政府告发煤炭企业违规生产的情况。为了应对上述情况，煤炭企业或地方政府会通过提高工人待遇或福利水平对其进行收买，或者说是利益捆绑，这也能够解释如煤炭采掘业等安全事故严重、发生频繁较高的行业，为何工资待遇较高。而煤炭企业为了尽可能地降低收买成本，总是偏好聘用谈判能力低的工人。

假设中央政府将工人作为第三方规制通过制度化引入生产当中。在未发生安全事故时，地方政府如果通过降低安全规制方式刺激煤炭企业进行生产，为了保证工人保持稳定的生产状态，就需要对工人进行收买；在发生安全事故时，如果地方政府不希望工人告发，就要在原有基础上再次对煤矿工人进行收买，并权衡与主动向中央政府上报事故的成本进行选择。为了更为清晰地揭示第三方规制所产生的影响，假设 $\varphi = q_D\Delta e + \sigma\Delta s$，地方政府的目标函数变为 $\alpha\varphi - m$，m 是地方政府在未发生安全事故情况下对工人进行的收买支出，m' 是发生安全事故之后对工人进行的收买支出，满足 $m' \geqslant m$，ν 是地方政府承担 m' 的比例，$\nu \in (1/2, 1]$[①]，煤炭企业和地方政府新的约束分别为：

(1) $\varphi + R_A + \delta R_i - (1-\delta)(1-\nu)m' \leqslant \pi R_i - (1-\pi)\beta F_A$　(4-9)

(2) $\alpha\varphi - m + \delta R_s - (1-\delta)\nu m' \leqslant \pi R_s - (1-\pi)(1-\beta)F_A$　(4-10)

(3) $\delta R_i - (1-\delta)(1-\nu)m' \leqslant \delta R_s - (1-\delta)\nu m'$　(4-11)

$\alpha, \beta, m' \geqslant 0$。

在对上述线性规划问题进行求解之后，得到命题6。

命题6：在给定上述约束情况下，使地方政府不对工人进行收买的合同具有如下性质：

(1) 企业参与约束和地方政府参与约束是松的，所有其他约束条件都是紧的；

(2) 所有内生变量由下列公式确定：

$$\alpha = \frac{(\pi-\delta)(R_i+R_s)(2\nu-1)+\delta(R_s-R_i)-(1-\pi)F_A(2\nu-1)+(m-R_A)(2\nu-1)-\varphi}{\varphi}$$

$$\beta = \left[(\pi-\delta)R_i - R_A - \varphi + \frac{(1-\nu)(R_s-R_i)\delta}{(2\nu-1)}\right]\frac{1}{F_A(1-\pi)}$$

$$m' = \frac{\delta(R_s-R_i)}{(1-\delta)(2\nu-1)};$$

(3) 满足 $\frac{\partial m'}{\partial \nu} < 0$，$\frac{\partial m'}{\partial R_s} > 0$。

(证明过程见附录F)

---

① 引入工人作为第三方规制之后，本书假设未发生安全事故的情况下由地方政府承担由于规制水平降低所产生的收买成本；而发生安全事故之后对工人所产生的收买成本则由地方政府和企业共同承担，且地方政府所承担的比例要大于企业。这是因为，无论从收益角度还是成本角度出发，将引入工人作为第三方规制，对地方政府所产生的影响都是较大的，地方政府为了保证企业能够更为稳定地超额生产或者在安全事故发生之后防止消息泄露，都需要承担更大的责任。

与命题1进行对比可以发现，在引入工人作为第三方规制之后煤炭企业、地方政府与中央政府之间关于安全规制的博弈就转化为煤炭企业、地方政府与工人之间关于是否进行收买的三方博弈。而这个合同的最关键变化，就是地方政府要和工人确定发生事故之后，使其不去告发地方政府的收买额度 m'，虽然在未发生安全事故的情况下地方政府也会对工人进行收买，但与 m' 相比，中央政府难以察觉。命题6的含义是：(1) 地方政府能够通过小幅调整安全规制，并从煤炭企业生产中获取收益，但这必须通过对工人的收买来实现。从合谋的角度出发，实际上是在地方政府与煤炭企业进行合谋的基础上，使工人成为其中的一员。(2) 当地方政府在发生安全事故时，如果收买工人的成本等于 $\frac{\delta(R_s-R_i)}{(1-\delta)(2\nu-1)}$，那么地方政府就不会选择对其进行收买，而是会默认工人作为第三方规制所发挥的职能，而工人的告发会引起中央政府的介入，从而给地方政府和煤炭企业带来总计为 F_A 的罚金。(3) 中央政府可以通过改变相关的对策来影响 ν 和 R_s，达到对 m' 进行调整的目的。

由于地方政府放松安全规制的冲动来源于财政分权和行政分权的激励范式，只要当前的激励范式不发生明显变化，仅将工人作为第三方规制难以根本消除地方政府放松安全规制的冲动，但这种方式却能在一定程度上缓解地方政府的冲动。首先，它能有效地增加地方政府放松安全规制的成本。在将工人作为第三方规制之后，地方政府难以像以往一样，仅与煤炭企业进行谈判，还要花费精力，并且消耗一部分从超额生产中获得的收益对工人进行收买。而工人在被中央政府赋予第三方规制的权利之后，也会千方百计地利用这种权利，追求自身收益最大化，无形中增加了地方政府放松安全规制变化所产生的成本。其次，解决了安全规制过程中的信息不对称问题。我们在之前的分析中，未考虑中央政府与地方政府之间的信息不对称问题，事实上，事故发生之后的地方政府瞒报情况较为普遍。将工人列为第三方规制之后，虽然难以避免工人在日常生产中被地方政府或煤炭企业收买，但中央政府也能够通过工人的安全规制活动，获得关于安全的第一手信息。尤其能够有效避免发生安全事故之后地方政府与煤炭企业故意瞒报漏报迟报等情况。需要指出的是，在目前社会越来越关注安全问题的情况下，加强安全规制已经成为不可逆转的趋势，但地方政府与煤炭企业在安全生产方面长期处于一种默契的关系中，如果安全规制水平骤然提升，势必会给煤炭企业生产带来较为严重的冲击，甚至可能影响地区经济发展，通过引入第三方规制的方式，逐渐提高安全规制，不失为一种更为稳妥的方式。

本章小结

在当前激励范式下，地方政府表现出明显的双重目标的特征。基于上述认识，本章以煤矿安全为例，通过构建委托—代理模型考察了当前普遍存在的安全规制波动的形成机理，并尝试引入工人作为第三方规制的方式解决这一问题。本章的分析表明，在不存在地方政府对企业生产经营进行干预的情况下，地方政府将会选择高水平的安全规制，而这一结论所隐含的政策启示是消除地方政府的双重目标。很显然，这在短期内是难以实现的。因此，即使地方政府不去刻意与企业进行合谋，在政治和财政双重激励下，也不会选择高水平安全规制。而发生事故之后，为了维护社会稳定，中央政府的强力介入使地方政府与企业之间的任何私下协议都变得毫无意义，地方政府只能选择高水平安全规制，直到事故影响消失，形成了“发生事故→规制水平提高→事故影响减弱→规制水平降低→发生下一次事故”的内生循环。这也能够充分解释目前中国安全事故的发生如此频繁而解决起来又如此困难。进一步地，讨论引入工人作为第三方规制解决规制波动问题的可能性，研究结论显示，虽然这一措施难以从根本上消除安全规制波动，但是，在激励范式短期内难以发生变化的情况下是解决安全规制波动较为稳妥的方式。

在“公平”逐渐成为中国社会发展的主题，必然要面临诸多矛盾，安全规制波动就是其中最具代表性的矛盾之一。而本章所做的理论分析也不仅仅限于分析煤矿安全问题，有些内容同样适用于食品安全、环境污染等领域。我们的研究结论为理解中国经济发展过程中效率与公平之间的关系提供了一个更为完整的微观视角。此外，本章的发现对于有关中国转型期地方政府行为以及当前激励范式所产生的成本等后续研究，也具有一定的借鉴意义。当然，为了突出研究主题以及简化的目的，我们忽略了一些可能较为重要的问题。主要有：（1）没有考虑中央政府与地方政府之间存在的信息不对称问题；（2）没有考虑安全事故发生之后中央政府对地方政府的政治性惩罚仅仅是考虑经济性惩罚；（3）从安全问题性质看，煤矿安全是保证生产者安全，而食品安全则是保证消费者安全，因此，引入工人作为第三方规制的方式，适用范围有限，在其他安全领域仍然要寻求解决规制波动问题的方法；（4）地方政府在发生安全事故之后存在是否收买工人的选择概率，但这会使得最优解变得十分复杂，从而难以对其进行经济解释。

第五章　规制波动影响的经验证据

第一节　问题的提出

煤矿安全问题已经成为中国经济发展过程中挥之不去的阴影，重、特大事故频繁发生，伤亡率居高不下，所产生的影响远远超过了安全生产的范畴。统计数据显示，自2001年1月1日至2010年12月31日，全国煤矿共发生事故28509起，死亡47702人，百万吨煤死亡率高达2.11，而美国同期的煤矿百万吨死亡率仅为0.03左右，两者差距达到惊人的70倍，形成鲜明的对照。但是，在人们对于煤矿事故深恶痛绝之时，却又不得不依赖煤炭。煤炭是中国最重要的消费能源，在经济中的作用不可替代。2001—2010年，中国原煤产量总计达到226.15亿吨，年均增长率10%以上；原煤产量占能源生产总量的比重不断攀升，截至2010年，已经高达77.4%。这些数字显示了煤炭在国民经济中至关重要的地位。

然而，仅有少数学者研究了煤炭生产与煤矿安全之间的关系（钱永坤、谢虹、徐建博，2004；钟笑寒，2011；白重恩等，2009）。国内传统研究煤炭生产的文献，仅将其视为重要能源，研究煤炭与产业结构、经济增长等方面的联系，并未考虑煤矿安全对煤炭生产的影响（林伯强，2003；王少平、杨继生，2006；齐绍洲、罗威，2007；赵进文、范继涛，2007），而研究煤矿安全的文献仅是从降低煤矿百万吨死亡人数的角度出发，分析煤矿安全事故频发的原因，并提出相应的政策建议，没有考虑到煤炭在中国经济发展过程中所处的特殊位置

（刘穷志，2006；郭朝先，2007；肖兴志等，2008）。由于对煤炭生产与煤矿安全之间的关系缺乏深刻理解，从而难以从本质上揭示煤矿生产在安全方面所面临的问题，这不仅不利于煤矿安全规制体系的完善，还很可能对煤炭的稳定供给造成不利影响。因此，深刻理解煤矿安全对于煤炭生产所产生的影响，对于推进煤矿安全规制体系完善，使其尽可能小地对煤炭生产造成负面影响，在中国能源需求越来越大、煤炭供给日渐紧张的背景下是十分重要的。本章将以煤矿安全规制过程中出现的“一刀切式治理”、“走过场式治理”、只“停产”不“整顿”① 等带有鲜明中国转型期特征的现象作为研究起点，提出规制波动这一新命题，并在此基础上进一步研究以下两个问题：第一，煤矿安全规制波动形成机理的分析；第二，煤矿安全规制波动对煤矿生产的影响。

本章将上述两方面研究结合，基于地方政府存在经济发展与社会福利双重目标的假设，分析规制过松和规制过严在中国煤矿安全规制中交替出现的现象。本章在提出规制波动命题的基础上，首先对安全规制波动现象进行经济解释。其次通过构建规制水平与煤炭产量之间的动态模型，分析规制波动对煤炭生产所产生的非对称性影响。最后以滞后期煤矿事故死亡人数表示当期规制水平，使用非线性 STR 模型对规制波动理论分析进行实证检验，以研究安全规制对煤炭生产的非线性影响。本章结构安排如下：第二部分是煤矿安全规制波动及其对煤矿生产影响的经济分析；第三部分是数据说明、模型设定与计量分析；第四部分是安全规制对煤炭生产的非对称性影响分析；第五部分是研究结论以及政策启示；最后是本章小结。

---

① 按照煤矿停产整顿的有关规定，煤矿停产后，其“整顿”应当包括按照煤矿专项整治验收标准，制订隐患整改方案，由煤矿组织人员检查安全隐患，同时组织工人进行有关安全规程方面的培训，然后由安全监察部门对煤矿进行验收。但各地的实际情况却只是煤矿“停产”，并无“整顿”的行动，有些地方甚至连真正停产都未做到。例如，在2004 年7 月 26 日湖南省涟源市安平镇银广石煤矿发生特大矿难发生后，涟源市政府要求境内所有煤矿停产整顿。但该市所属乡镇政府和小煤矿主采取了一种“可以满足双方利益”的做法：前者将煤矿的提升运输设施上锁，以避免在上级政府要求的整顿期间再次发生事故而影响政绩；后者让矿工放假回家，以减少因停产带来的损失。

第二节　直观动态模型描述

为了更为直观地分析煤矿安全规制波动对于煤炭生产的影响，我将通过建立一个简单的动态规划模型来分析。首先假设存在一个由中央政府、地方政府和煤炭企业组成的封闭经济体，中央政府负责监督地方政府对经济生产以及安全的管理，地方政府负责对煤炭企业的生产进行管理，而煤炭企业则负责生产。根据对规制波动形成机理的经济分析，煤炭企业将在不存在安全事故影响和存在发生安全事故影响两种情况下进行生产。

在未发生煤矿事故的情况下，所面临的外部约束使地方政府通过放松安全规制水平的方式激励煤炭企业生产。因此，假设煤炭企业的目标函数是在不同安全规制水平下都满足收益最大化，也可以理解为最大化不同规制水平下的收益之和。具体来说，令 $g(q^d)$ 表示煤炭企业关于煤炭产量 q^d 的收益函数，$g'>0$，$g''>0$，假设地方政府在 $[S_1, S_0]$ 中选择安全规制水平 s。地方政府在未发生安全事故的情况下，会逐步降低安全规制水平，因此规制水平 s 由 s_0 向 s_1 变化，进一步得到煤炭企业的目标函数为：

$$V = \max \int_{s_0}^{s_1} g(q^d)\,\mathrm{d}s \tag{5-1}$$

事实上，地方政府降低安全规制水平，相当于激励煤炭企业生产。因此，模型假设存在一个地方政府对于煤炭企业的激励约束。具体来说，地方政府对于煤炭企业某一时期的流量激励是由以往的激励存量和安全规制水平下降所产生的煤炭产量增长决定的①，表示为：

$$\dot{u} = f(u) + q^d e^{-\omega s} \tag{5-2}$$

---

① 这一假设是较为贴近现实的，地方政府为了激励煤炭企业生产，通常会根据下达生产指标的完成程度或上缴税额对企业进行浮动奖励，包括物质奖励、相应的政策倾斜各种形式；同时，如果期间未发生安全事故，还会对企业进行一个定额奖励，为了简便起见，模型忽略了后面的定额激励，这并不会对研究结论造成影响。

其中，u 是激励存量，可以视为地方政府之前对煤炭企业的激励水平。$f(u)$ 是激励存量对激励流量的影响函数，煤炭企业将根据激励存量水平，对地方政府未来会在多大程度上放松规制水平做出预判，而地方政府也能够通过调整激励存量影响煤炭企业对安全规制的预期。$f(u)$满足$f>0$，$f'>0$，$f''>0$。由于未发生安全事故，地方政府总是会对煤炭企业进行正向激励，容易得到$f>0$。对煤炭企业来说，地方政府的激励是除生产以外较为丰厚的额外收益，它们会选择使用这部分收益来扩大生产规模，以获得更大的收益，而地方政府也乐于通过这种方式刺激生产，因此可以认为，$f'>0$ 的假设是适当的。很明显，为了保证地方政府的刺激行为达到足够的力度，刺激煤炭企业生产，存在f的最小值，容易得到$f''>0$。$q^d e^{-\omega s}$安全规制放松致使煤炭产量增长所产生的激励，可以视为规制水平变化带来的煤炭产量变化对煤炭企业所直接产生的影响，也是地方政府通过安全规制提高煤炭产量的重要途径。但是，需要指出的是，为了在一定程度上保证安全生产，地方政府通常不会允许短期内煤炭企业毫无顾忌地增产，如果观察到煤炭产量过快增长，地方政府可通过调整激励水平，降低煤炭企业对安全规制水平放松的预期。假设 u 和 q 都是安全规制水平 s 的函数，满足 $u(s_0)=u_0$，$u(s_1)=u_1$，$q^d(s_0)=q_0>0$，$q^d(s_1)=q_1>0$。通过对上述动态规划问题求解，可以得到未发生安全事故情况下，煤炭产量 q^d 与安全规制水平 s 之间的关系为（求解过程见附录G）：

$$\frac{dq^d}{ds}=-\frac{g'(q)[f''(u)u'+\omega f'(u)+1]}{g''(q)f'(u)}<0 \tag{5-3}$$

通过式（5－3）发现，未发生安全事故下的煤炭企业生产函数 q^d 是安全规制水平 s 的减函数，可以进一步得到 $q^d(s_0)<q^d(s_1)$。这一结果证明，地方政府能够通过降低安全规制水平来实现提高煤炭产量的目的。但显而易见，这种煤炭产量提高的代价就是事故发生概率的增加。

发生安全事故之后，外部约束发生显著变化，安全规制水平随即从 s_1 变化为 $s_2(s_2>s_1)$，并在一段时间内保持稳定。这是由于中央政府的介入，地方政府与煤炭企业之间的利益联盟解体，地方政府被迫取消对煤炭企业的各种激励，转而通过高水平的安全规制来降低事故所带来的影响。事实上，我可以将 s_2 视为一个临界点，假设一旦规制水平大于 s_2，煤炭企业就只能获得维持生存所需的固定收益。在这种情况下，煤炭企业获得一个维持其生存的产量水平 q^u，而煤炭企业的生产函数也不再随着规制水平的提高发生变化，容易得到：

$$\frac{dq^u}{ds}=0 \tag{5-4}$$

将式（5－3）和式（5－4）的结果同时用图形表示，可以得到图5－1。为了更清楚地描述安全规制水平对煤炭产量影响的动态过程，我们将图5－1中的横轴转化为时间轴，假设煤炭企业从 t_0 时刻开始的生产函数为 $q^d(t)$，直到 t_1 时刻发生安全事故，生产函数变为 $q^u(t)$，如图5－2所示。

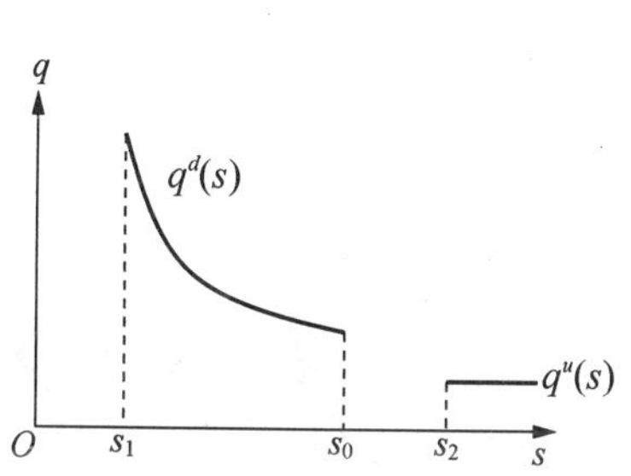

图5－1　规制水平与煤炭产量函数之间的动态关系

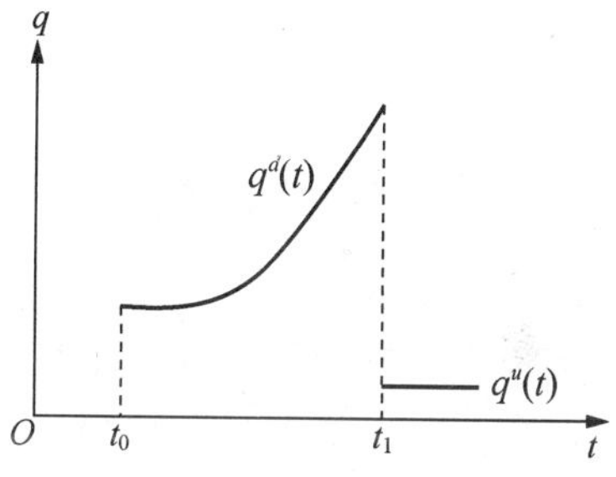

图5－2　安全规制波动下的煤炭产量

通过图5－1和图5－2可以发现，在安全规制波动的影响下，煤炭企业在两种状态下运行，这将使安全水平发生波动对煤炭产量所产生的影响呈现非对称性，即安全水平下降时煤炭产量的增加幅度大于安全水平上升时减少幅度。这是因为，第一，由于地方政府激励的存在以及弥补前期停产整顿所造成的损失，煤炭产量在未发生安全事故时将超额增长，一旦安全事故发生，煤炭企业仅能够维持较低的固定产量。第二，由于事故的偶发性、信息不对称等影响因素的存在，安全规制水平放松经历的时间要远远长于安全规制水平上升的时间。这一研究结论能够合理解释煤炭产量与百万吨死亡人数呈现负相关的原因。虽然每年死于煤矿事故的人数有所下降，但幅度不大，而由于近年来经济增长对能源需求增长强劲，煤炭产量增长幅度始终保持着20%以上的增长。经过平均之后，百万吨死亡人数自然就会出现下降，但很明显，这种下降并非是煤矿安全问题缓解带来的，这与钟笑寒（2011）的判断相一致。接下来，我们将采用专门分析变量之间非对称影响的STR模型对上述研究所得到的结论进行验证。

第三节　非线性平滑迁移回归系列模型及其适用性分析

一　非线性平滑迁移回归模型

一些经济理论包含“区间转换”理论的思想，即对于属于不同范围（或区间）的变量，经济主体可能会表现出截然不同的行为。例如，在货币政策当中，利率上升对储蓄模型所产生的影响与利率下降所产生的影响是完全不同的，又比如生产能力一旦接近饱和状态，企业在雇用职员方面的行为就会发生变化。上述内容可以采取多种数学模型进行表示，从而就可以得到非线性时间序列模型，其中最简单的方程形式是：

$$y_t = \alpha_0 + \alpha_1 x_{t-1} + (\beta_0 - \beta_1 x_{t-1}) F(x_{t-1} - \mu) + e_t \qquad (5-5)$$

其中，e_t 是独立同分布随机变量，且 $F(x)$ 是连续的奇函数或偶函数，例如，$F(x)$ 是可以满足 $F(-\infty)=0$ 或 $F(+\infty)=1$ 的单调递增的奇函数，x_t 是解释变量，α 是时间延迟、x_{t-1} 的开关变量。在贝肯和瓦茨（Bacon and Watts，1971）提出的平滑迁移回归（smooth transition regression）模型（简称STR模型）中，就是将正态分布 $N(\mu,\sigma^2)$ 的累进分布函数视为 $F(x)$ 的选择（Goldfeld and Quandt，1972）。同理，$F(x)$ 也可以视为满足 $F(\infty)=0$ 或 $F(0)=1$ 的偶函数。因此，$F(x)$ 又可以视为正态分布 $N(\mu,\sigma^2)$ 的密度函数。如果 F

(x)是单调递增的奇函数，$|x_{t-1}-\mu|$较大且 $x_{t-1}<\mu$，则 y_t 可以简化为：

$$y_t=\alpha_0+\alpha_1 x_{t-1}+e_t \tag{5-6}$$

如果$|x_{t-1}-\mu|$较大且 $x_{t-1}>\mu$，则 y_t 可以简化为：

$$y_t=(\alpha_0+\beta_0)+(\alpha_1+\beta_1)x_{t-1}+e_t \tag{5-7}$$

x_{t-1}的中间值给出相应值组合。如果 $\sigma^2\rightarrow 0$，$F(x)$就变成海塞函数，即 $F(x)=0$，$x_{t-1}<\mu$；$F(x)=1$，$x_{t-1}\geqslant\mu$，而式（4－5）则成为具有开关变量的迁移回归模型（Quandt，1983；Goldfeld and Quandt，1972）。如果用 y_{t-1}替换 x_{t-1}，则式（5－5）就变成平滑迁移自回归（STAR）模型（Chan and Tong，1986；Lunkkoen et al.，1988；Terasvirta，1993）。当 $\sigma^2\rightarrow 0$ 时，上述 STAR 模型成为两结构模型（单阙值）和阙值自回归（TAR）模型。

假定 $F(x)$是偶函数，除正态密度函数外，还可以设定其他形式的函数，其中，最为广泛的形式之一是：

$$F(z)=1-e^{-z^2} \tag{5-8}$$

式（5－5）就变成单变量指数自回归模型（Haggan and Ozaki，1981）。更为一般的，m 个解释变量构成的向量 x_t 的模型需要以下向量：

$$w'_t=(y_{t-1},\ \cdots,\ y_{t-p},\ x_{1t},\ x_{2t},\ \cdots,\ x_{kt})$$

模型形式可以表示为：

$$y_t=\alpha_0+\alpha' w_t+(\beta_0+\beta' w_t)F(z_t)+e_t \tag{5-9}$$

其中，$z_t=\gamma(\delta' w_t-c)$，$\delta=(\delta_1,\ \cdots,\ \delta_m)'$，$m=p+k$ （5－10）

此时，e_t 是均值为零的随机变量，其方差可以是 z_t 的函数。除分布函数的一般形式外，一般很难确定 $F(x)$ 的形式，因此，若 $F(x)$是奇函数，通常就简单地假设其具有 Logistic 函数形式，即：

$$F(z)=\{1+\exp(-z)\}^{-1} \tag{5-11}$$

在这种情况下，式（5－5）就被称为 Logistic STR 模型。如果 δ_j 标准化，保证 δ 的所有元素之和为 1，系数 γ 就成为平滑参数。

在上述 STR 模型中，假定可观察开关变量。在迁移回归模型中，也应坚持此假设。然而，也有可能假设开关变量独立于其他变量，并且开关变量不可观测。带有两个结构的开关回归模型具有以下形式：

$$y_t = \alpha_0 + \alpha' w_t + (\beta_0 + \beta' w_t) s_t + e_t \quad (5-12)$$

此处的 $s_t = 0$ 或 $s_t = 1$，$E(e_t) = 0$，$\mathrm{var}(e_t \mid s_t) = \sigma_0^2 + s_t \sigma_1^2 > 0$，$s_t$ 源于具有常数迁移概率的两状态马尔科夫（Markov）链（Goldfeld and Quandt，1972）。事先知道至少有两区间时，上述模型可用于确定不同区间的具体迁移特点。

二 STR 模型的适用性

专门处理结构变动问题的平滑迁移回归模型（Smooth Transition Regression，STR 模型）和平滑迁移自回归模型（Smooth Transition Autoregression，STAR 模型）是近年来宏观经济领域的重要模型，最早主要应用于对货币政策效果的实证研究。在宏观经济研究领域，货币政策扩张以及收缩会在该时点前后产生不同的影响，而传统的线性计量模型通常难以准确描述政策变化前后的不同影响。早期学者在研究时点前后政策影响时，不得不通过转变模型结构的方式进行研究，缺乏对迁移的平滑过程描述，转折点也被看成一种未知状态。为了解决这一问题，贝肯和瓦茨（1971）首次引入了“平滑迁移”思想，以解释某一局部的线性模型如何在不同的状态之间相互转化，随后经过 Goldfeld 和 Quandt（1972）、Chan 和 Tong（1986）、Maddala（1977）以及 Granger 和 Terasvirta（1993）等学者的发展，STR 模型理论逐渐成熟起来，目前已经成为世界各国研究政策行为的重要工具。

总的来说，使用 STR 模型研究煤矿安全规制波动问题的适用性体现在以下两个方面：第一，目前煤矿安全规制与国内货币政策发生的情况类似，都处于探索阶段，操作上缺乏一定的规范性，且受外部政治经济因素影响明显，尤其是传统行政干预痕迹随处可见，政策拐点较多。从目前国内使用 STR 模型对货币政策所进行的实证研究（赵进文、闵捷，2005a，2005b）来看，其较好地反映了货币政策在政策拐点前后所产生的影响，对研究中国经济问题体现出较强的适用性。第二，作为平滑迁移理论中较为成熟的实证研究方法，STR 模型在研究非对称性影响方面所发挥的作用已经得到证明。近年来，国外学者（Sensier and Osborn，2002；Bruinshoofd and Candelon，2004）已经广泛采用该方法对货币政策执行效果的非对称性影响进行研究，证明了STR模型在研究经济政策非对称性影响方面的适用性。因此可以认为，本章尝试使用该方法验证假说是完全合适的。

第四节　数据、模型与估计

一　数据描述

实证检验所需的主要变量是煤炭产量与安全规制水平。为了控制能源生产对于煤炭产量产生的影响，我们选择火力发电量作为控制变量。煤炭产量、火力发电量比较容易获得，而安全规制水平却很难得到准确描述，正如前面分析的那样，煤矿事故本身带有很强的偶发性且安全规制投入属于隐性收益，对安全生产的努力程度很难精确地体现在某一指标上。但幸运的是，地方政府经常将安全事故发生作为规制水平的拐点，因此，本节选择月度煤矿事故死亡人数的一阶滞后量代表煤矿安全规制水平，即 t 期的安全规制水平由 $t-1$ 期的死亡人数决定，具体来说，就是 $t-1$ 期的事故死亡人数越多，则 t 期安全规制水平幅度就越高；反之，表示 t 期安全规制水平越低。这一替代变量的处理方法也比较符合实际情况。现实中，地方政府经常会在事故发生之后，根据事故规模的大小或者影响程度，对安全规制水平进行调整，选择关停不同生产规模的煤矿，事故影响越大，则关停煤矿的生产范围就越大；反之，则关停煤矿的生产范围就越小。

数据采集。本章采集了2001年1月至2010年7月之间全国月度的原煤产量、火力发电量以及煤炭企业安全事故所造成的死亡人数①，并对其做取对数的处理，共计116个样本点，原始数据的统计描述如表5－1所示。其中，原煤产量的对数为coal、火力发电量的对数为e-

① 数据来源于国研网、国家统计局网站的宏观数据月报以及中国安全生产监督管理总局网站的事故查询系统，由于2010年9—12月，原煤产量的统计口径变为国有重点煤矿产量，所以数据长度截至2010年8月。

lectricity、死亡人数的对数为 s。

表 5－1　　统计变量的数据描述

变量	最大值	最小值	均值	标准差
月度煤矿死亡人数	475	8	179.39	123.39
月度原煤产量	34452.45	6797.35	16540.52	6532.55
月度火力发电量	3903.30	872.48	1854.33	707.11

在实证分析之前，首先根据要求对各个序列做相应处理。通过观察发现，coal 和 electricity 两个序列都存在季节性特征，因此采用 Census X_{12}季节调整法对原煤产量和火力发电量进行调整，消除季节性变化所带来的影响。此外，STR 模型要求对所有变量必须是平稳的。经过单位根检验发现，electricity 序列存在单位根，因此对其进行一阶差分以消除序列存在的单位根，coal 序列和 s 序列则不存在上述问题，检验结果见表 5－2。

表 5－2　　对 coal、s 和 electricity 的 ADF 单位根检验

	数据生成过程	p 值
coal	(c, t)	0.0001
s	(c, t)	0.000
electricity	(0, t)	0.9994
△electricity	(c, t)	0.0000

注：coal 和 electricity 是经过季节调整以后的变量。

二　STR 模型形式选择

STR 模型的基本形式为：

$$Y_t = \beta'_1 Z_t + F(Z_t)\beta'_2 Z_t + u_t \tag{5-13}$$

其中，$F(\cdot)$是反映模型的转换特征的函数。STR 模型思想最早是由 Bacon 和 Watts（1971）提出的，以解释某一局部的线性模型在不同的状态之间相互转化，随后经过 Goldfeld 和 Quandt（1972）、

Chan 和 Tong（1986）以及 Granger 和 Terasvirta（1993）等学者发展并逐渐成熟，目前已经成为世界各国研究政策行为的重要工具。使用 STR 模型进行实证分析，首先要对模型形式进行设定，包括以下三个步骤：

（一）完整设定（动态）线性模型

如果模型设定过于简略则很容易发生自相关的情况，使线性检验结果可能受到影响，设定过于复杂则有可能会影响模型拟合效果。但总的来说，与滞后阶数设定不足相比，还是比较偏好于过度设定。根据理论分析，所采用的线性模型设定为：

$$coal_t = \beta_0 + \beta_1 coal_{t-1} + \beta_2 coal_{t-2} + \beta_3 s_t + \beta_4 s_{t-1} + \beta_5 s_{t-2} + \beta_6 s_{t-3} + \beta_7 s_{t-4} + \beta_8 s_{t-5} + \beta_9 s_{t-6} + \varepsilon \qquad (5-14)$$

然后，采取 AIC 和 SC 准则选择合适的线性模型。在对各组分析结果综合比较之后认为，选择 s 滞后为 6 阶、coal 滞后为 2 阶时，不仅 AIC、SC 和 DW 统计量均较为理想，并且可以有效避免模型设定简单产生的自相关问题以及模型设定过于复杂时产生的拟合问题（检验结果见附录 G）。

（二）考虑线性模型为原假设的线性检验

根据 STR 模型相关理论，备选模型 LSTR 和 ESTR 检验等价于辅助回归模型：

$$\overline{u}_t = \beta'_t x_t + \beta'_1 x_t z_{td} + \beta'_2 x_t z_{td}^2 + \beta'_3 x_t z_{td}^3 + \eta_t \qquad (5-15)$$

按顺序分别检验 H_3: $\beta_3=0$；H_2: $\beta_2=0 \mid \beta_3=0$；H_0: $\beta_1=0 \mid \beta_2=\beta_3=0$，其中，$\overline{u}_t$ 是式（5-6）的最小二乘估计残差。在这三个检验中，拒绝 H_3 的 p 值最小，则认为模型为 ESTR 形式；否则，判断模型为 LSTR 形式，具体检验结果由表 5-3 给出。

表 5-3　　模型开关函数检验选择结果

开关变量	F1	F4	F3	F2	模型形式
s(t)	NaN	NaN	2.3430e-01	2.2433e-01	Linear
s(t-1)	NaN	NaN	2.4774e-02	3.1568e-01	Linear
s(t-2)	NaN	NaN	2.1163e-01	2.5466e-01	Linear

续表

开关变量	F1	F4	F3	F2	模型形式
s(t-3)	NaN	NaN	3.4554e-02	6.0240e-01	Linear
s(t-4)*	1.9532e-21	3.3537e-23	1.2662e-01	3.0671e-01	LSTR
s(t-5)	1.000 e+00	NaN	1.2588e-02	8.0285e-01	Linear
s(t-6)	NaN	NaN	7.0573e-01	4.5730e-01	Linear

注：F 统计量为 Granger 和 Terasvirta（1993）提出的检验线性假设的统计量；F4、F3、F2 分别为 H_4、H_3、H_2 的检验统计量；表中数值为各统计量的相伴概率，NaN 是指逆矩阵不存在的情况。

（三）确定开关函数形式

根据检验结果，判断开关函数的具体形式。由表 5-3 可看出，当选择 s(t-4) 作为开关变量时，拒绝线性关系的原假设，而当选择其他变量作为开关变量时，则未拒绝线性关系的原假设；并且当 s(t-4) 作为转换变量时，相伴概率 F 明显小于其他值，而 F3 的相伴概率的值又远小于 F4 和 F2 对应值。因此，最终选择 $s(t-4)$ 作为开关变量，并确定开关函数类型为 LSTR，即开关形式为：

$$G(\gamma, s, t) = \{1 + \exp[-\gamma(s_t - c1)]\}^{-1}, \gamma > 0 \tag{5-16}$$

由于 LSTR 模型重点描述的是收缩阶段与扩展阶段的动态特征之间的差异以及转换情况，因此，从开关函数类型的角度出发，已经能够初步判断出，规制水平在提高和降低时，对煤炭产量的影响是不同的。

第五节　估计结果分析

一　STR 模型估计结果

在完成 STR 模型开关函数选择之后，继续对 STR 模型进行参数估计。首先采用二维格点搜索法判断开关函数初始值，c_1 的取值范围为 [2.0794, 6.1633]，γ 为 [0.5, 10]，分别从最小值到最大值等间距取 50 个和 100 个值，构造出 5000 对组合，针对每一组合的 c_1 和 γ 值，计算残差平方和，并取 SSR 最小者作为初始值。随后，采用

Newton - Raphson 迭代方法和最大化条件似然函数，得到模型参数估计值（具体估计结果见表 5 -4）。

表 5 -4　　模型估计结果

	变量	初始值	估计值	标准差	T 值
线性部分	Const	-17115.65625	-200373.52578	114934.1028	-1.7434
	electricity	0.44568	0.55171	0.3292	1.6757
	coal(t-1)	-10130.38672	-83551.56713	28865.7010	-2.8945
	coal(t-2)	11221.29688	96701.61483	30604.8717	3.1597
	s(t)	-550.37170	-3159.97865	1779.0062	-1.7763
	s(t-1)	-1881.66357	-15298.88889	4677.8211	-3.2705
	s(t-2)	293.24139	2166.92198	868.1578	2.4960
线性部分	s(t-3)	1129.57117	10419.83649	4902.5823	2.1254
	s(t-4)	-830.01294	-5084.61609	2056.6081	-2.4723
	s(t-5)	2227.15723	18562.23184	5488.9309	3.3818
	s(t-6)	621.66882	5709.78586	2057.2193	2.7755
非线性部分	*Const*	17115.93359	200373.51295	114934.1209	1.7434
	coal(t-1)	10131.08398	83552.21200	28865.6891	2.8945
	coal(t-2)	-11221.38281	-96701.26219	30604.8497	-3.1597
	s(t)	550.36841	3160.02454	1779.0067	1.7763
	s(t-1)	1881.68262	15298.90108	4677.8288	3.2705
	s(t-2)	-293.24774	-2166.94386	868.1689	-2.4960
	s(t-3)	-1129.56982	-10419.89871	4902.5813	-2.1254
	s(t-4)	830.01721	5084.69550	2056.5948	2.4724
	s(t-5)	-2227.13721	-18562.26996	5488.9335	-3.3818
	s(t-6)	-621.66394	-5709.79640	2057.2209	-2.7755
	Gamma	8.09111	8.75165	0.4527	19.3330
	c_1	2.41282	2.49999	0.0336	74.4939
R^2	0.8668				
调整的 R^2	0.868				
AIC	-3.5881				
SC	-3.0202				
SSR	0.1516				

从估计结果可以得到以下结论：

（1）较高的 R^2、较小的 SSR、AIC 和 SC 都表明该模型拟合程度较高，较好地反映出中国规制水平与煤炭产量之间存在的联系。除此之外，模型估计所得到的关键系数 T 值较高，统计显著性较好。

（2）在对模型开关函数估计中，$c_1 = 2.49999$，$\gamma = 8.75165$，前者表示规制水平上升或下降的阈值，后者表示在未发生事故与发生事故两种规制状态之间的转换速度。具体来说，当 $c_1 \leqslant 2.49999$ 时，开关函数值为 0，非线性部分消失，模型完全呈现线性状态；当 $c_1 > 2.49999$ 时，由于 γ 的作用，开关函数值会迅速变化为 1，非线性部分就会对模型产生影响。同时表明，安全规制对于煤炭生产所产生的影响是较为明显的。此外，较大的 γ 值表示低水平规制与高水平规制之间的转换过程较为迅速，这也证明了之前进行的判断。在事故发生之后，地方政府将在短时间内提升安全规制水平。但这并未证明在事故发生之后，地方政府降低安全规制水平的过程是漫长的，原因在于 STR 开关函数形式中固定的 γ 值。

（3）通过使用 STR 模型，证明规制水平对煤炭产量影响的非对称性。当 $c_1 \leqslant 2.49999$ 时，规制水平与煤炭产量之间保持着一种线性关系；当 $c_1 > 2.49999$ 时，规制水平与煤炭产量之间的关系由线性转变成非线性。在两种状态转换过程中，规制水平对煤炭产量影响的动态特征不同，这是 LSTR 模型重点分析的情况。当模型在线性状态下运行（即规制水平较低的情况）时，模型估计系数的值明显大于当模型在非线性状态下运行（即规制水平较高的情况）时模型所估计系数的值。这表明，当规制水平大于 2.49999 时，地方政府安全规制对煤炭生产的影响将会变得很小；而一旦规制水平小于 2.49999，地方政府安全规制对煤炭生产的影响将变得十分明显。这与前面进行的理论分析一致。在安全事故发生频率较低、死亡人数较少时，地方政府能够通过安全规制对煤炭企业生产产生较大影响；而当安全事故发生频率较大、死亡人数较多时，由于中央政府的介入，地方政府则失去了安全规制作为刺激煤炭企业生产的这个手段。

最后，结合之前的理论研究以及实证结果对安全规制波动所产生的成本进行分析。“一刀切式治理”的广泛存在使某一煤矿发生事故之后，大量与事故无关的煤炭企业也要停产整顿，煤炭生产受到影响，而在事故影响逐渐减弱之后，地方政府为补偿停产期间的损失，会通过逐渐减低规制水平的方式，刺激煤炭企业增加努力程度，增加煤炭产量。这迫使煤炭企业根据地方政府在安全生产方面的干预，不断地在停产、复产中消耗大量成本，严重影响了煤炭企业生产效率的发挥。[①] 此外，由于严厉政绩考核的存在，地方政府对增加煤炭和降低煤矿事故都具有强烈偏好，并且总是偏好采取能够迅速发挥作用的手段来对煤炭企业进行管理。这在现实中表现为，事故发生之后，地方政府采取严厉的停产整顿，而平时则选择低水平的安全规制，从而造成前期规制手段越严厉，后期煤炭企业违规生产越严重的现象，大大增加了煤矿发生事故的概率。

二　政策启示

煤矿安全规制波动非对称影响的实证分析结果为中国煤矿安全问题解决提供了重要启示。（1）从安全规制与煤矿生产之间关系看，无论模型在线性状态下还是在非线性状态下运行，安全规制都会对煤矿生产造成较为明显的影响。这表明，目前中国在进行煤矿安全规制过程中存在明显的粗放型特征。因此，无论从安全生产角度还是从保证煤炭生产角度，政府都应不断提高煤矿安全规制的合理性。（2）从中央政府和地方政府在煤矿生产和安全规制上的职能发挥来看，模型在线性和非线性两种不同情况运行时，中央政府和地方政府职能发挥是不同的。当模型运行在线性状态下时，地方政府发挥了主导作用，安全规制水平以减弱为主要趋势，加之与煤炭企业联系紧密，此时的安全规制能够对煤炭增产发挥明显的积极影响；当模型运行在非线性状态下时，中央政府发挥了主导作用，地方政府完全成为安全规制的执

---

① 例如 2003 年 8 月 11 日开始，山西省大同市连续发生煤矿特大瓦斯爆炸事故，造成 98 人死亡，山西政府随即下令全省除大同煤矿集团公司、山西焦煤集团公司、潞安矿业集团公司和晋城无烟煤业集团公司 4 个国有重点煤矿外，其余 4000 多座煤矿从 8 月 19 日零时起一律停产整顿一周。但是，到停产时限为止，复产工作也早已安排，但全省复产矿井屈指可数，甚至有的地市一座矿井也没有正式恢复生产。

行者，并且安全规制水平大幅提高，达到或超过图 5－1 中的 s_2，此时与宏观经济学中的“流动性陷阱”类似，超过临界值的安全规制对煤炭产量的影响并不明显。由此可见，要想从根本上使煤矿安全规制发挥作用，就必须要改变职能主体不断变化的现象，保持政府安全职能发挥的稳定性。（3）从短期内避免重、特大安全事故的角度来看，中央政府或更高一级的地方政府在掌握规制水平变化规律的基础上，应采取相应的对冲措施，抵消线性状态下由规制水平变化所带来的事故风险和非线性状态下由规制水平变化所带来的产量损失风险。

本章小结

本章首先对中国煤矿生产过程中出现的规制水平波动现象进行了经济分析。由于特有激励体制和政绩考核体制，导致当前地方政府普遍面临双重目标，即经济增长目标和社会稳定目标。结合霍尔姆斯特罗姆和米尔格罗姆提出的单个代理人承担多任务的理论分析，本书认为，地方政府势必会在事故发生之前将经济增长作为首要目标，而在事故发生之后，将社会稳定作为首要目标，地方政府之间广泛存在的竞争以及事故发生之后中央政府的介入进一步加剧了上述两个目标完成的迫切程度。因此，地方政府总是偏好采用最直接有效的方式达到目标，这就造成了煤矿安全规制水平在事故发生之前出现逐渐减低，而在事故发生之后骤然提高的现象。

基于对煤矿安全规制水平波动现象形成原因的理论分析，本书采用非线性 STR 模型研究这种现象对煤矿生产所造成的影响。根据实证分析结果，发现：（1）中国煤矿安全规制对煤炭产量具有显著的非线性特征；（2）当开关函数为 1 时，安全规制对煤炭产量的影响较大；而当开关函数变为 0 时，安全规制对煤炭产量的影响明显变小，并且模型在非线性和线性两种状态之间的转换速度很快；（3）安全规制对煤矿生产的非对称影响将造成煤炭企业生产效率的损失以及安全违规现象的增多。

为稳定煤炭供应并避免重、特大煤矿安全事故的发生，可以从短期和长期两个方面对相关体制进行改革和完善，政策的核心在于切断地方政府与煤矿生产企业之间错综复杂的利益联系，使地方政府和煤炭企业成为独立决策的行为主体。

短期看，中央政府应在把握地方政府安全规制波动规律基础上对冲规制水平波动所带来的风险。在未发生安全事故时，根据不同地区的情况，加强中央政府对地方煤矿安全规制执法的隐性介入频率，避免规制水平下降的情况出现；同时，根据介入情况，对地方政府的安全生产进行弹性补偿，并不断提高补偿额度，鼓励地方政府保持高水平规制。发生安全事故之后，要尽可能地避免大范围停产整顿，提高事故问责制的精确水平，以减小事故所带来的负外部性，避免辖区内其他未发生安全事故煤炭企业为此承担过高的机会成本，防止停产整顿演变成变相鼓励这些煤炭企业为弥补成本而进行违规生产的负向激励。

长期看，应将主要精力放在理顺地方政府与煤炭企业之间关系上。首先，不断推进政府职能改革，改变地方政府当前追求经济增长与社会稳定双重目标的状况，根据科学发展观的要求，明确地方政府社会福利最大化的目标函数，逐步减少地方政府对煤炭企业生产的干预。

其次，加强煤矿安全规制体制独立性建设，逐步使煤矿安全规制机构从地方政府中脱离出来，成为独立执法机构，从根本上保持规制水平的稳定性。

最后，加强煤矿现代企业制度建设，推进产权制度改革，使之逐步成为独立决策的行为主体，一旦发生煤矿事故，便于规制机构向煤炭企业追究生产责任。

有必要强调的是，由于地方政府面临双重目标、规制机构缺乏独立性等问题的广泛存在，规制波动现象不仅仅只在煤矿生产过程中出现，类似的情况同样可能出现在食品安全、药品安全、垄断行业等领域的规制中。随着中国社会发展水平的逐步提高，社会各个领域规制治理的完善也成为当务之急，对中国和谐社会建设将产生深远影响。

第六章　内生性视角下的煤矿安全规制波动影响

第一节　问题的提出

经济增长在增强国家经济实力的同时，必然会提高相当部分民众收入水平，并对健康、环境、安全等生活质量方面的指标提出更加苛刻的要求，从而考问政府部门在社会性规制方面的管理能力。但是，在目前中国地方政府持续的经济增长冲动下，社会性规制体系受到前所未有的冲击，并与经济增长之间出现了剧烈摩擦。聂辉华、李金波（2006）将其视为财政分权与政治晋升双重激励下，地方政府在追求“高 GDP”时所造成的“高成本”。从规制角度来看，这种社会性规制与经济增长之间的碰撞是由于本应独立于经济领域决策的规制系统被长期内生化的结果。西方国家的成功经验证明，独立性是规制体系作用充分发挥的关键前提。但在规制执行层面，由于 1994 年财政分权制之后形成的经济激励与政治激励以及规制体系自身的不完善，使地方政府对社会性规制体系正常运作，既形成了干预动机又存在干预条件，从而将社会性规制执行与经济领域决策内生化，其后果是两者俨然成为当前中国社会中一个难以调和的矛盾。从现象来看，这种“难以调和”表现为以下两点：第一，地方政府在协调经济增长目标与社会性规制目标时，不是依据法律规定，而是依据自身需要，采取相机抉择的方式进行，从而造成当前“一刀切式治理”、“走过场式治理”现象的广泛存在，形成了规制不足与规制过严并存的情况。第二，地方政府在不断的相机抉择过程中，规制体系成为刺激地方经济增长以及维持社会稳定的工具，其结果是在地方经济高增长的同时出现事故频发的情况，并且很难进行遏制。

笔者对上述问题进行总结之后，将这种现象称为规制波动。所谓规制波动就是规制水平在短时间内出现大幅变化的现象，通常包含规制不足与规制过度两个阶段，而两者之间转换速度也较正常的规制水平更为迅速。从出现问题的环节看，规制波动的产生并不是由于规制政策制定的失误所造成的，而是由于制定的规制流程未能被很好地遵守执行，从产生原因来说，规制波动现象的出现源于地方政府在协调经济增长目标与社会性规制目标时出现的职能错位，因此，只要地方政府还面临来自经济增长与社会性规制的双重目标，规制波动现象存在的微观基础就不会消失，必然导致这种现象的广泛存在。

本章内容是肖兴志等（2011）研究的延续，并将以煤矿安全为例，将煤矿安全规制视为在内生性规制基础上，实证分析事故所产生的规制水平变化以及事故影响减弱对安全规制所产生的影响。与以往的研究相比，本章进行了如下改进：（1）鉴于中国煤矿安全规制体系独立性严重缺失的现实情况，我将煤矿安全规制视为内生性的，这体现在煤矿事故的发生与煤矿安全规制之间存在紧密的联系，并在规制不足与规制过度情况下，地方政府干预对安全规制的影响进行了实证研究。（2）在此基础上，延续了肖兴志等（2011）的研究思路，采用非线性计量方法对事故发生对煤矿安全规制所产生的影响进行了衡量，并将研究结果与传统线性方法的分析结果进行比较。（3）通过非线性 STR 模型的研究结论，对煤矿安全规制在不同情况下的有效性做了进一步区分。基于上述可能的改进，本章的研究对于理解“一刀切式治理”与“走过场式治理”对安全规制影响机理，进而弥补目前安全规制漏洞具有十分重要的意义。

第二节 内生性规制影响的线性分析

一 指标选择与数据采集

首先，安全规制水平指标的选择是进行实证研究的第一步，也是最关键的环节。借鉴前面的研究思路，本章将选取全国滞后一期的月度死亡人数作为月度安全规制水平①的替代变量，即 t 期的安全规制水平由 t-1 期的死亡人数决定。具体来说，就是 t-1 期的事故死亡人数越多，则 t 期安全规制水平幅度就越高；反之，表示 t 期安全规制水平越低。这一替代变量的处理方法比较符合实际情况。现实中，地方政府经常会在事故发生之后，根据事故规模的大小或者影响程度，对安全规制水平进行调整，前期事故影响越大，则后期规制水平就越高；反之，则后期规制水平就小。除此之外，还选择月度火力发电量作为控制变量。

其次，数据采集与统计描述。本章仍然采用 2001 年 1 月至 2010 年 8 月全国月度火力发电量以及煤炭企业安全事故所造成的死亡人数②，并对其做对数处理，共计 116 个样本点。其中，火力发电量与死亡人数的对数仍然分别为 electricity 和 s。

在进行估计之前，需要首先对所选择的变量进行必要的处理。通过观察时间序列形状可以发现，火力发电量序列存在较为明显的季节性特征，因此，本章采取 Census X_{12} 季节调整法对其进行处理，以消除季节性变化所产生的影响。除此之外，使用 VAR 模型以及 STR 模型进行实证分析，必须保证所选变量是平稳的，本章进一步对所选变量进行了单位根检验，结果发现，火力发电量存在单位根，对其进行一阶差分之后，序列的单位根消失，规制水平则不存在上述问题，可

---

① 这里的规制水平所代表的是地方政府所执行的安全规制强度。

② 2010 年 9—12 月，原煤产量的统计口径变为国有重点煤矿产量，所以数据长度截至 2010 年 8 月。

直接用于实证分析。

二　线性 VAR 模型构建

从上一章的检验中可以看到，由于所选择的变量是不同阶序列，可以做出它们之间不存在协整关系的基本判断。基于这一判断，可以直接构建 VAR 模型，具体形式如下：

$$s_t = \beta_0 x + \sum_{i=1}^{n} \beta_i s_{t-i} + \varepsilon_t$$

其中，s_t 为 t 期煤矿安全规制水平，β_i 为煤矿安全规制水平内生序列 s_{t-i} 的系数，β_0 为控制变量 x 的系数矩阵，ε_t 为扰动项。首先，确定所估计变量的滞后结构。这里采取的是传统时间序列分析中确定滞后长度的方法，这样做的目的是便于在之后的研究中将非线性方法与线性方法进行比较分析。具体来说，选择规制水平 s 为内生变量。检验结果表明，当滞后变量长度选择 7 时，各方面指标表现较为合适（检验结果见表6－1）。在确定 VAR 模型形式之后，接下来对模型进行估计。

表 6－1　　滞后阶数的确定

Lag	logL	LR	FPE	AIC	SC	HQ
0	－128.3114	NA	0.777517	2.586227	2.612279	2.596771
1	－102.1825	51.21261	0.470376	2.083649	2.135753	2.104737
2	－90.80831	22.06588	0.382245	1.876166	1.954321	1.907797
3	－87.62490	6.112149	0.365922	1.832498	1.936705	1.874672
4	－84.99922	4.988781	0.354230	1.799984	1.930243 *	1.852702
5	－83.18760	3.405851	0.348548	1.783752	1.940062	1.847014 *
6	－83.18176	0.010871	0.355577	1.803635	1.985997	1.877440
7	－80.83237	4.322870 *	0.346149 *	1.776647 *	1.985061	1.860996
8	－79.99665	1.521007	0.347338	1.779933	2.014398	1.874825

注：* 表示该滞后长度在此种方法下表现较好，* 越多的滞后阶数表现就越好。

三　线性 VAR 模型估计与实证分析

通过估计，所得结果如下[①]：

$$s_t = 0.1811s_{t-1} + 0.2874s_{t-2} + 0.1192s_{t-3} + 0.0968s_{t-4} + 0.1736s_{t-5}$$
$$(0.0889)\quad(0.0944)\quad(0.0946)\quad(0.0938)\quad(0.0937)$$
$$+0.0667s_{t-6} + 0.0611s_{t-7} + 6.4294electricity$$
$$(0.0962)\quad(0.0913)\quad(1.2188)$$

$R^2 = 0.7006$　AIC 值 $= 1.509337$　SC 值 $= 1.716475$

从线性 VAR 模型的估计结果可以得到以下研究结论：（1）安全规制水平前期变化对后期的影响较为明显，体现在所估计系数的显著性水平较高，且 s_t 与其滞后变量之间呈正相关，这表明一旦前期因为发生煤矿事故，从而导致安全规制水平提高的话，这种影响将很有可能一直传导至后期，并且延续较长时间。（2）从实证分析所得到的系数以及显著性来看，这种传导效应随着时间的推移，所发挥的作用越来越弱。这与前一章的理论分析结果一致。

按照此前选择替代变量时所做的假设，前期死亡人数的增加必然会导致后期安全规制水平的提高，而在没有其他外力影响的情况下，这种冲击所造成的安全规制水平提高将会维持较长的一段。从煤矿安全的角度出发，这种影响是较为积极的，显示了事故发生之后煤矿安全规制体系所进行的自我弥补过程。图 6－1 中显示的脉冲响应函数证明了上述判断。因此，通过 VAR 模型得到的研究结论能够在一定程度上解释煤矿发生事故之后安全规制水平会出现持续提高的局面，其中不仅包含中央政府干预的影响，还包括安全规制体系自身的影响。但从负面影响来说，由于线性脉冲响应具有对称性，一旦地方政府通过干预降低煤矿安全规制，所产生的持续影响也将会持续很久。并且由于事故的偶发性、信息不对称等诸多现实原因的存在，地方政府降低煤矿安全事故的次数要远远多于提高安全规制水平的次数，这也造成了安全规制难以发挥作用。

总的来说，可以看到中国目前的煤矿安全规制是典型的内生性规

---

① 括号内为标准差。

制，并且无论由何种外部原因所产生的影响都将会持续较长的时间，来自地方政府或中央政府的干预是影响其运行的重要因素。但是，仅根据线性 VAR 模型的分析结果，难以将地方政府选择放松规制与中央介入导致安全规制上升两种情况同时纳入其中，而这也是采用 STR 非线性计量分析所要解决的问题。

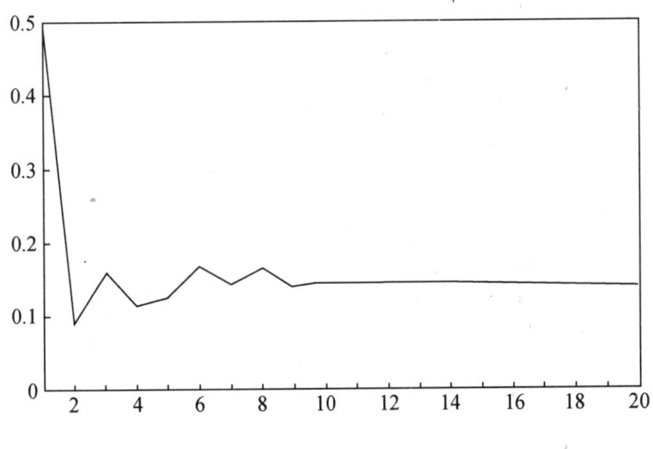

图 6－1　脉冲响应序列

第三节　内生性规制影响的非线性实证分析

一　非线性 STAR 模型构建

在选择确定实证分析使用变量之后，接下来确定采用 STR 方法所估计模型的形式。首先，需要确定模型线性部分的滞后结构。由于 STR 模型分析在选择滞后结构时可以采用多种方法，所以，传统方法同样是适用的。因此，我们仍然选择与 VAR 模型相同的滞后长度为 7，可以确定待估 STR 模型的线性部分形式为：

$$s_t = \beta_0 + \beta_1 s_{t-1} + \beta_2 s_{t-2} + \beta_3 s_{t-3} + \beta_4 s_{t-4} + \beta_5 s_{t-5} + \beta_6 s_{t-6} + \beta_7 s_{t-7} + \beta_8 x + \varepsilon$$

接下来，确定开关变量与开关函数形式。根据 Granger 和 Terasvirta（1993）提出的检验方法，我们对开关变量以及开关函数形式进行分析，发现开关变量的滞后长度为 3 时的情况表现良好（开关函数检验过程与结果见表 6－2），并且此时开关函数形式为 LSTR2 的形式，具体形式为：

$$G(\gamma, s, c) = \{1 + \exp[-\gamma(s - c_1)(s_t - c_2)]\}^{-1}, \gamma > 0$$

表 6－2　　开关函数检验选择结果

开关变量	F1	F4	F3	F2	模型形式
s(t－1)	1.10E－01	4.87E－01	2.27E－01	5.06E－02	Linear
s(t－2)	2.60E－01	1.75E－01	3.10E－01	5.75E－01	Linear
s(t－3)*	1.14E－02	4.32E－01	3.05E－03	1.65E－01	LSTR2
s(t－4)	1.52E－01	2.56E－01	3.58E－01	1.37E－01	Linear
s(t－5)	1.95E－02	4.53E－02	3.58E－02	4.97E－01	LSTR2
s(t－6)	6.49E－01	6.40E－01	2.60E－01	8.03E－01	Linear
s(t－7)	1.42E－02	7.02E－02	7.50E－03	6.95E－01	LSTR2

注：F 统计量为 Granger 和 Terasvirta（1993）提出的检验线性假设的统计量；F4、F3、F2 分别为 H04、H03、H02 的检验统计量；表中数值为各统计量的相伴概率。

这与肖兴志等（2011）估计开关函数为 LSTR1 的形式不同，LSTR2 表明，同时存在 c_1、c_2 两个开关变量，并且该开关变量关于 $(c_1 + c_2)/2$ 点对称。当 $s < c_1$ 或 $s > c_2$ 时，有 G（·）趋于 1，模型表现为非线性；当 $c_1 < s < c_2$ 时，有 G（·）趋于 0，模型表现为线性。

在确定完整的待估 STR 模型形式后，就要对 STR 模型开关函数中的重要参数进行估计。具体来说，本书将采用二维格点搜索法确定模型中的 c_1、c_2 和 γ 三个参数，其中，c_1、c_2 的取值范围为［2.0794，6.1633］，γ 的取值范围为［0.5，30］。基本原理是分别从最小值到最大值等间距取 50 个值和 100 个值，构造出 5000 对组合，针对每一组合的 c_1、c_2 和 γ 值，分别将每组参数放入所确定的模型当中，计算其残差平方和，并取 SSR 最小的组合作为初始值。经过估算之后所最

终确定的初始值 c_1 为2.16279，c_2 为3.24626，γ 为24.87076。

非线性部分中开关函数的两个临界值分别为2.16279和3.24626，即开关变量关于 $(c_1+c_2)/2=2.704525$ 对称，当规制水平恰好等于2.704525时，开关函数G(·)=0，非线性部分消失，模型完全表现为线性形式；当规制水平等于2.16279或3.24626时，开关函数G(·)=0.5，此时非线性部分能对模型形式产生部分影响。除此之外，$\gamma=24.87076$ 表示不同状态之间的转换速度比较快，这与前一章的研究结论大致相同，由于 γ 的数值较大，一旦规制水平大于3.24626或小于2.16279，非线性部分很快就能够发挥作用，迅速对模型形式产生影响。通过对模型重要参数形式的估算可以看到，煤矿安全规制大致可以划分出三个运行状态，即小于2.16279的低规制水平状态、大于2.16279且小于3.24626的正常状态以及大于3.24626的高规制水平状态。那么，煤矿安全规制体系在这三个运行状态的运行情况中怎样？转换过程如何？接下来将继续通过STR模型估计回答上述问题。

二　非线性STAR模型估计与实证分析

按照Granger和Terasvirta（1993）提出的STR模型估计方法，我们将采用Newton－Raphson迭代方法最大化条件似然函数，最终得到模型参数的估计值（见表6－3）。

表6－3　　非线性STR模型估计结果

	变量	初值	估计值	标准差	p值
线性部分	Const	－8630723	－7566099.58	0.0000	0.0615
	electricity	9130021	8005876.342	0.0000	0.0616
	s(t－1)	－369963.3125	－324481.1062	0.0000	0.0617
	s(t－2)	1870415.5	1639997.476	0.0000	0.0616
	s(t－3)	－531491.75	－466134.2581	0.0000	0.0617
	s(t－4)	321826.9375	282106.0431	0.0000	0.0615
	s(t－5)	428966.0625	376252.1988	0.0000	0.0617
	s(t－6)	66346.67969	58076.37576	0.0000	0.0605
	s(t－7)	－95406.125	－83812.33661	0.0000	0.0622

续表

	变量	初值	估计值	标准差	p值
非线性部分	Const	8630782	7566099.847	0.0000	0.0615
	electricity	-9130010	-8005877.918	0.0000	0.0616
	s(t-1)	369964.5	324481.2828	0.0000	0.0617
	s(t-2)	-1870411.25	-1639997.31	0.0000	0.0616
	s(t-3)	531491.5	466134.2584	0.0000	0.0617
	s(t-4)	-321825.25	-282105.7915	0.0000	0.0615
	s(t-5)	-428964.625	-376252.0668	0.0000	0.0617
	s(t-6)	-66346.49219	-58076.3639	0.0000	0.0605
	s(t-7)	95406.57812	83812.53978	0.0000	0.0622
	Gamma	24.87076	29.73505	19.3779	0.0923
	c_1	2.16279	2.178	0.271	0.000
	c_2	3.24626	3.30069	0.18	0.000
R^2	0.6844				
调整的 R^2	0.6874				
AIC	0.9665				
SC	0.4451				

从表6-3显示的估计结果中，可以得到如下研究结论：

（1）较高的 R^2、较小的 AIC 和 SC 都表明该模型拟合程度较高，并且系数普遍显著性较强，较好地反映出中国规制水平体系中包含的内生性影响。

（2）从得到的估计系数并结合开关函数估计形式看，中国煤矿安全体系是在两种状态下运行的。具体来说，当规制水平小于2.178或大于3.30069时，由于非线性部分的作用影响，前期安全规制对后期安全规制所造成的影响很小。通过对两种不同情况进行分析，可以认为，当规制水平小于2.178时，很有可能是因为前期没有发生安全事故，地方政府从激励煤矿生产的角度出发，采取主动降低规制水平刺激煤炭企业进行生产，从而影响了前期规制水平与后期规制水平之间的联系，影响了煤矿安全规制作用的连续性，造成了安全规制作用无法发挥；当规制水平大于3.30069时，由于前期发生了重、特大安全事故，中央政府的介入使地方政府被迫提高安全规制水平，同样，对煤矿安全规制作用发挥的连续性造成影响。在这种情况下，更加强大的行政干预代替煤矿安全规制，造成煤矿安全规制同样无效。当规制水平大于2.178且小于3.30069时，由于前期发生了一些影响较小的安全事故，既没有导致中央政府介入，同时地方政府也不敢轻易降低安全规制。因此，保证了前期安全规制能够对后期安全规制产生持续影响，使得安全规制保持了较好的连续性，此时的煤矿安全规制可以被视为有效。上述分析用图6－2表示，c_1、c_2将安全规制水平划分为3个区间，超过这一区间的范围都是无效规制，因此可以清楚地看到，规制有效性曲线l是关于s的“U”形曲线，过低或过高的安全规制水平都可以视为无效。

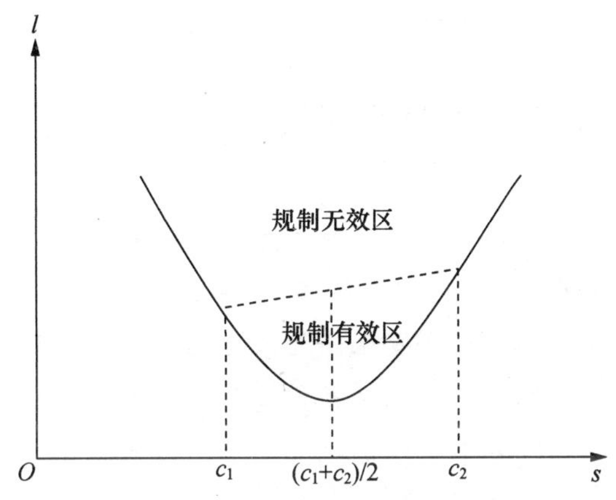

图6－2　煤矿安全规制有效性曲线

需要指出的是，本章所分析安全规制体系的有效性的一个重要前提是中国煤矿安全规制体系是内生的。根据之前关于安全规制波动理论的分析，在中国煤矿安全规制体系的实际运行过程当中，由于行政隶属关系、财政关系、职能交叉等各种问题的存在，地方安全规制的执行不可能独立于地方政府进行，需要与其进行广泛协调。基于上述分析，我认为，将中国的煤矿安全规制视为内生性规制的假设是合理的。西方规制经济学理论认为，独立性是规制作用发挥的主要前提之一。但是，本书研究表明，内生性煤矿安全规制并非一直都是无效的，通常情况下，如果没有来自外部的冲击，煤矿安全规制还是能够发挥作用的，比如，按照之前的分析结论，前期安全规制水平上升能够有效地提高后期安全规制水平。而一旦来自地方政府或中央政府带有强烈的目的性的干预，例如，地方政府为刺激煤炭企业生产所进行的“走过场式治理”以及中央政府介入情况下地方政府采取的“一刀切式治理”等破坏安全规制体系内生影响传导的行为，则安全规制的作用就难以发挥。因此，基于煤矿安全规制是内生性规制的关键假设，如果前期规制水平对后期规制水平产生连续影响，则安全规制体系能够发挥作用；反之，则安全规制体系未能发挥作用。

第四节　对主要研究结论的进一步分析

通常来讲，无论是经济性规制还是社会性规制，政府进行社会事务管理行为体现的是社会公平原则。基于这一原则，规制体系作用能否充分发挥的一个必要条件就是规制政策的制定与执行具有足够的独立性（Stern，Holder，1999；Stern，Cubbin，2003）。虽然从理论上说，规制独立性只是诸多必要条件之一，但对于目前中国的实际情况来说，它的意义显然要超过其他条件。从规制经济学的解释看，独立性的存在使规制系统外生于所规制的对象，能够有效地避免来自规制对象的干预，从而保证规制体系以客观公正的方式发挥作用。从国际比较的视角来看，欧美等安全规制体制比较完善的西方国家，为了免予规制机构在行使职能时受到外界因素的干扰，所建立的都是独立性规制体系，并通过立法对其独立性进行保护（闫海，2007）。显而易见，以法律为基础建立起来的规制体系能够长时间提供稳定且公正的规制，因此，欧美国家的规制水平不会存在短期内的急剧变化，也可以将其称为外生性规制。

根据部分学者（聂辉华、李金波，2006；聂辉华、蒋敏杰，2011；周黎安，2007；肖兴志等，2011）的研究，目前中国施行的地方政府激励模式虽然使经济高速增长，但严重影响了社会性规制作用的发挥，而主要途径就是地方政府对社会性规制的不当干预，这说明中国的社会性规制是典型的内生性规制，即规制机构与所规制对象之间存在密切的影响。出现这种情况的更深层原因在于，改革开放以来，中国长期执行“效率优先”发展策略，虽然实现了经济高增长，但也延迟了本应与之同期推进的社会性规制体系调整的步伐，加之1994年施行财政分权制改革之后，地方政府面临严重的事权与财权不对称的情况，地方政府运行出现了越来越严重的公司化倾向，社会性规制逐渐成为地方政府追求高经济增长以及财政收入的主要手段，从而导致中国社会性规制出现内生性问题。正因为如此，以煤矿安全规制为代表的社会性规制在相当长时间内都有可能伴随内生性问题，但这并一定能得出目前规制无效的结论。事实上，从本章实证研究结论可以看到，即使煤矿安全体系存在内生性问题，在满足某些条件的情况下，安全规制仍然可以发挥作用。通过分析，可以认为造成这种情况出现的原因有以下几点：

（1）社会与舆论监督在煤矿规制过程中发挥了积极作用。近年来，随着煤矿安全事故被广泛报道，引起了社会以及中央政府的重视，促使地方政府不得不对事故对地方经济造成的负面影响进行权衡。因此，在安全情况被明确判断的情况下，即使面临来自政治晋升与经济增长的激励，地方政府也不敢贸然降低安全规制水平。此外，矿工权益保护意识的日渐觉醒也为安全规制作用的发挥创造了客观条件。

（2）地方政府目标函数的短期性与双重性使其与煤炭企业之间的同盟关系并不牢固。从地方政府与煤炭企业同盟关系的基础来看，当前激励模式使地方政府的短期目标经营化是主要原因。但是，地方政府的这种企业化倾向存在的重要前提是，不存在中央政府的强力介入以及事故对于政治前途的严重影响，否则，一旦采取降低安全规制水平的方式刺激生产，进而导致重特大安全事故发生的话，将使地方政府处于非常被动的局面。现实情况也是如此，目前全国各地广泛实施的安全生产“一票否决制”，在强化地方政府在安全方面目标函数的同时，弱化了地方政府与企业之间的同盟关系。

基于上述分析，可以认为，即使煤矿安全规制具有内生性问题，在满足条件的情况下，短期内同样可以发挥作用。但这并不代表能够满足于此，毕竟要想从根本上解决煤矿安全问题，还需要从改变目前地方政府激励模式、提高规制机构独立性上入手。

本章小结

基于之前对规制波动问题的研究，本章将煤矿安全规制视为内生性规制，对事故所产生的规制水平变化以及事故影响减弱对安全规制所产生的影响采用线性与非线性计量方法进行实证分析。线性计量方法的研究结论显示，前期发生事故所导致的煤矿安全规制水平增加必然会导致后期安全规制水平的提高，而在没有其他外力影响的情况下，这种冲击所造成的安全规制水平提高将会维持较长一段时间，这说明事故发生之后，煤矿安全规制体系所进行的自我弥补过程；而非线性计量方法的研究结论表明，煤矿安全规制大致可以划分出三个运行状态，即小于 2. 16279 的低规制水平状态，大于 2. 16279 且小于 3. 24626 的正常状态以及大于 3. 24626 的高规制水平状态，仅在处于正常状态时，煤矿安全规制有效，在高水平规制状态与低水平规制状态下规制都无效。此外，研究结论还显示，即使不满足规制独立性这一条件，煤矿安全规制在特定情况下仍然有效。

本章通过对中国煤矿安全规制内生性影响的实证研究，再次证明了安全规制波动的存在，并且发现即使不满足规制独立性这一前提条件，安全规制波动同样能够发挥作用，因而从解决安全问题的角度出发，本节政策含义非常明显。一是短期内中央政府以及省级地方政府应加强对地市一级地方政府在安全方面的考核力度，强化安全生产的重要性，使其不敢轻易通过降低安全规制的方式来刺激生产。二是加强对社会舆论监督的支持力度，保障其言论自由的权利，并重视媒体所报道的安全生产问题，使其成为监督地方政府安全规制的主要力量。三是长期内应从提高规制机构独立性的角度出发，继续深化安全规制体系改革，使内生性规制逐渐成为外生性规制，弱化其发挥作用的外部条件。四是逐渐改进事故发生之后的“一刀切式治理”方式，明确事故责任，避免大量间接规制成本的产生，给地方政府经济造成严重损失，从而鼓励其降低安全规制水平。

第七章　煤矿安全规制与信息披露

第一节　问题的提出

通常来讲，煤炭安全生产水平是国家整体安全生产的晴雨表，世界各国历来重视煤炭行业的安全生产问题，纷纷通过立法、成立规制机构等手段专门对其进行规制，其目的就是在保证煤炭供应的前提下，最大限度地降低死亡人数，提高煤矿安全生产水平。中国是世界煤炭第一大国，不管是消费还是生产，煤炭都处于十分重要的位置。但中国煤炭安全却处于较低的水平，煤炭行业百万吨死亡率居高不下。中国政府为了扭转这种局面，相继成立了独立的安全规制机构，颁布了一系列法律法规，但所产生的效果却尚未存在准确的判断。从这个意义上讲，评价中国煤矿安全规制行为并且在多大程度上影响了最终效果的实现及其隐含的政策建议，是一个具有很强现实价值的研究课题。

安全生产规制方面的实证研究在发达国家兴起较早，这与发达国家处于较高经济发展阶段有关。早在 20 世纪 70 年代，美国在成立矿山安全与健康管理局、矿山安全与健康、职业安全与健康管理局和颁布职业安全与健康法之后，陆续有学者对 MSHA 和 OSHA 的效果开始进行实证分析。Thomas J. Kniesner 和 John D. Leeth（2003）采取与之前不同的研究方法，使用最近关于井下煤矿作业的产量、事故率（伤害率）、安全规制和其他规制活动的有关数据，通过构造一个回归模型来评估煤矿安全规制和煤矿安全结果之间的关系，得出 MSHA 在当前规制水平下不能强化安全水平这一结论。格雷和门德洛夫（2005）使用1979—1985年、1987—1991年和1992—1998年三个时期的数据对期间OSHA的效果进行了检验，发现OSHA在这三个时期对于减少伤害率发挥了积极作用，但这种作用在递减。

随着中国国家安全生产监督管理总局和国家煤矿安全监察局的成立，以及《煤矿安全监察条例》、《煤矿安全规程》等一系列法律法规的出台，国内学者也陆续开始对煤矿安全生产问题予以关注。但这些研究还不够充分，大多集中于煤矿安全事故的原因分析、现行煤矿安全规制政策的弊端分析以及对规制政策、规制体制的改进等方面（刘穷志，2006），缺乏实证分析以及从规制经济学角度出发的经济解释和理论分析（肖兴志，2006，2008）。本章尝试利用新规制经济学分析框架来讨论煤矿安全规制效果问题。从理论方面梳理煤矿安全规制效果分析的逻辑链条，并特别关注传统分析中信息不对称环节的缺失，即大型煤矿与乡镇煤矿信息公布水平差异可能产生的影响。在此基础上，本章采用TSLS实证分析中国煤矿安全规制行为与规制效果的动态关系。根据实证研究的结论，本书提出了改进煤矿安全规制效果的政策思路。

第二节　理论阐释与模型框架

一般来说，政府规制包括经济性规制与社会性规制两大类。1993年，拉丰和蒂诺尔的《政府采购与规制中的激励理论》一书出版以后，对经济性规制的分析就有了新的理论框架。同时，拉丰等经济学家还使用博弈论、机制设计、信息经济学等新方法、新工具来分析社会性规制问题，促进了规制研究范围的扩大和研究层次的深入。就当前中国规制经济学发展现状而言，存在两种现象：第一，研究大多偏重经济性规制，而对社会性规制的研究较少，这与目前中国处于经济转轨期是密切相关的，但近年来不断出现的矿难、食品安全等安全事故又引起了各界对政府社会性规制问题的关注。第二，规制问题的实证研究在较大程度上滞后于理论研究，新规制经济理论研究中出现的一些关键影响因素并未体现在实证研究中，这在一定程度上影响了现代规制经济理论在实践中的应用。

本章针对上述情况，首先考虑在新规制经济学理论框架下一种简单的煤矿安全规制情况，即假定短期内信息完全条件下，规制机构与煤矿生产两部门的安全规制模型。随后构建一个包含规制机构、国有重点煤矿和乡镇煤矿三个部门的模型，其中规制机构追求社会福利最大化，而煤矿追求自身利益最大化，规制机构与煤矿之间存在信息不对称，而国有重点煤矿与乡镇煤矿两个部门在信息公布方面存在差异，以此来研究信息不对称的影响以及安全规制的效果。

一　完全信息条件下煤矿安全生产规制模型

该模型考虑在短期内安全规制机构与煤矿生产企业之间的关系。假设煤矿安全投入是一项公共项目，其社会收益为S，这是由于提高煤矿安全水平方面的努力一定程度上带有公共产品的性质，煤炭企业接受安全规制的成本为C(β，d)，其中，d表示煤矿安全水平，β表示煤矿的公布信息水平，这类成本主要包括规制机构强制煤炭企业进行的安全方面投资以及在发生事故以后煤炭企业对遇难矿工及其家属进行的抚恤赔偿。其中，$\partial C/\partial d>0$，因为通常安全水平与煤矿建设的各项成本投入紧密相关，通常来讲，煤矿建设投入水平越高，煤矿生产自动化水平、生产规模等就越高，则矿井生产安全水平就越高。在给定d的情况下$\partial C/\partial \beta>0$，意味着在煤矿安全水平一定情况下，煤炭企业所发布的信息越少，出现事故时，它们所受到惩罚的可能性就越小，这里的成本函数包含另一层含义，即受到惩罚后所需支付的成本。通常情况下，在发生生产事故后，煤炭企业存在较大动机私下解决所造成的问题，一方面煤炭企业会尽最大可能避免惩罚性成本，这种惩罚性成本通常是比较大的；另一方面煤炭企业会避免生产事故对今后经营所造成的负面影响，比如社会信誉、安全规制强度等。

根据上述分析，具体的成本函数形式如下，K是常数：

$$C(\beta,\ d)=d(K+\beta) \tag{7-1}$$

假设t是政府对煤炭企业安全方面的转移支付，这部分可以看作政府对煤炭企业安全投入的补贴，由于煤矿安全投资带有公共品性质，应该由煤炭企业与政府共同承担，这部分可以看作政府承担的部分，能直接影响企业对于安全投入的决策。煤炭企业的效用函数为：

$$U = t - d(K + \beta) \tag{7-2}$$

安全规制会造成社会福利的损失 V(d)，其中，V′(d) <0，V″(d) >0，这种福利损失一般是由于安全投入不能产生直接的经济效益所造成，这类投入虽然能够降低发生事故的概率，为企业带来一定的收益，但由于安全投入所具有的公共产品性质，这种收益并不是由煤炭企业独占的。煤矿事故的减少对社会中未支付安全投入的成员同样会产生收益，例如，煤矿工人的家属，这是煤矿安全投入的正外部性问题，这种正外部性也是企业安全投入不足的原因之一。λ 是税收的影子价格，即每进行一元钱的税收（公共资金）所造成社会福利的额外损失。消费者的效用函数为：

$$CS = S - V(d) - (1 + \lambda)t \tag{7-3}$$

综上所述，就能够得到整个社会的福利函数：

$$W = U + CS = t - d(K + \beta) + S - V(d) - (1 + \lambda)t \tag{7-4}$$

可以化为：

$$W = S - V(d) - (1 + \lambda)d(K + \beta) - \lambda U \tag{7-5}$$

假设 S 足够大，即消费者的效用函数总是为正的，这也表示消费者对煤炭总是有需求的，这时，煤炭企业也总是有利可图的。由于存在完全信息，因此，规制机构可以清晰地辨别出煤矿所属类型，并能够及时根据情况对规制政策进行调整。此时，煤矿生产企业是无法获取租金的。因此，规制者可以对福利函数求最大化：

$$\max_{\{d,U\}} W = \max_{\{d,U\}} \{S - V(d) - (1 + \lambda)d(K + \beta) - \lambda U\} \tag{7-6}$$

在约束条件 $U \geqslant 0$ 下，解目标函数（7－6），可以得到：

$$V'(d) = (1 + \lambda)(K + \beta) \tag{7-7}$$

$$U = 0 \tag{7-8}$$

可以将结论总结在以下命题中。

命题 1：如果 S 足够大且 V′ <0，V″ >0，完全信息下煤矿安全规制由式（7－7）、式（7－8）来刻画。它使得：

（1）完全信息条件下，所有煤炭企业所造成的社会福利变化相同。

（2）完全信息条件下，所有煤炭企业生产的额外效用为零，即不存在额外的租金。

从结论可以进一步看到，社会福利的损失 V(d) 的变化不仅与信息变量有关，而且与公共资金的影子价格有关，根据经济学家对各国影子价格水平的测量，由于发达国家公共资金利用效率较高，因此影子价格水平较低；相反，包括中国在内的绝大多数发展中国家公共资金水平效率较低，因此，影子价格水平也较高。由此可以推断，在发生相同水平安全事故情况下，在中国发生的事故对社会福利造成的损失要大于在发达国家发生的事故对社会福利造成的损失，并且由于安全技术、管理水平等外部条件的差异，这种在社会福利损失上的差别还将更大。

二 不完全信息条件下煤矿安全生产规制模型

基于上述情况进一步认为，国有重点煤矿的安全生产水平较高，而乡镇煤矿的安全生产水平较低；在给定安全水平的前提下，国有重点煤矿公布的信息水平越高，与安全生产规制机构的信息不对称程度越低，而乡镇煤矿公布的信息水平越低，与安全生产规制机构的信息不对称程度越高。这是因为，国有重点煤矿数量相对较少而且位置较为集中，在资金、社会、技术等方面都处于优势，即使出现生产事故也很难隐瞒。因此，便于规制机构对其进行监管，而乡镇煤矿数目多而分布广，并且乡镇煤矿有较强的短期逐利特征，在安全方面的投资较少，如果出现安全生产事故，也比较容易隐瞒，规制机构很难对这些煤矿进行安全监管。

以往实证研究大多忽略了对新规制经济学中信息不对称因素的描述。因此，本书在构造理论框架时引入信息因素。规制机构在进行煤矿安全规制时，与煤炭企业相比较，是处于信息劣势的。但对政府来讲，相对不同企业这种信息劣势程度又不同，一般来说，规制机构与国有重点煤矿之间的信息劣势程度要大大小于与乡镇煤矿之间的信息劣势程度。此外，根据肖兴志等（2008）对规制效果传导机制所做分析，规制机构可以通过观察煤矿行为对规制效果做出判断。同样，规制机构可以通过观察煤炭企业的行为来对信息劣势程度做出判断，以此来修正规制政策，这种分析思路在垄断行业经济性规制效果评价问题方面已有所应用。

在不完全信息条件下，β不能被完全识别，即监管机构无法区分煤矿生产企业的类型。这里包含两层含义：一是规制机构无法对目前所有煤炭企业所属的类型做出准确判断；二是安全投入水平较低的煤炭企业总是有动机去伪装成为安全投入水平较高的企业，而在信息约束和成本约束下的规制机构，无法准确进行判断煤炭企业类型。除此之外，煤炭企业的理性和激励相容约束必须加以考虑。只有信息水平为$\underline{\beta}$的企业可以获得租金，即：

$$\underline{U}=\bar{d}\Delta\beta \tag{7-9}$$

其中，$\bar{d}$是通过区别规制设计｛（$\underline{t}$，$\underline{d}$），（$\bar{t}$，$\bar{d}$）｝相比较来确定的安全水平。这是因为，信息水平类型为$\underline{\beta}$的企业总是可以通过伪装成为信息类型为$\bar{\beta}$的企业，产生$\bar{d}(K+\underline{\beta})$的安全规制成本，以此来抽取租金。所以，最终目标函数可以刻画为：

$$\max_{\{\underline{d},\bar{d}\}}\{\nu[S-V(\underline{d})-(1+\lambda)\underline{d}(K+\underline{\beta})-\lambda\bar{d}\Delta\beta\}+(1-\nu)\{S-V(\bar{d})-(1+\lambda)\bar{d}(K+\bar{\beta})]\} \tag{7-10}$$

解目标函数（7－10），可以得到：

$$V'(\underline{d}^{*})=-(1+\lambda)(K+\underline{\beta}) \tag{7-11}$$

$$V'(\bar{d}^{*})=-(1+\lambda)(K+\bar{\beta})-\lambda\frac{\nu}{1-\nu}\Delta\beta=-(1+\lambda)K-(1+\frac{1}{1-\nu}\lambda)\bar{\beta}+\frac{\nu}{1-\nu}\underline{\beta} \tag{7-12}$$

当$\bar{\beta}=\underline{\beta}$时，$V'(\bar{d}^{*})=V'(\underline{d}^{*})$　（7－13）

我们可以将结论总结在以下命题中。

命题2：如果S足够大且$V'<0$，$V''>0$，不对称信息下煤矿安全规制由式（7－11）、式（7－12）、式（7－13）来刻画。它使得：

（1）在较低的安全水平下，社会福利损失与$\underline{\beta}$呈负相关，即$\underline{\beta}$类型煤矿公布信息越少，社会损失就越大。

（2）在较高安全水平下，社会福利损失与$\bar{\beta}$呈负相关，与$\underline{\beta}$显正相关，即$\bar{\beta}$类型煤矿公布的信息越少，社会福利就损失得越多；$\underline{\beta}$类型煤矿公布的信息越多，社会福利就损失越多。

（3）当$\bar{\beta}$类型煤矿与$\underline{\beta}$类型煤矿公布信息相同时，安全水平较高条件下与安全水平较低条件下社会福利的变化相同。

从上面分析可以看到，在加入信息因素之后，煤炭企业降低煤矿安全事故的努力，可能被煤炭企业的理性选择行为（尤其是隐瞒有效信息等行为）削弱，甚至发挥相反作用；安全水平最终是否会提高，取决于安全规制对安全水平的直接影响以及间接影响的相对大小。因此，如果煤矿安全规制机构仅仅通过一般安全监管，或促进企业增加安全投入，而没有加强煤矿信息披露程度，则最终不一定能够切实改善煤矿工人作业的安全水平。

第三节　煤矿安全规制实证分析

一　计量模型设计

根据前面进行的分析以及所做的假设，本书采用如下计量模型。

$$y = \alpha + \beta_1 Info_t + \beta_2 R_t + \beta_3 Info_t \times R_t + \beta_4 inv_t + \beta_5 x_t + \mu \qquad (7-14)$$

其中，y是社会福利的损失；*Info*是信息变量，代表不同企业与规制机构信息差异水平，用来验证信息因素对于社会福利损失的影响；R是规制变量，代表规制机构监管强度，用来研究规制强度变化对社会福利损失的影响；*inv*是历年煤炭企业对安全生产的投入，用来研究安全投资水平对于社会福利损失的影响；x是控制变量，描述煤矿生产的外部环境；μ是误差项。

二　指标选择

关于规制效果的实证分析，一般方法是将反映规制效果的指标

（如工作场所的事故伤亡率）对反映规制行为的指标（如规制机构的检查次数）回归，然后检验后者对前者影响的显著性、方向等。例如，Thomas J. Kniesner 和 John D. Leeth（2003）利用 MSHA 的相关数据，使用安全监管所耗费用、监察次数、平均罚款水平等描述规制行为，以煤矿事故导致的死亡率描述规制效果。但根据前面的框架模型，在描述规制效果的指标选择方面，所考虑的是整个社会福利的损失，因此，本书没有采用传统的煤炭百万吨死亡率，而是采用死亡人数来表示。

由于国内反映规制行为的数据通常不可得。例如，本书需要的煤矿安全检查或安全事故罚款等数据，中国没有系统的统计。因此，国内学者在研究中大多通常从法律框架的完备性、规制机构的独立性以及规制者的可靠性等几个维度构造虚拟变量，以描述规制强度。这种方法的主要局限是：主观赋值难以保证准确性，为了避免虚拟变量序列可能产生的信息“污染”，本书将尝试直接使用煤炭企业数目来反映规制行为。这样做的一个理由在于前面的理论探讨：无论如何，规制行为的强度加大或规制治理的质量提高，最终都只能通过煤炭企业的行为变化反映出来，而煤炭企业数目是衡量规制强度较为合理的指标。从一定程度上讲，煤矿的安全投入也可以看作衡量规制强度的指标之一，但本书将其单独列出，作为解释变量。煤矿的安全生产投入包括软投入和硬投入两部分。目前无法得到任何软投入指标，而硬投入，本书采用肖兴志等（2008）关于安全投入的处理办法，将单位产量的矿井建设投资指标作为煤矿安全投入。

反映不同煤矿与规制机构之间信息不对称水平的指标在国内不可得。通常，这种指标无法通过直接的数据描述来表示，本书同样采取前面的指标替代的思路，利用不同煤炭企业的行为来衡量信息不对称水平的差异。国内关于重点煤矿的统计指标相对较多，但对乡镇煤矿的统计指标则较少，因此，模型中选取了乡镇煤矿百万吨死亡率与重点煤矿百万吨死亡率之比来表示不同煤炭企业与监管机构的信息不对称水平。这是因为，一方面，两类煤炭企业的百万吨死亡率的数据序列较长，便于进行实证分析；另一方面，百万吨死亡率能够有效地代表两类企业所处的信息地位，由于重点煤矿的百万吨死亡率处于可控水平，煤炭采选业属于高危行业，人员死亡难以避免，即使在一定范围内出现安全事故也是可以接受的，因此其信息公开程度较高；而乡镇煤矿的百万吨死亡率处于较高水平，许多事故是由于安全生产管理不善等人为因素造成的，发生事故之后，矿主有较强动机隐瞒信息，因此，信息公开程度较低。

除煤炭企业行为和信息因素之外，煤矿工人行为等其他扰动因素会也影响规制效果，所以，本书在实证模型中加入煤矿工人平均工资指标，以控制这种影响。

三　数据及实证方法说明

（一）数据说明

本书有关死亡人数、重点煤矿百万吨死亡率和乡镇煤矿百万吨死亡率的数据来源于《中国煤炭志·综合卷》、《中国煤矿伤亡事故统计分析资料汇编》以及国家煤矿安全监察局网站；煤炭企业数目的数据来源于《中国统计年鉴》；煤炭企业矿井建设投资是对新建矿井投资、扩建矿井投资、小煤矿建设投资的加总，后三者以及矿区公用工程投资、煤矿职工平均工资数据均来源于《中国煤炭工业年鉴》。检验样本区间为1978—2005年。在检验中，除死亡率外，其他变量均取其自然对数值。

（二）两阶段最小二乘法（TSLS）说明

经典回归分析包含的一个基本假设是方程的解释变量与扰动项不相关。但是，由于解释变量测量误差的存在，用于估计模型参数的数据经常与理论值不一致；或者由于遗漏了变量，使得随机误差项中可能包含与解释变量相关的变量，这些都可能会导致解释变量与扰动项的相关。为了解决这个问题，目前较为常用的方法是两阶段最小二乘法（TSLS或2SLS）。两阶段最小二乘法本质上属于工具变量法，通过选取一系列外生变量，来修正模型中解释变量与扰动项相关的问题。包含两个阶段：第一阶段，找到一组工具变量，然后采用模型中的每个解释变量分别对其进行最小二乘回归；第二阶段，所有变量用第一阶段回归所得到的拟合值来代替，对原方程进行回归，这样求得的回归系数就是 TSLS 的估计值。进一步地，如果认为模型还同时存在序列相关以及随机扰动异方差问题，可以使用 AR、MA 以及加权二阶段最小二乘法进行修正。

本书所采用的是加权二阶段最小二乘法，所选取的工具变量，即外生变量，包括煤矿工人所享受的福利水平、时间趋势、全国煤炭产量、煤矿科研设计投入。为了保证工具变量的有效性，我们检验了过度识别约束的问题，所选的外生变量通过了显著性水平为 5% 的过度识别约束检验。

四 实证检验结果

表 7－1 给出了实证分析结果，通过观察，可以得到以下结论。

表 7－1 **回归实证结果**

解释变量	系数	t 值	
x	0. 073923 **	2. 673218	
Info	－1. 399962 **	－2. 884974	
Info × R	0. 182451 **	2. 857089	
R	－1. 204094 ***	－3. 057788	
inv	－0. 808867 **	－2. 714387	
α	17. 25807 ***	6. 352604	
拟合优度	0. 883873	F 值	19. 60828
调整后的拟合优度	0. 842400	D. W 值	2. 162764

注：*** 表示在1% 的水平下显著，** 表示在5% 的水平下显著，* 表示在10% 的水平下显著。

（1）信息变量变化与社会福利损失变化呈负相关。这意味着，对煤矿安全规制机构来讲，如果能够加大监管力度，使得煤矿尤其是乡镇小煤矿信息公开的程度提高，则社会福利的损失会减少。虽然信息变量经过与规制变量的交互作用，会产生一部分的消耗，但是，由于信息变量的直接作用较强，最终还是能够有效地发挥作用。

（2）规制强度变化与社会福利损失变化呈负相关。这意味着煤矿安全规制机构的监管能够发挥一定的作用，但与信息变量的影响面临着同样的问题，即经过交互后，会产生一部分的消耗。必须指出的是，根据之前的分析，规制强度变化能在多大程度上减少社会福利损失与信息变量的关系要比实证结果显示出来的密切得多。

（3）信息变量和规制变量的交互项与社会福利损失的变化呈正相关。出现这样的结果是并不意外的，煤矿安全规制机构所颁布的政策必须通过企业行为才能发挥作用，在这些政策发挥作用的过程中，由于规制机构与煤炭企业的信息不对称，肯定会产生一部分效率损耗，甚至会造成政策无效。因此，规制机构不仅需要保证有良好的规制政策出台，并且要保证这些规制政策被煤炭企业执行。

（4）安全投入与社会福利损失变化呈负相关。这一结果的出现也不意外，更多的安全资金投入必然会降低煤矿发生安全事故的风险，但通过比较系数大小可以发现，硬投入有一定的局限。首先，硬投入有较强的资金约束，在当前中国的国情下，依靠大量的资金投入来保障安全生产是不实际的做法。其次，硬投入的效果与建立安全制度的效果相比较小。

（5）作为控制变量的煤炭企业平均工资与社会福利损失呈正相关。煤炭企业属于高危行业，工资相对于其他行业较高，这在实际中为乡镇小煤矿寻找人力资本提供了空间，一定程度上加大了发生安全生产事故的可能。

上述结论表明，信息不对称程度的改善以及规制强度的加大都有助于减少煤矿生产安全事故造成的社会福利损失，这在一定程度上说明目前中国煤矿安全规制发挥了一定的作用，在此之前的实证研究没有在模型中考虑煤炭企业的类型以及信息不对称水平的差异，所得出的结论大多是规制无效。但结论（3）中的隐含意义表明，这种安全规制发挥的效果存在一定的前提，要受信息不对称因素的影响，从目前的情况看，经过规制政策一系列传导过程以后会对规制结果产生一定的消耗，甚至会造成规制政策无效，这也是与新规制经济学的相关理论相一致的。充分认识这一点，对于中国煤矿安全规制具有十分重要的意义，以往的煤矿安全更注重安全生产的监管，而忽略了消除规制机构与煤炭企业之间的信息不对称，更有甚者，许多煤炭企业往往通过各种渠道不断扩大与规制机构之间的信息差异水平，使煤矿安全机构的监管流于形式。煤炭企业则可以采取突击整顿等方法回避安全生产监察，于是安全生产的隐患无法被及时排除，为生产事故的发生埋下了隐患。

此外，中国煤矿安全规制机构的权责不明确等也扩大了与煤炭企业之间信息不对称的程度。长期以来，中国煤矿安全规制的主体机构在不断变更之中。1988 年煤炭工业部并入能源部；1993 年能源部撤销，恢复煤炭工业部；1998 年煤炭工业部撤销，并在国家经贸委下设国家煤炭工业局；1999 年国家煤炭安全监察局成立，属国家经贸委领导，同国家煤炭工业局“一个机构、两块牌子”；2001 年国家煤炭工业局撤销，同年，国家安全生产监督管理局成立，与国家煤炭安全监察局“一个机构、两块牌子”；2003 年，国家经贸委撤销，国家安全生产监督管理局改为国务院直属机构。这种变更使得规制机构的安全监管很难保持连贯性，规制体制上的漏洞扩大与规制机构之间信息不对称水平也被煤炭企业利用。

本章小结

本章利用新规制经济学理论框架，强调了煤炭企业与安全规制机构之间信息不对称水平对社会福利所造成的影响。特别地，在通过理论框架推导出相关假设之后，我们在计量检验模型中将信息变量与规制变量进行了交互项处理，以求得到安全规制政策在信息不对称条件下发挥的作用。本书采用 TSLS 法，将煤炭产量等一系列指标作为工具变量进行实证检验。研究结果表明，当前中国煤矿安全规制是有效的。但是，这种有效性在一定程度上会被煤炭企业与安全规制机构之间存在的信息不对称所抵消。除此之外，实证分析还发现，改善煤炭企业与安全规制机构之间存在的信息不对称能够有效地减少社会福利损失等。基于上述实证研究，本书认为，中国煤矿安全规制应在以下几个方面加以改善。

（1）逐步加强煤矿安全生产方面的信息公开程度。实证研究表明，安全规制机构与煤炭企业信息不对称水平不仅能够减少煤矿死亡人数，而且还能制约规制政策作用的发挥。对于中国而言，这种现象尤为明显。20 世纪 80 年代，由于政府在鼓励乡镇小煤矿发展的同时，忽略了对其进行规制，造成规制机构与煤炭企业的信息不对称程度逐渐扩大，以至于连目前乡镇小煤矿的数目都难以准确统计，对进行安全生产规制造成了困难。因此，规制机构应从消除规制机构与煤炭企业，尤其是乡镇中小煤炭企业之间的信息不对称水平的角度出发，颁布相关的规制政策。

（2）提高安全规制政策的合理性以及规制执行效率。实证研究表明，安全规制对煤矿死亡人数减少发挥了积极的作用。对于中国而言，进行煤矿安全生产规制的时间虽然较长，但一直处于缺乏独立、明确规制机构以及相关法律的状态，所以，规制政策的合理性和科学性都需要加强，尤其是要加强煤矿安全规制理论方面的研究。同时，由于规制政策需要经过一系列传导过程，才能最终通过煤炭企业发挥作用，因此，要注意规制政策执行过程中出现的问题，尤其要避免煤炭企业利用其信息优势地位，对规制机构的监管进行规避的现象，使规制政策真正能发挥出应有的作用。

（3）加强煤矿安全建设投入。实证研究表明，煤矿安全建设投资对于减少煤矿死亡人数能够发挥作用。因此，在进行煤矿建设时，有必要提高安全投入水平。但同时也要看到，这种硬性投入所产生的收益具有较大的不确定性，多是通过预期水平来衡量，并且在中国处于经济转型期的条件下，仅仅依靠加强安全投入来控制死亡人数的做法不切实际。

第八章　规制波动视角下的乳制品行业安全

第一节　问题的提出

经济发展在增加居民收入的同时，必然会提高对社会性规制的要求，以满足民众在健康、环境和安全方面越来越高的要求。就目前状况而言，在地方政府强烈的经济增长推动下，社会性规制体系的完善与发展仍然面临诸多障碍。经济增长与社会性规制之间俨然成为当前中国社会中一个难以调和的矛盾，而这种所谓的“难以调和”的突出表现就是各类安全事故在事后治理力度很大情况下，仍然会反复出现，本书将这种现象称为规制波动。从规制经济学角度来说，所谓规制波动就是规制水平在短时间内出现大幅变化，通常包含规制不足与规制过严两个阶段，而两者之间转换速度也较正常的规制水平变化更为迅速。从本质上讲，规制波动现象的出现源于地方政府在协调经济增长目标与社会性规制目标时出现的职能错位。因此，只要地方政府还面临来自经济增长与社会性规制的双重目标，规制波动现象存在的微观基础就不会消失。本章将以乳制品行业安全问题作为研究对象，选取2008年三鹿“三聚氰胺毒奶粉”事件与2011年“奶业标准降低”事件作为案例，分析当前地方政府激励模式下社会性规制所面临的困局，这也是对规制波动这一带有鲜明中国特色现象所做的扩展性分析。

就2008年“三聚氰胺毒奶粉”事件与2011年“奶业标准降低”

事件而言，两者之间无论从时间跨度和案例性质的角度来说，看似并不存在明显的联系。前者是震惊全国的特大食品安全事故，后者则是食品行业标准的修订，但事实上，以“三聚氰胺”事件作为分水岭，全国奶制品行业面临了前所未有的洗牌，正是在这次洗牌过程中，以蒙牛、伊利为代表的企业，凭借其庞大的规模以及对地方政府乃至中央政府的影响，对安全、健康等社会性规制政策制定施加影响，使其更加对自身企业运行变得更为有利。因此，无论从行业内部竞争，或者政府执行安全、健康等社会性规制角度看，发生在乳制品行业的案例都具有很强的启发性，集中体现了地方政府在追求经济增长与完成社会性规制目标之间所面临的一系列困局。

按照传统规制理论，规制体系是独立于政府行政以外的管理体系，以保证其独立执法地位的基础。具体来说，独立性包括两层含义：第一，规制机构与被规制机构的独立性；第二，规制机构与其他政府机构之间的独立性。除此之外，明确的法律框架和高效可靠的规制体系是高质量规制实施的另外两个前提（Stern and Holder，1999；Stern and Cubbin，2003）。因此，西方学者在衡量政府规制优劣时，通常都以上述三点作为构建规制指标的依据，有些国内学者借鉴上述规制效果评价的思想，也进行了一些类似的实证分析（Viscusi，1979；Wallsten，2004；Margari et al.，2007；Groosman et al.，2009；干春晖、吴一平，2006；肖兴志、孙阳，2006；于良春、丁启军，2007）。

尽管规制理论不断强调规制独立性的重要性，但与西方国家相比，中国规制在独立性方面仍然存在较大差距。闫海（2007）认为，随着中国现代企业制度和国有资产管理体制的建立健全，政企分开、政资分开的格局初步形成，正进入行政与监管分离的操作阶段。于良春、葛铸聪（2005）认为，规制机构独立性的缺失是目前造成中国规制失灵的主要原因。在这种情况下，加强对规制独立性理论的研究就显得十分重要。从之前提到的规制独立性两层含义来看，规制独立性的缺失主要是有以下三种原因：

第一，政府本身失灵。毛寿龙（1996）认为，规制机构本身就有可能与被规制者有着说不清楚的利害关系，而且规制本身带来的高额成本也成为政府财政支出扩张的重要原因，是造成规制机构独立性缺失的重要原因，此外，规制与政治上的利益结合，也是导致规制独立性缺失的重要原因之一。在这种情况下，规制机构难以代表公共利益，其同样具有追求个人效用最大化的动机（Tullock，1965；Downs，1967；Buchanan and Tullock，2004），规制成为政府获取额外收益的手段。

第二，利益集团的存在。施蒂格勒（1974）认为，以下三点将使利益集团从规制立法中获益：（1）规制立法机构有重新分配社会财富的作用；（2）立法者的行为受谋求继续在位的动机驱动；（3）相互竞争的利益集团向立法者提供政治支持以换取对自己有利的立法。波斯纳（1971）则认为，实际观察到的规制可以理解为一种间接税收，目的是借助公共利益幌子，以更为隐蔽的方式将收入转移到利益集团手中。佩尔茨曼（1976）认为，规制者不会单独为某一利益集团服务，其确定政策的依据是使受益集团为自己的政治支持最大化服务。

第三，“寻租”的存在。作为规制俘获理论的延伸，“寻租”关注的是对规制者被俘获过程的分析（王万山，2004），主要包括“寻租”和“抽租”两个方面。前者是指被规制者通过“院外活动”或“政治租金”对立法机构游说，以影响规制的制定（周耀东，2004）；后者是指当政治家面临一个竞争性利益集团更高“出价”时，他们通常有激励威胁撤销对原有利益集团有利的决策或通过对这些利益集团不利的决策，以寻求获得一个更高的支付，麦克切斯尼（1987）将这一过程称为“抽租”。

从目前中国社会性规制失灵的具体情况来看，最主要的原因是规制体系自身存在的问题，而利益集团的存在则使这种情况变得更为严重。更为重要的是，社会性规制的存在不再只是保障安全、健康和环境的制度，在当前激励模式下，它逐渐被地方政府俘获，成为其协调经济增长与社会稳定的工具。这一情况在煤矿安全规制中最为突出。但是，上面几章分析的问题并不只出现在煤矿当中，在社会性规制的其他领域中同样存在。本章主要通过2008年“三聚氰胺毒奶粉”事件与在2011年“奶业标准降低”事件，分析当前社会性规制困局的形成。

第二节 “三聚氰胺毒奶粉”事件与“奶业标准降低”事件：案例介绍

作为中国近年来发生在食品领域的一次特大安全事故，“三聚氰胺毒奶粉”事件产生的影响是极为深远的，而“奶业标准降低”事件的发生在很大程度上是“三聚氰胺毒奶粉”事件的延续，其中夹杂着诸多有待研究的问题。因此，在对此案例进行研究设计时，强调分析问题的针对性就显得尤为必要。本章关注的是当前地方政府激励模式下，外部因素对社会性规制系统的影响以及造成这种影响的原因。为了达到上述目的，在进行案例介绍时，在一定程度上忽略以三鹿、蒙牛、伊利等为代表的奶业集团内部治理方面问题，而将焦点放在地方政府对上述事件的反应上。但是，这并不是代表企业安全内部治理不重要，而是为了凸显研究主题。

一 “三聚氰胺”事件

（一）三鹿集团介绍

石家庄三鹿集团股份有限公司是中国食品工业百强、中国企业500强、农业产业化国家重点龙头企业，也是河北省、石家庄市重点支持的企业集团之一。企业先后荣获全国五一劳动奖章、全国先进基层党组织、全国轻工业十佳企业、全国质量管理先进企业、科技创新型星火龙头企业、中国食品工业优秀企业等省以上荣誉称号200余项。截至案发前，三鹿奶粉产销量连续16年实现全国第一，酸牛奶进入全国第二名，液体奶进入全国前四名。三鹿奶粉、液态奶被确定为国家免检产品，并再次荣获“中国名牌产品”荣誉称号。2005年8月，“三鹿”品牌被世界品牌实验室评为中国500个最具价值品牌之一，2007年被商务部评为最具市场竞争力品牌。“三鹿”商标被认定为“中国驰名商标”。2006年位居国际知名杂志《福布斯》评选的

"中国顶尖企业百强"乳品行业第一位。经中国品牌资产评价中心评定，"三鹿"品牌价值达149.07亿元。2006年，集团实现销售收入同比增长16.5%，利税同比增长9.6%。2007年，销售收入更是达到103亿元，利税达到26725万元，得到新西兰奶业巨头恒天然的资金支持，正在运作上市。

就三鹿集团对于河北地方经济发展来说，其地位也举足轻重。2007年，在河北省公布的百强企业榜单中，三鹿集团名列全省第16位，在其所属的食品制造业中，排名第一，也是为数不多上榜的食品制造企业之一。相对于以黑色金属冶炼、石油加工等重工业为主的河北省来说，三鹿集团的地位是相当特殊的。因此，根据理论分析不难发现，在当前的地方政府激励模式下，三鹿集团与地方政府之间必然存在诸多利益联系，三鹿集团经营业绩对于石家庄乃至河北GDP增长与经济结构都是十分重要的。

（二）"三聚氰胺"事件案发过程

2007年12月开始，三鹿集团客户服务部陆续接到来自全国的一些投诉，称在饮用三鹿集团的产品之后，出现了泌尿系统结石病。随后，三鹿集团客户服务部进行了一系列内部调查。

2008年5月，三鹿集团客户服务部以书面形式向田文华、王玉良等企业负责人报告了有关情况。此时，三鹿集团采取三项措施：第一，进行内部调查；第二，独自委托国家乳品质量监督检测中心、国家环保产品质量监督检验中心和农业部乳品质量监督检测中心进行样本检测；第三，向媒体投放广告费，以达到封闭舆论的目的。在此期间，三鹿集团并未向石家庄市政府进行通报，而相关食品安全规制环节也没有发现三鹿集团产品出了问题。

2008年8月，随着事态的逐渐恶化，三鹿集团向石家庄市政府书面通报了奶粉被三聚氰胺污染的情况，报告声称：此事件是由不法奶农和奶站经营者造成的，希望政府进行查办。除此之外，还出现了一个值得玩味的细节，王玉良代表三鹿集团向石家庄市政府申请召回出现问题的产品，但遭到与会政府官员的明确反对。他们还提出，要以人盯人的方法，安抚家属，"拿钱堵嘴"，并专门强调注意保密，防止出现消费者上访，尽力避免“媒体炒作”。在地方政府授意下，三鹿集团开始通过私下与受害者或其家属签订协议、授权经销商秘密召回3月至8月5日之间生产的商品等方式，进行危机公关。但是，由于信息未被公开，一批受到三聚氰胺污染的产品在此期间被销售出去。

（三）中央政府介入

2008年9月初，随着中央媒体的介入，“三聚氰胺毒奶粉”事件受到前所未有的社会关注，全国各地不断曝出饮用三鹿生产的产品之后出现泌尿系统结石的患儿。此时，石家庄市政府与三鹿集团采取统一的舆论口径，宣称此事件是由不法奶农和奶站经营者造成的。9月13日，国务院启动国家重大食品安全事故Ⅰ级响应机制处置三鹿奶粉污染事件。河北省政府决定对三鹿集团停产整顿，有关部门将对三鹿婴幼儿奶粉生产和奶牛养殖、原料奶收购、乳品加工等各环节开展检查。质检总局负责会同有关部门对市场上所有婴幼儿奶粉进行全面检验检查。此时，食品安全规制体系才开始介入三聚氰胺毒奶粉事件，并在全国开展了关于三聚氰胺作为添加剂的大检查，逐渐揭开了全国奶制品行业的黑幕，蒙牛、伊利、三元等22个品牌被卷入其中，对中国奶制品行业信誉造成了难以估量的影响。

截至9月17日，与案件有关的企业负责人和政府机关负责，逐渐受到处罚，包括传唤78名问题奶粉嫌疑人、免去石家庄副市长张发旺、石家庄市畜牧水产局局长孙任虎的职务，免去石家庄市食品药品监督管理局局长张毅、石家庄市质量技术监督局局长李志国的党内外职务，免去冀纯堂同志市委副书记职务、接受冀纯堂辞去石家庄市市长职务的请求，免去中共河北省委常委、石家庄市委书记吴显国的职务，同意国家质量监督检验检疫总局局长李长江同志引咎辞职的请求。

在这一过程中，还出现了一些颇具意味的小插曲。据路透社9月15日报道，新西兰总理克拉克表示，三鹿的外方投资商新西兰奶业巨头恒天然在8月知道奶粉产品被污染之后，曾要求石家庄市官员召回三鹿集团生产的被污染奶粉，但是，地方官员并未及时采取行动。当她本人在9月5日被告知这一问题之后，下令绕过河北地方官员直接通知中国中央政府。随后，北京方面开始了一系列直接干预。

表8－1　　　“三聚氰胺毒奶粉”事件过程中的各方反应

时间	三鹿集团	石家庄市政府	河北省政府	中央政府	新闻媒体
2007年12月	客户服务部陆续接到举报，开始内部调查	不知情	不知情	不知情	不知情
2008年5月	高层得到通报，成立调查小组，并采取措施进行危机公关	不知情	不知情	不知情	少数患者家属在网络论坛上进行曝光
2008年8月	陆续接到来自全国各地卫生部门举报，将产品样本送至各个卫生部门检测	得到三鹿集团书面通报，但未立即要求三鹿停产整顿，并协同三鹿进行危机公关	不知情	不知情	少数网络媒体、论坛进行报道
2008年9月	承认产品受到污染，并声称这是由一些不法奶农与奶站造成的	声称是由一些不法奶农造成的，并展开抓捕行为	得到来自石家庄市政府的书面通报，并随即上报国务院，下令三鹿停产	启动国家重大食品安全事故Ⅰ级响应，各部门随即展开调查	中央媒体介入，各个地方开始持续报道

注：笔者整理而成。

（四）事件后续

在对三鹿集团进行处理的同时，全国其他奶业集团开始进行危机公关。9月17日，雅士利集团、圣元集团、蒙牛集团、伊利集团分别就此向社会发布声明或承诺书，以挽回消费者对国产乳业品牌的信心。但随后，作为私人企业的蒙牛集团还是最先感受到来自市场以及消费者的惩罚，销售情况受到严重影响，这也为后来中粮集团控股埋下了伏笔。

二 “奶业标准降低”事件

就在“三聚氰胺毒奶粉”事件发生的两年后，卫生部在2010年3月26日正式发布了《生乳》（GB19301—2010）等66项食品安全国家标准（卫通〔2010〕7号），并于当年6月1日起正式实施。此标准一出，立即在全国范围内引起了对新的乳业标准的讨论。一方观点认为，新标准当中存在诸多指标倒退的问题，例如菌落总数和蛋白质含量，在新国标中，蛋白质含量每100克含2.8克，这个数字低于国际标准3.0克，也低于1986年旧国标的2.95克，而每毫升牛奶中的菌落总数，新标准由原来的50万上升到了200万，比美国、欧盟10万的标准高出20倍，被业界惊呼为一夜倒退25年，更有舆论指出，这个乳业新国标让“中国原奶质量降到了全世界最低”；另一方观点则认为，新标准是在平衡各方权益的基础上制定的，既有食品安全的基础，又保护了养牛户的利益。这种观点的支持者认为，中国奶牛养殖以散养为主，牛奶的质量难以保证，这是目前无法避免的基础国情，因此，奶的蛋白质含量和菌群数量都很难达到高要求。标准过高，容易导致奶农为了“达标”而弄虚作假，最终形成恶性循环。

第三节 “三聚氰胺毒奶粉”事件的经济后果

“三聚氰胺毒奶粉”事件最终以三鹿集团破产以及其他各大乳制品制造企业频繁发布道歉公告而告终，但造成的影响却未结束，政府与企业都在此次事件中付出了沉重的代价。从政府角度来说，食品安全规制体系的公信力受到了前所未有的质疑；从企业角度来说，生产经营受到影响是必然的，更为重要的是，长期积累起来的品牌价值也在瞬间蒸发殆尽，民众越来越依赖国外奶业品牌。从规制成本角度讲，这次事件的发生也可以视为食品安全规制体系不完善所造成的冲击。接下来，通过市场经验数据来分析“三聚氰胺毒奶粉”事件发生前后乳制品行业以及相关企业的情况。

一　“三聚氰胺毒奶粉”事件对乳制品行业的影响

（一）事件之前乳制品行业发展状况

首先是“三聚氰胺毒奶粉”事件发生之前全国乳制品行业整体发展情况。从表 8－2 可以清楚地看到，全国乳制品行业在“三聚氰胺毒奶粉”事件前发展势头非常好，行业规模不断扩大，这在资产总计、销售收入、利润总额和纳税总额几项重要指标上表现得尤为明显。此外，亏损企业所占比例也在不断下降，亏损总额与负债水平都处于较为稳定的状态。唯一表现不佳的是销售利润水平持续走低。

表 8－2　“三聚氰胺毒奶粉”事件发生之前乳制品行业主要业绩指标

时间	资产总计（亿元）	产品销售收入（亿元）	利润总额（亿元）	税金总额（亿元）	亏损企业所占比例	亏损企业亏损总额（亿元）	资产负债率（次数）	流动资产周转率（次数）	销售利润率
2003 年 2 月	330.11	59.27	3.65	3.06	0.28	0.77	0.5438	0.4	0.0616
2003 年 5 月	377.28	177.41	12.17	8.26	0.32	1.56	0.5768	1.07	0.0686
2003 年 8 月	395.56	298.98	20.04	13.19	0.33	2.96	0.5613	1.71	0.067
2003 年 11 月	429.99	433.11	27.85	18.92	0.29	4.47	0.554	2.36	0.0643
2004 年 2 月	434.11	79.80	5.19	3.37	0.31	1.36	0.5552	0.42	0.065
2004 年 5 月	485.71	231.55	14.09	9.96	0.32	3.12	0.5436	1.13	0.0608
2004 年 8 月	498.43	392.19	22.12	14.99	0.33	4.98	0.5754	1.81	0.0564
2004 年 11 月	519.93	562.85	30.9	21.7	0.32	5.59	0.5704	2.51	0.0549
2005 年 2 月	542.99	103.08	5.36	4.28	0.31	1.49	0.54	0.43	0.052
2005 年 5 月	587.88	316.92	17.56	12.31	0.31	3.35	0.5398	1.21	0.0554
2005 年 8 月	613.37	543.88	30.12	19.94	0.31	4.66	0.5429	1.98	0.0554
2005 年 11 月	633.15	771.43	41.22	29.31	0.28	6.34	0.5364	2.78	0.0534
2006 年 2 月	636.38	143.34	8.61	7.27	0.30	1.13	0.531	0.5	0.0601
2006 年 5 月	669.94	399.16	21.94	14.81	0.30	2.28	0.5268	1.36	0.055

续表

时间	资产总计（亿元）	产品销售收入（亿元）	利润总额（亿元）	税金总额（亿元）	亏损企业所占比例	亏损企业亏损总额（亿元）	资产负债率（次数）	流动资产周转率（次数）	销售利润率
2006 年 8 月	700.57	665.2	34.93	24.04	0.29	4.21	0.5287	2.19	0.0525
2006 年 11 月	720.14	938.02	51.11	35.16	0.27	5.28	0.5273	2.97	0.0545
2007 年 2 月	718.74	180.0	8.92	7.73	0.29	1.45	0.5207	0.57	0.0495
2007 年 5 月	824.86	491.28	27.6	20.00	0.28	2.68	0.518	1.42	0.0562
2007 年 8 月	810.44	830.42	45.80	33.65	0.26	3.87	0.5386	2.31	0.0551
2007 年 11 月	832.92	1188.7	64.38	46.41	0.24	4.92	0.535	3.21	0.0542

资料来源：中经网。

其次，乳制品行业处于加速成长过程。从表 8－3 可以看到，近年来，乳制品行业整体规模增长速度相对迅速，总资产与产品销售收入保持了两位数的增长水平，利润总额增长水平也相当出色。相应地，乳制品行业的发展为政府带来了税收的增长，从直接税金总额增长情况来看，最为突出的是 2005 年，实现了 70% 的增长。从安全规制角度来看，乳制品行业发展规模的扩大为其争取了更大的话语权，加强了地方政府对企业的依赖程度。除此之外，从表 8－3 中还可以看到，乳制品行业的亏损和负债都保持稳定的下降趋势，流动资金运转情况持续改善。

（二）事件之后乳制品行业发展状况

“三聚氰胺毒奶粉”事件发生之后乳制品行业的情况。通过表8－4 比较可以发现，首先，事件发生之后的一段时期，乳制品的行业规模扩展受到了较为严重的影响，资产总计、产品销售收入、利润总额等几项指标出现了明显下滑，但是，随着时间推移，事件所对行业规模所产生的影响也逐渐减弱，在 2009 年之后，乳制品行业逐渐恢复了“三聚氰胺毒奶粉”事件之前的发展势头。其次，事件发生之初，企业交纳的税金总额增长速度出现了下降，但随着事件影响的减弱，企业纳税金额增长速度再次走向高位。最后，事件造成乳制品行业亏损总额提高，亏损企业数量增加，导致乳制品企业大量倒闭。事实上，

表8-3　　　　"三聚氰胺毒奶粉"事件之前乳制品行业主要业绩指标增长水平

时间	资产总计（亿元）	产品销售收入（亿元）	利润总额（亿元）	税金总额（亿元）	亏损企业所占比例	亏损企业亏损总额（亿元）	资产负债率（次数）	流动资产周转率（次数）	销售利润率
2004年2月	0.32	0.35	0.42	0.10	0.12	0.78	0.02	0.05	0.06
2005年2月	0.25	0.29	0.03	0.27	-0.02	0.09	-0.03	0.02	-0.20
2006年2月	0.17	0.39	0.60	0.70	-0.04	-0.24	-0.02	0.16	0.16
2007年2月	0.13	0.26	0.04	0.06	-0.01	0.28	-0.02	0.14	-0.18

资料来源：中经网。

表8-4　　　　"三聚氰胺毒奶粉"事件之后乳制品行业主要业绩指标

时间	资产总计（亿元）	产品销售收入（亿元）	利润总额（亿元）	税金总额（亿元）	亏损企业数（个）	亏损企业所占比例	亏损企业亏损总额（亿元）	资产负债率（次数）	流动资产周转率（次数）	销售利润率
2008年5月	909.37	629.47	33	22.39	174	0.24	2.17	0.54	1.46	0.0524
2008年8月	951.69	1053.66	55.49	37.03	177	0.24	3.40	0.63	2.33	0.0527
2008年11月	975.42	1375.95	43.73	50.76	214	0.28	13.84	0.58	3.04	0.0318
2009年2月	910.77	214.76	14.76	9.5	204	0.26	2.38	0.57	0.5	0.0687
2009年5月	980.7	601.1	36.36	26.58	201	0.25	3.50	0.58	1.27	0.0605
2009年8月	1032.52	1018.92	60.60	43.65	196	0.24	5.66	0.57	2.04	0.0595
2009年11月	1084.95	1456.76	82.36	69.42	179	0.22	9.32	0.56	2.97	0.0565
2010年2月	1119.78	256.13	13.63	10.44	202	0.25	2.19	0.55	0.44	0.0532
2010年5月	1210.03	710.82	32.86	29.03	194	0.24	5.52	0.57	1.13	0.0462
2010年8月	1209.15	1200.87	59.48	42.79	191	0.23	7.74	0.55	1.9	0.0495
2010年11月	1249.10	1725.85	89.01	67.90	181	0.22	9.03	0.56	2.64	0.0516
2011年3月	1340.11	486.78	24.1	18.70	167	0.26	4.81	0.57	0.67	0.0495
2011年6月	1421.24	1067.6	58.17	40.67	139	0.22	5.81	0.58	1.37	0.0545

资料来源：中经网。

事件发生之后，使乳制品行业竞争更为激烈，"三聚氰胺毒奶粉"事件导致乳制品行业出现大规模合并重组。事件曝光之前的统计数据显示，2007 年 11 月，全国共有乳制品企业 728 家，但截至 2011 年 6 月，统计的数量为 639 家，12.2% 的乳制品企业倒闭。

(三) "三聚氰胺毒奶粉" 事件影响的时间序列分析

在直观地分析 "三聚氰胺毒奶粉" 事件对乳制品行业影响之后，本章将使用上述表中的数据，采用时间序列方法，更加科学地分析该事件对乳制品行业各个指标所造成的影响。具体来说，选择数据描述表 8-5 中的相关变量，最终目的是得到一些重要变量的脉冲响应模型，以衡量冲击产生的影响。

表 8-5　　统计变量的数据描述

变量	最大值	最小值	均值	标准差
资产总计(Asset)	1249.104	330.1088	757.14	264.6828
负债合计(Debt)	701.5891	179.5273	419.2054	153.3274
企业单位数(Number)	511	828	700.0938	90.07644
亏损总额(Deficit)	58.78664	0.76635	25.34322	17.66335
利润总额(Profit)	430.5702	3.652470	176.2149	127.139
税金总额(Tax)	339.5831	3.06066	131.4402	101.0893

研究步骤具体如下：首先，对所选择变量进行单位根检验，保证其稳定性；其次，对变量之间协整关系进行检验，确定变量之间是否存在长期联系，得到误差修正模型；再次，进行格兰杰因果检验，确定变量之间的脉冲响应关系；最后，对 VAR 模型的冲击反应进行分析。

第一步，进行单位根检验之前，首先对变量进行取对数处理，单位根检验如表 8-6 所示，可以发现，除企业单位数以外，其他变量均不存在单位根，因此，我们对企业单位数进行差分处理，单位根消失。但是，由于此时变量都是平稳的且差分阶数并不一致，因此，需要进行 VAR 模型分析，得到脉冲响应函数。

表 8－6　　单位根检验

变量	数据生成过程	p 值	变量	数据生成过程	p 值
Asset	(c, t)	0.0201	—	—	—
Debt	(c, t)	0.0203	—	—	—
Number	(c, t)	0.2169	△Number	(c, t)	0.0012
Deficit	(c, t)	0.0000	—	—	—
Profit	(c, t)	0.0002	—	—	—
Tax	(c, t)	0.0063	—	—	—

第二步，确定其滞后阶数，并进行 VAR 模型分析。首先，我们对上述变量之间的格兰杰因果关系进行检验，发现结果如表 8－7 所示。可以看到，企业单位数均不能拒绝不是其他变量格兰杰因果原因的零假设，因此，可以视为外生变量。其他变量之间存在联系，可以视为内生变量。接下来对 Asset、Debt、Deficit、Profit 和 Tax 做 VAR 模型分析，可以得到以下结果（见表 8－8）。最后，得到关于变量之间脉冲响应的反应函数。

表 8－7　　格兰杰因果检验结果

原假设	F 值	p 值	原假设	F 值	p 值
Asset 不是 Number 的格兰杰原因	1.7448	0.1961	Debt 不是 Number 的格兰杰原因	1.1758	0.3257
Number 不是 Asset 的格兰杰原因	0.50104	0.6121	Number 不是 Debt 的格兰杰原因	0.13511	0.8743
Debt 不是 Number 的格兰杰原因	3.34156	0.0524	Profit 不是 Number 的格兰杰原因	2.7896	0.0814
Number 不是 Deficit 的格兰杰原因	0.98102	0.3895	Number 不是 Profit 的格兰杰原因	0.68581	0.5133
Tax 不是 Number 的格兰杰原因	2.17038	0.136	Debt 不是 Asset 的格兰杰原因	0.36084	0.7007
Number 不是 Tax 的格兰杰原因	1.053	0.3645	Asset 不是 Debt 的格兰杰原因	1.72336	0.199
Deficit 不是 Asset 的格兰杰原因	0.88951	0.4235	Profit 不是 Asset 的格兰杰原因	0.38065	0.6873

续表

原假设	F 值	p 值	原假设	F 值	p 值
Asset 不是 Deficit 的格兰杰原因	13. 1081	0. 0001 *	Asset 不是 Profit 的格兰杰原因	1. 48222	0. 2464
Tax 不是 Asset 的格兰杰原因	0. 02262	0. 9777	Deficit 不是 Debt 的格兰杰原因	0. 49223	0. 6171
Asset 不是 Tax 的格兰杰原因	3. 56448	0. 0435 *	Debt 不是 Deficit 的格兰杰原因	26. 8948	0. 0001
Profit 不是 Debt 的格兰杰原因	1. 25852	0. 3015	Tax 不是 Debt 的格兰杰原因	0. 94515	0. 4021
Debt 不是 Profit 的格兰杰原因	3. 31025	0. 053	Debt 不是 Tax 的格兰杰原因	1. 37763	0. 2707
Profit 不是 Deficit 的格兰杰原因	8. 80605	0. 0013 *	Tax 不是 Deficit 的格兰杰原因	9. 59867	0. 0008 *
Deficit 不是 Profit 的格兰杰原因	2. 69354	0. 0872	Deficit 不是 Tax 的格兰杰原因	1. 53641	0. 2348
Tax 不是 Profit 的格兰杰原因	3. 77012	0. 0371 *			
Profit 不是 Tax 的格兰杰原因	5. 46177	0. 0108 *			

注：* 所使用的滞后阶数为 2。

首先，从表 8 - 8 显示的实证分析中可以得到以下结论：第一，Deficit 与其一阶滞后项以及 Debt（ - 1）呈正相关，与 Profit（ - 2）呈负相关，因此可以认为，乳制品行业负债水平的增加与其自身负债水平和亏损水平增长、利润下降存在直接联系。第二，Asset 与 Deficit（ - 1）和 Profit（ - 2）之间呈负相关，与其一阶滞后项、Tax（ - 2）和 Number 之间呈负相关，因此可以认为，乳制品行业资产规模的减少与其自身前期规模扩张、纳税水平增加、行业中企业数量增加、亏损额度增加以及利润水平降低有关。第三，Debt 与其一阶滞后项、Tax（ - 2）以及 Number 之间呈正相关，与 Profit（ - 2）之间呈负相关，因此可以认为，乳制品行业负债水平的增加与其自身前期的增加、纳税水平增加、企业数量的增加以及利润水平的减少有关。第四，Profit 与 Deficit（－1）、Asset（－1）、Profit（－1）、Number 和 Tax（－2）呈正相关，与 Deficit（－2）、Profit（－2）呈负相关，因此可以认为，乳制品行业的利润水平降低与其自身前期水平降低、资产规模减少、亏损水平降低、长期纳税水平降低、企业数量减少以及长期利润、长期亏损的增加有关。第五，Tax 与 Deficit（－1）、Profit（－1）和 Tax（－2）呈正相关，与 Deficit（－2）、Profit（－2）呈负相关，因此可以认为，乳制品行业纳税的减少与其自身后期水平的降低、短期亏损以及利润水平的增加、长期亏损以及利润水平的降低有关。

表 8－8　　　　乳制品行业 VAR 模型估计结果

	Deficit	Asset	Debt	Profit	Tax
Deficit(－1)	0.509991 (－0.26886)	－0.3112 (－0.18478)	－0.33185 (－0.3106)	0.274657 (－0.15264)	0.286325 (－0.12332)
Deficit(－2)	－0.0444 (－0.18707)	－0.10321 (－0.12856)	－0.20542 (－0.21611)	－0.37929 (－0.1062)	－0.37293 (－0.08581)
Asset(－1)	－0.42823 (－0.4186)	0.555442 (－0.28769)	0.424782 (－0.48359)	0.36716 (－0.23764)	0.060775 (－0.19201)
Asset(－2)	－0.53346 (－0.50713)	0.262089 (－0.34853)	－0.29855 (－0.58586)	－0.03285 (－0.2879)	－0.16595 (－0.23261)
Debt(－1)	0.709133 (－0.27058)	－0.04855 (－0.18596)	0.403352 (－0.31259)	－0.45504 (－0.15361)	－0.05793 (－0.12411)
Debt(－2)	0.325409 (－0.44104)	－0.19767 (－0.30311)	－0.01973 (－0.50951)	－0.08384 (－0.25038)	0.122824 (－0.2023)
Profit(－1)	0.291732 (－0.64922)	－0.23561 (－0.44618)	－0.02885 (－0.75001)	1.286595 (－0.36857)	1.06718 (－0.29779)
Profit(－2)	－0.5027 (－0.37102)	－0.87346 (－0.25499)	－1.22692 (－0.42862)	－1.04807 (－0.21063)	－1.18737 (－0.17018)
Tax(－1)	－0.13046 (－0.7089)	－0.03362 (－0.4872)	－0.37572 (－0.81895)	－0.46756 (－0.40245)	－0.36338 (－0.32516)
Tax(－2)	0.667855 (－0.55026)	1.494591 (－0.37817)	2.102421 (－0.63568)	1.290961 (－0.31238)	1.509014 (－0.2524)

续表

	Deficit	Asset	Debt	Profit	Tax
Number	0. 0663 (−0. 27305)	0. 425975 (−0. 18766)	0. 435729 (−0. 31544)	0. 213431 (−0. 15501)	0. 091144 (−0. 12525)
R^2	0. 998088	0. 994934	0. 986629	0. 999485	0. 999699
调整的 R^2	0. 997082	0. 992268	0. 979592	0. 999214	0. 999541
F 统计量	991. 8176	373. 1424	140. 2015	3687. 43	6313. 895

注：括号内为标准差。

结合对地方政府激励模式的分析，资产规模和税收无疑是地方政府最关心的变量，一旦企业资产规模受到影响，则将直接影响地方GDP 增速的提高，而税收下降的话，则将影响地方财政收入。事实上，就“三聚氰胺毒奶粉”事件产生的影响来说，最先受到影响的是资产规模、利润等指标，随后影响税收。因此，保持资产规模的稳定高速增长是地方政府执行政策时的偏好。接下来，将重点分析上述资产规模对于其他变量变化的脉冲响应。从上面的实证分析可以看到，乳制品企业的资产规模与其前期滞后项、前期 Deficit、后期 Profit、后期 Tax 相关，税收金额与 Deficit、Profit、后期 Tax 相关。接下来，将通过脉冲响应（见图 8 －1，其余见附录 L)，分析当资产规模发生变化时，对于其他变量，尤其是税收金额的影响情况。

图 8 －1 就是当资产规模受到一个单位冲击时对于其他变量所产生的影响。可以看到，当资产规模发生变化时，会对其自身以及 Tax 产生一个幅度较小但持续时间较长的正向影响，但短期内会对税收产生较大正向影响，对自身产生较大的正向影响；会对 Deficit 以及 Profit 产生一个幅度极小的负向影响，但短期内对 Deficit 以及 Profit 产生幅度较大的负向影响。因此，对乳制品企业来说，资产规模下降产生的影响不一定是坏事。企业可以将更多精力放在提升经营质量上，获取更高的利润水平，但对于地方政府来说，无论从长期还是短期看，企业资产规模下降都会对税收造成不利影响。

事实上，“三聚氰胺毒奶粉” 事件发生之后，整个乳制品行业在

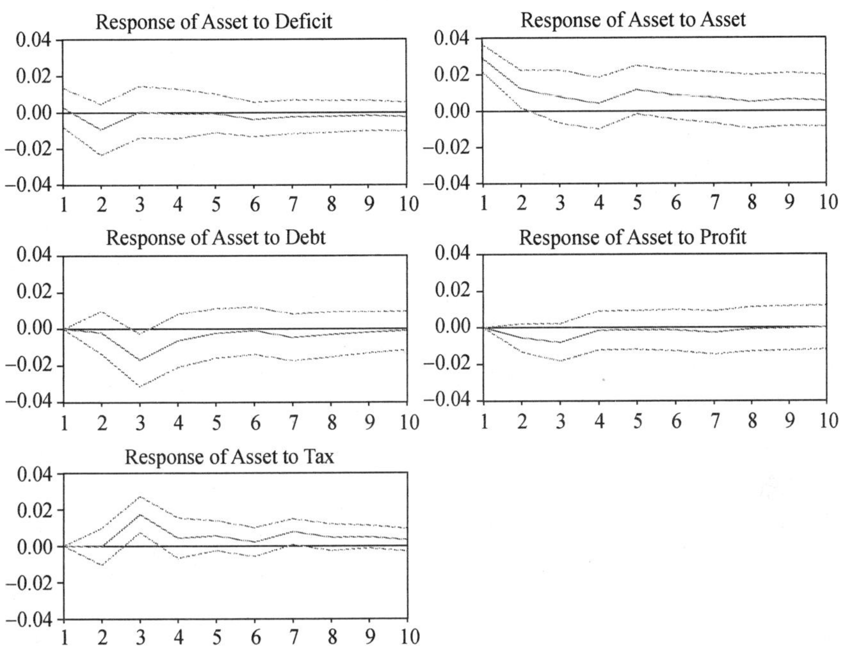

图 8－1　Asset 对自身以及其他变量的冲击相应函数

短时间内受到来自市场和消费者严厉的惩罚，整个行业资产规模和销售收入增速锐减，这种情况势必对乳制品企业的纳税总额造成不利影响，形成对地方政府经济增长目标与税收最大化目标的双重影响。正是事前预计到上述情况，石家庄市政府向三鹿集团提出不停产的要求，并希望通过私下处理的方式来解决，尽可能避免事件对于企业正常运行的冲击。此时，食品安全规制不得不服从地方政府的经济目标，缺乏独立性的规制机构只能采取“睁一只眼闭一只眼”的态度，这也是学者所描述的规制不足问题。但立足于自身利益的石家庄市政府在估计事件社会影响时发生了偏差。随着产生的负面影响越来越大，中央政府的介入使地方政府不得不服从。事件曝光之后，面对社会的不满情绪，食品安全规制又成为救命稻草，越来越强的规制力度，加上公众对于国产乳制品行业的不信任，成为乳制品行业经营业绩下降的两个重要原因。此时，地方政府为其错误决策买单，原本隐性的规制成本变为显性，这也是食品安全规制失效所产生的成本。

二 “三聚氰胺毒奶粉”事件对企业财务与非财务指标的影响

基于以上分析可以认为，在企业层面，“三聚氰胺毒奶粉”事件可能还会引发一些不利的经济后果，而这种经济后果存在与否则会通过公司相关的绩效评价指标的变动显示出来。因此，为进一步分析事件在企业层面的影响，本节将结合该事件发生前后相关企业的各项指标进行更深入的考察。

目前，中国各地乳制品产销企业数量众多，规模参差不齐，很难逐一分析，所以典型范例的选取必不可少。由于上市公司的财务报表较规范、各项指标可得性很强，因而以乳制品行业的上市公司为代表，能够较清晰地观察到“三聚氰胺毒奶粉”事件前后企业日常经营、业绩变动的轨迹。从已采集到的数据来看，截至 2011 年 6 月，以经营乳制品为主的上市公司有 12 家，其中，上海市场上的 8 家上市公司在 2008 年时已经存在，分别为金健米业、华资实业、维维股份、新农开发、三元股份、光明乳业、工大高新和伊利股份，并且在“三聚氰胺毒奶粉”事件期间，这 8 家公司均存在完整的交易数据与财务报表。因此，下文将这些公司作为乳制品企业典型代表。

从企业绩效评价方法来看，对于特殊事件经济后果的衡量可以应用两种方法进行实证研究：一是基于财务指标体系对公司的生产经营状况、发展前景等进行比较，依据财务数据的变化来分析特定事件的影响。该方法既可以采用单一财务指标来衡量，也可建立一套财务指标评价体系进行分析，而财务分析体系通常包括偿债能力、营运能力、盈利能力、发展前景等方面。二是通过观察诸如股票价格等非财务指标在事件发生前后是否出现异常变动来衡量企业价值和绩效变化。其中，财务指标分析法能够较系统地评价公司的经营、发展情况以及股东权益回报水平等各个方面，具有综合性、系统性、层次性特点，存在很大的优势。因此，对于“三聚氰胺毒奶粉”事件在企业层面的影响，本节将主要分析乳制品相关企业的财务指标，同时以股价等非财务指标作为补充，全面考察此次食品安全事件对乳制品企业的影响。在数据方面，对于它们经营与发展状况进行衡量的指标，全部来自上市公司的财务报表基础数据。

（一）股市表现

一般来说，公司股票价格变动可以反映市场的许多信息。图 8－2 是以 2008 年 6—12 月为窗口期，8 只乳制品公司股票价格在 2006—2011 年的变动情况。图 8－2 清晰地描述了乳制品上市公司在“三聚氰胺毒奶粉”事件爆发时期股票价格的变动趋势。可以发现，在事件发生期间，8 家公司股价都有不同程度下降，其中，诸如伊利股份、光明乳业等以乳制品生产经营为主营业务的企业降幅非常大，处于事件核心的三元股份甚至一度停盘。股价所呈现的信息表明“三聚氰胺”事件对乳制品企业的打击十分明显。但是，由于公司股价并不完全受制于公司业绩和发展情况，还会受投资者信心、指数变动等外部因素影响，因而，并不能仅据此对“三聚氰胺毒奶粉”事件在企业层面的影响进行推断，接下来还将结合企业的财务指标进行深入分析。

（二）盈利能力变动

以光明乳业和伊利股份两家乳制品上市公司为例，本节将详细分析事件发生前后的财务指标变化。在财务分析体系中，盈利能力是一个公司是否能够持续发展、经营状况好坏的重要观测指标，它包括资产报酬率和收益率等。根据上市公司的财务报表，从两家公司总资产报酬率的情况来看，以伊利股份为例，事件发生期间盈利能力大幅下降，2007 年前三季度，其总资产报酬率都在 8% 左右，第四季度有所下降，为 1.55%。事件发生后，2008 年第四季度，其总资产报酬率骤降至－17.68%，降幅非常大。与此同时，其他衡量公司盈利能力的指标诸如净资产收益率、资产利润率也都有明显下降（见图 8－3 和图 8－4）。

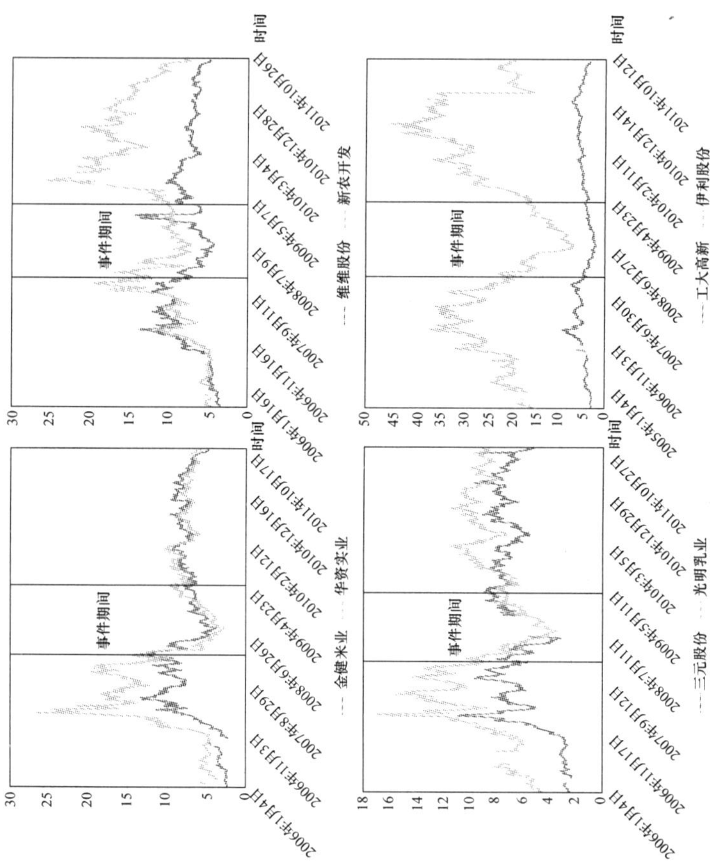

图 8－2　2006—2011 年股价变动情况①

① 本节数据均来自 wind 金融上市公司数据库。

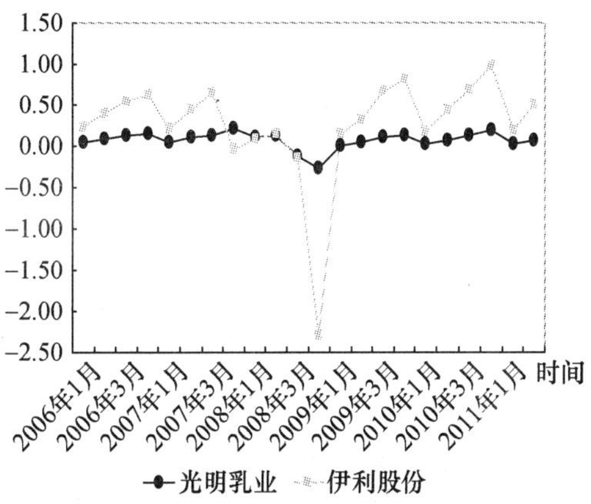

图 8－3 2006—2011 年净资产收益率

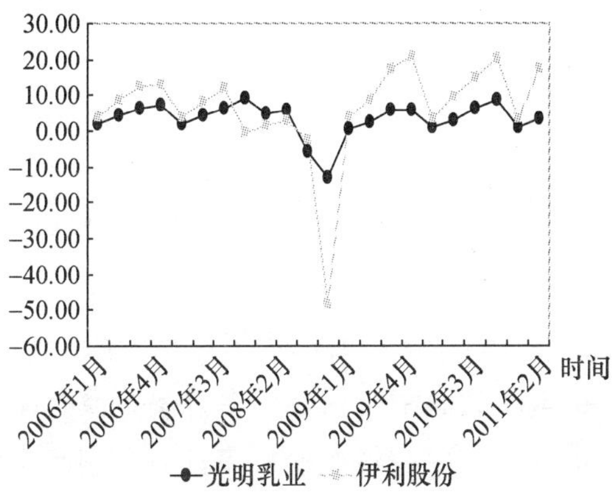

图 8－4 2006—2011 年每股收益

这些数据说明，“三聚氰胺毒奶粉”事件对企业的经营产生了较强的冲击，但却并不十分清楚该事件是通过影响哪些因素，最终反映在股价和盈利能力指标上的。因而，为了更详细地分析导致企业盈利能力下降的因素，将结合杜邦分析体系对盈利能力的重要指标——净资产收益率（ROE）进行分解。从财务角度分析，杜邦分析主要是通过揭示企业获利能力及权益乘数对净资产收益率的影响，以及各相关指标间相互影响作用关系（见图 8－5）。

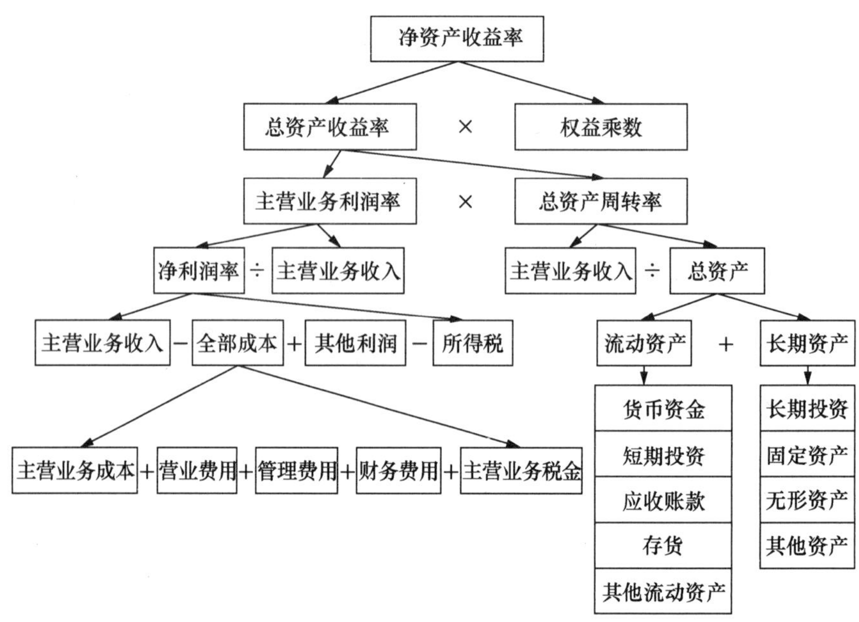

图 8－5　杜邦财务分析体系（以 ROE 为核心）

对盈利能力指标进行分解，有助于清晰地分析权益资本收益率的决定因素，以及销售净利润率与总资产周转率、债务比率之间的相关关系，可以为分析“三聚氰胺毒奶粉”事件对乳制品企业盈利方面的影响提供一份明确的路线图。

从表 8－9 可以看出，在影响净资产利润率因素中，权益乘数以及利润率因素在 2008 年第三、第四季度带来了负面影响，其中，销售净利润率降幅最大。而总资产周转率则影响较小。可见，毒奶粉事件对企业的主要影响仍是在产品销售层面，即事件引发的公众对乳制品的不信任感使相关企业利润率急剧下降，进而影响到其他绩效指标。

但是，还可以发现，当“三聚氰胺毒奶粉”事件逐渐平息之后，包括盈利能力、股价、每股收益等诸多指标在内的诸多财务指标反而有所上升。尤其是 2010 年以后，每股收益与净资产收益率上升幅度

表 8－9　　2007—2009 年各季度乳制品企业盈利能力指标

时间	2007 年第四季度	2008 年第一季度	2008 年第二季度	2008 年第三季度	2008 年第四季度	2009 年第一季度
伊利股份（600887）						
净利润率（净利润/主营业务收入）	－0.02	0.98	1.13	－0.54	－8.02	2.40
总资产周转率	2.21	0.46	1.06	1.74	1.97	0.43
权益乘数	2.56	2.39	2.51	2.58	3.14	4.14
光明乳业（600597）						
净利润率	2.45	6.21	3.72	－2.22	－3.64	0.32
总资产周转率	2.02	0.44	0.91	1.40	1.80	0.46
权益乘数	1.75	1.73	1.76	1.87	1.88	2.03

非常大，甚至超出了未出现毒奶粉事件之前 2006 年与 2007 年的最高水平。事实上，从图 8－2 也可发现这一现象，即股价的变动也具有类似的特征。反而使这起恶性食品安全事件对企业的各项指标出现了正向影响，令人难以相信，但这正是与此前所分析政府规制水平变动的作用相吻合的。

（三）营运能力

从营运能力看，2008 年，伊利股份的应收账款周转率显著下降，下降了 3.3 天，这种后果是与事件对销售额的影响直接相关的。但除此指标之外，其他能反映营运能力的指标在事件发生期却没有明显变化。一方面，乳制品企业的特殊性使其存货周转率保持恒定；另一方面，这也说明“三聚氰胺毒奶粉”事件对企业的不利影响更多地体现在销售额、利润率等盈利水平方面，并未影响到企业自身的经营和发展。诚然，其对营运能力的不利影响越小，企业就越容易从中恢复出来。同样，光明乳业的表现也证明了营运能力未受到不利影响的事实。光明乳业财务数据显示，2008 年其营运能力指标与 2007 年相比没有很大差异。

表 8－10　2007—2009 年各季度乳制品企业营运能力指标

伊利股份	2007 年				2008 年				2009 年			
季度	一	二	三	四	一	二	三	四	一	二	三	四
应收账款周转天数(天)	9.2	7.1	6.8	5.1	4.2	3.8	3.9	3.3	3.5	3.2	3.4	3.1
存货周转率(次)	1.8	4.4	7.2	8.9	1.9	4.2	6.9	8.4	1.8	4.6	7.7	8.2
应收账款周转率(次)	9.8	25.4	39.6	70.6	21.3	48.0	69.2	107.8	26.0	55.6	80.7	117.2
总资产周转率(次)	0.5	1.2	1.8	2.2	0.5	1.1	1.7	2.0	0.4	1.0	1.5	2.0
光明乳业	2007 年				2008 年				2009 年			
应收账款周转天数(天)	27.2	27.0	26.7	24.0	31.1	30.2	30.3	27.1	28.2	28.9	27.9	24.7
存货周转率(次)	2.6	5.2	8.4	10.8	2.3	4.1	7.4	8.5	2.0	4.1	6.7	8.8
应收账款周转率(次)	3.3	6.7	10.1	15.0	2.9	6.0	8.9	13.3	3.2	6.3	9.7	14.6
总资产周转率(次)	0.5	1.0	1.5	2.0	0.4	0.9	1.4	1.8	0.5	0.9	1.4	2.0

（四）偿债能力

通常来说，可衡量公司偿债能力的财务指标包括流动比率、速动比率、利息倍数等，典型的公认标准是 2∶1 的流动比率和 1∶1 的速动比率较好。图 8－6 为最具代表性的流动比率指标在 2006--2011 年不同季度的值。可以发现，流动比率指标纵向比较呈现平稳的形态，在事件发生后略有下降。

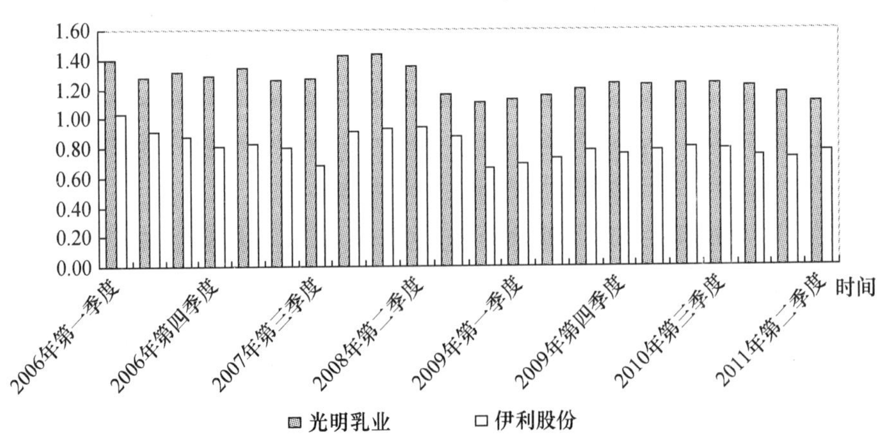

图 8－6　2006—2011 年乳制品企业流动比率

从其他营运指标来看，2008 年第四季度，伊利股份的速动比率为 0.41，比前三个季度有所下降，但并未明显低于 2007 年的水平；而光明乳业第四季度速动比率为 0.76，此前约为 1∶1，比伊利股份下降的幅度稍大。从这些数据指标可以总结出，乳制品企业的偿债能力也在一定程度上受到了“三聚氰胺毒奶粉”事件的打击，降低幅度为 20% 左右，并不十分明显。这也说明了虽然事件对股价、利润都产生了巨大的影响，但财务风险并未被扩大，因此，受到事件波及的企业由于财务而破产的风险仍在可控范围内。

（五）现金流分析

当前，对企业而言，现金的重要性早已达成共识，现金流也是一个企业的经营和发展的极大制约。但观察光明乳业和伊利股份的现金流情况（见图 8－7），2008 年事件发生期间，两家公司都未出现现金流方面的异常。以经营活动产生的现金流量净额与营业收入之比作为衡量指标，虽然两家公司该指标 2008 年下半年略有下降，但与其他年份的变动幅度差别不大，总体上说，仍是趋向平稳的。这也说明“三聚氰胺毒奶粉”事件并没有将相关企业拖入“利润下降—现金流受阻—发展不畅”的恶性循环，这也为乳制品行业尽快摆脱事件的不利影响提供了基础。

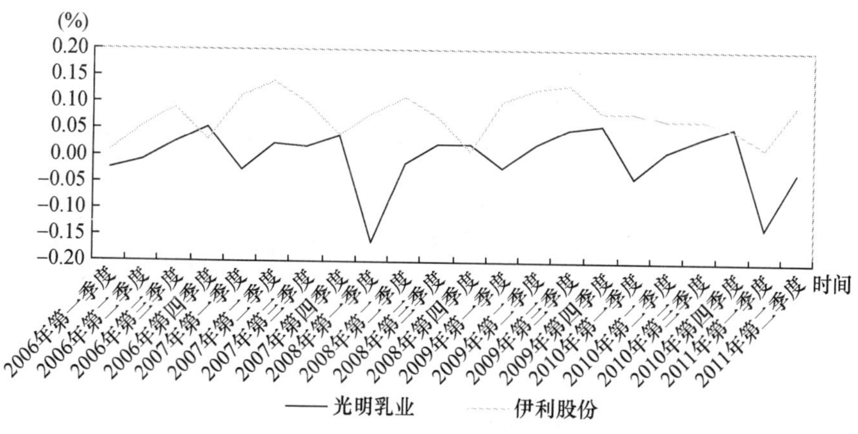

图 8－7　2006—2011 年乳制品企业经营活动产生的现金流量净额/营业收入

（六）发展前景分析

在财务指标分析体系中，增长率指标往往用来衡量企业的成长能力，因而，我们在表8－11中列出了两家典型乳制品企业的每股净资产以及总资产相对于年初的增长率情况，并且观察发现，同预期相一致，事件发生期间，这两家公司的成长能力指标都有大幅下降。

表8－11　2007—2009年各季度乳制品企业发展前景指标　单位：%

	年份	2007				2008				2009			
	季度	一	二	三	四	一	二	三	四	一	二	三	四
光明乳业	每股净资产增长率	1.9	−0.1	1.6	4.8	4.9	0.9	−10.3	−16.8	0.4	2.3	5.8	6.2
	资产增长率	0.28	3.8	5.7	4.5	3.2	3.1	2.9	−3.0	−0.2	5.6	11.0	2.1
伊利股份	每股净资产增长率	5.1	6.7	10.6	24.2	2.9	−11.7	−14.9	−44.8	4.3	9.2	18.9	23.5
	资产增长率	13.7	18.2	19.3	38.2	1.2	14.2	15.9	15.8	0.2	5.4	16.6	11.6

综上分析，可以发现，“三聚氰胺毒奶粉”事件在企业层面的影响是短期的，对企业的盈利能力产生了较大冲击，进而造成2008年下半年各项业绩指标下滑。但事件对企业自身的经营和发展却并未出现后续的不利影响，在事件过后的一年左右，以光明乳业和伊利股份为代表的大型乳制品企业财务与非财务指标都回到了事件前的水平，有的指标如资产增长率、利润率、股价等甚至较2007年出现了上升，这无疑是个更耐人寻味的现象。

第四节　“奶业标准降低”事件的博弈分析

“三聚氰胺毒奶粉”事件过后的几年时间，中国乳制品企业依靠其天然的成本优势，通过努力挽回损失的声誉，使整个行业发展再次步入正轨。但是，由于期间全国各地“地沟油”、河南双汇“瘦肉精”等食品安全问题的频繁发生，民众对政府食品安全规制的考问始终没有停止过，尤其是2011年河南双汇“瘦肉精”事件，再次让民众发现，地方政府与企业之间的同盟关系以及食品安全规制体系对企业行为约束的无力。面对上述情况，政府并非没有做出回应，但这种回应更多的是在事故发生之后，带有“一刀切”性质的“运动式治理”，而非从根源上对食品安全规制体制的改革。食品安全与煤矿安全有着类似的问题，甚至更为严重的问题。在本节中，将继续以“三聚氰胺毒奶粉”事件与“奶业标准降低”事件为例，对地方政府与企业同盟对社会性规制体系所造成的影响进行分析。

一　“三聚氰胺毒奶粉”事件之后的“运动式治理”

与上面列举的煤矿安全事故后都会出现短期内规制水平大幅上升的情况类似，当“三聚氰胺毒奶粉”事件发生之后，中央政府的介入同样带来了对乳制品行业规制力度的加强。表8－12中列举了事故发生之后，中央政府各部门的直接介入情况。此时，全国乳制品生产企业都面临来自政府与市场强大的压力，正常生产受到严重影响。事实上，在如此高的规制水平下，为了减少对企业经营产生的影响，一些产品中并未受到三聚氰胺污染的乳制品企业试图通过与有关部门进行沟通，希望能够以更具弹性的方式处理。2008年10月26日，由于云南的本地企业并未在之前的检测中发现其产品中含有三聚氰胺，该省乳品行业向有关部门提出书面申请，希望在对9月14日以前生产的乳制品下架工作中充分考虑云南的特殊情况，采取更人性化的处理方式，如通过“宽限”处理，但遭到有关部门的拒绝，并表示云南应该坚决严格执行国家的规定。由此可以看到，与煤矿安全领域出现的情况类似，在面临来自中央政府如此强大的压力下，地方政府与乳制品企业之间的同盟关系也很难保持。此时，政治激励显然比经济激励发挥了更大作用。而安全规制水平的短期内大幅提高在一定程度上成为乳制品行业市场表现下降的主要原因之一。

表 8－12　“三聚氰胺毒奶粉”事件发生后政府所采取的措施

时间	内容
2008 年 9 月 18 日	党中央、国务院做出重大部署。按照对奶制品进行全面检查的要求，国家质检总局在完成婴幼儿奶粉三聚氰胺全国专项监督检查后，又紧急组织开展了全国液态奶三聚氰胺专项检查。检查结果显示，市场上绝大部分液态奶是安全的
2008 年 9 月 18 日	国务院办公厅发出《关于废止食品质量免检制度的通知》，决定废止 1999 年 12 月 5 日发布的《国务院关于进一步加强产品质量工作若干问题的决定》（国发〔1999〕24 号）中有关食品质量免检制度的内容
2008 年 9 月 19 日	国家工商总局下发紧急通知，要求各地工商行政管理部门在积极清查含三聚氰胺婴幼儿配方奶粉的同时，将液态奶市场清查与婴幼儿配方奶粉市场清查统筹部署，统一安排，对市场上含三聚氰胺的液态奶，要立即责令停止销售、下架退市，对含有三聚氰胺的液态奶消费者要求退货的，经营者要按照原销售价格退款，不得减价压价。要严格跟踪监督，严防再次销售，确保辖区含三聚氰胺液态奶及时、彻底下架退市
2008 年 9 月 19 日	三鹿奶粉重大安全事故的发生，引起社会各界的广泛关注。中国各地紧急行动，成立或组建医疗督察组，确定收治疑难、危重患儿定点医院，确保救治肾结石患儿，并加强物价监管，稳定婴幼儿奶粉价格，维护市场稳定
2008 年 9 月 19 日	国务院要求开展奶制品行业整顿
2008 年 9 月 19 日	质检总局将严处奶粉事件中渎职质检人员
2008 年 9 月 25 日	为贯彻落实党中央、国务院关于做好婴幼儿奶粉事件处置工作的部署，国务院派出督查组赴重点省区开展督促检查
2008 年 10 月 14 日	国家质检总局、工业和信息化部、商务部、卫生部、工商总局、食品药品监督管理局《关于立即全面清理检查市场乳制品的紧急通知》

注：由作者依据新闻整理而成。

从政府管理角度来说，对乳制品行业长期维持高水平规制产生的成本也是难以接受的。事实上，除表 8－12 中所列举的内容以外，政府并未对食品安全规制体系进行大幅度改革，尤其是没有对规制机构职能设置进行调整。这就表明，在当前地方政府激励模式没有发生根本变化的情况下，对其外部约束同样没有发生根本变化，食品安全问题势必难以得到解决。之后发生的一连串食品安全事故也印证了上述判断。2009 年在原有《食品卫生法》基础上又出台了新的《食品安全法》，一定程度上为之后的食品安全规制体系改革奠定了法理基础。与前几章讲的内容相结合，我们可以更加清楚地看到，作为政府公共管理的重要工具，社会性规制应发挥的作用受到来自地方政府激励模式的影响，而未来很长一段时间内，政府势必都要在两者之间进行协调与权衡。

二　“奶业标准降低”事件过程中调整安全规制的博弈分析

2009 年《食品安全法》出台之后，卫生部陆续出台新的食品安全标准。由于“三聚氰胺毒奶粉”事件的发生，乳制品行业食品安全标准受到全社会关注。但是，标准出台后却饱受专家和舆论的诟病，“世界最差乳业标准”等一系列称谓被用来形容新的国家乳制品标准。那么，究竟这份被业内称为倒退的食品安全标准是如何出台的呢？正如之前提到的，食品安全规制作为政府进行公共管理的组成部分，在其发挥职能的过程中，势必将受到来自地方政府的干预。在前面分析的煤矿安全规制当中，这种干预更多地体现在规制执行过程当中，而在食品安全规制过程中，这种干预很明显体现在规制规则制定过程当中。这是地方政府在面临来自经济与政治两方面压力下对社会性规制的一种更为主动的干预，更能够体现中国当前实行的激励模式对地方政府行为所产生的影响。接下来，本章将采用一个简单的静态完全博弈模型，结合“三聚氰胺毒奶粉”事件对地方政府经济增长产生的负面影响，对“奶业标准降低”事件进行分析，尝试理顺两者之间的脉络连接，从而对地方政府激励模式对社会性规制的影响建立更加深刻的认识。

基于陈抗、希尔曼（Hillman）、顾清扬（2002）分析地方政府从“援助之手”到“攫取之手”行为变化的博弈模型，假设从行业发展中获取的预算收入分成比例为 α，其中，中央政府所占的比例为 α，地方政府所占的比例为 $1-\alpha$，由中央政府决定。N 是地方政府从行业发展中所获取的非预算收入，这部分收入不与中央政府分享。地方政府对安全规制的态度由变量 h 决定，而 h 是由地方政府激励水平决定的，当 h 越大时，地方政府所受激励水平越高，就越轻视安全规制。预算收入用 S 表示，与地方政府对安全规制的态度 h 成反比，且边际收益递减，即$S'(h)<0$，$S''(h)<0$。地方政府对安全规制的态度 h 与地方政府非预算收益 N 成正比，且边际收益递减，即 $N'(h)<0$，$N''(h)<0$。

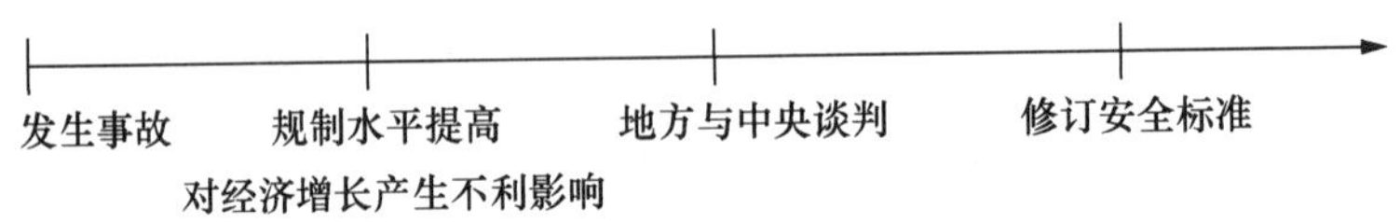

图 8－8 “奶业标准降低”事件的博弈顺序

毫无疑问，实施安全规制是会产生成本的。通常来讲，这部分包括直接成本和间接成本两部分，前者指的是实施安全规制过程中产生的人力、物力、财力消耗，后者指的是实施安全规制之后对行业发展产生的影响，由于中国安全规制体系不完善，导致“一刀切式治理”的广泛存在，因此，从长期来看，安全规制的间接成本要远远大于直接成本。为了简便起见，我们忽略安全规制造成的直接成本，仅考虑间接成本，由地方政府对安全规制的态度 h 决定。假设安全规制对中央政府产生的成本为 C，对地方政府产生的成本为 c。

此外，还需要结合对“三聚氰胺毒奶粉”事件的分析，对中央政府与地方政府之间的博弈进行说明。事件发生之后，乳制品行业受到重创，为了防止类似事件发生，地方政府消耗了大量成本来解决由此产生的问题。随着事件影响的逐渐消失，中央政府与地方政府之间展开关于安全规制体系改革的博弈。中央政府试图使地方政府更加重视对乳制品企业生产的规制，简言之，使地方政府提高 h，而地方政府则希望以更小的成本来实现对乳制品企业的规制，尽可能减少安全规制成本过高对自身收入的影响或者获得更高的财政分配额度，简言之，使中央政府减小 α。

接下来分别用C和L代表中央政府与地方政府从行业发展中获得的收入。中央政府的收入是行业发展中所获得预算内收入中归属中央政府的部分，并减去实施安全规制产生的成本：

$$C(\alpha,\ h) = \alpha S(h) - C(h) \tag{8-1}$$

地方政府的收入是行业发展中获取的预算内收入中属于地方财政的部分加上地方从企业所获取的非预算收入，并减去实施安全规制产生的成本：

$$L(\alpha,\ h) = (1-\alpha)S(h) + N(h) - c(h) \tag{8-2}$$

地方政府是否会选择重视安全规制执行，由收入最大化时的一阶条件来决定：

$$\frac{\partial L}{\partial h} = (1-\alpha)S'(h) + N'(h) - c'(h) \tag{8-3}$$

表8-13　“奶业标准降低”事件的博弈矩阵

地方政府		中央政府	
		提高安全标准	降低安全标准
	重视安全规制执行	A　a	B　b
	轻视安全规制执行	C　c	D　d

按照陈抗、希尔曼、顾清扬（2002）的分析思路，对于地方政府来说，如果事前给定α，则地方政府是否会选择重视安全规制执行取决于地方政府对待安全规制的态度h变化之后，对非预算收入变化的影响N′(h)以及规制成本变化的影响c′(h)。而在现实中，中央政府对于地方政府预算收入的分成比例在短期内通常都是稳定的，且目前保持一个较高的水平，因此可以认定，中央政府不愿意或者不会随意在与地方政府的博弈中对预算收入的分成比例进行较大调整。因为这样，不仅会影响地方政府收入，还会影响中央政府的收入。在这种情况下，中央政府如果想使地方政府更加重视安全规制的执行，所采取的措施只能是降低安全标准，使地方政府在与较低的标准下执行安全规制，以期减小对地方政府收入的影响。因此，对于中央政府来说，

降低安全标准是占优策略，即 $D>C$，$B>A$。

对于地方政府来说，要分两种情况进行分析：第一种情况，$N'(h)<c'(h)$。此时，如果地方政府重视食品安全规制执行，将使规制成本提高的速度大于非预算收入下降的速度，在这种情况下，所得到的结论与陈抗、希尔曼、顾清扬（2002）类似，地方政府的收入满足 $b>d>a>c$（见图 8－9），可以发现，地方政府此时的占优策略是更加重视食品安全规制，而双方的均衡结果是中央政府通过降低安全标准，换取地方政府更加重视安全规制执行。第二种情况，$N'(h)>c'(h)$。此时，如果地方政府重视食品安全规制，将使非预算收入下降速度大于规制成本提高的速度。在这种情况下，地方政府将不会选择重视安全规制，而将继续轻视安全规制（见图 8－10）。这是因为，轻视安全规制将使地方政府收入受到严重影响。此时，双方的均衡结果是即使中央政府降低安全标准，地方政府也不会重视安全规制执行，食品安全状况将变得更加糟糕。很明显，第二种情况是所有人都不愿意看到的结果。因此，中央政府将通过各种途径，一方面，分担地方政府执行安全规制的成本；另一方面，降低安全规制水平提高对地方政府非预算收入的影响，使其达到 $N'(h)<c'(h)$ 的情况，从而实现以中央降低标准为手段换取地方对安全规制执行的重视。

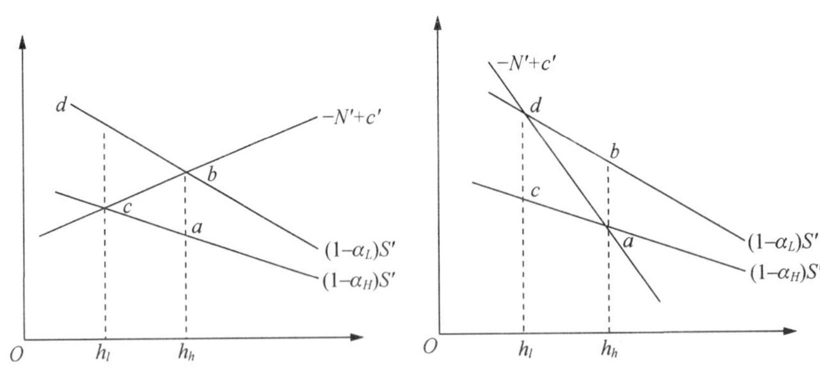

图 8－9　第一种情况下地方政府的反应函数

图 8－10　第二种情况下地方政府的反应函数

通过上述分析可以看到，在当前的激励范式下，无论是中央政府还是地方政府都难以真正将公共政策的重点放在安全规制上，直接后果是当前存在的安全问题变得越来越严峻。虽然通过中央政府降低安全标准，能够换取地方政府更加重视安全规制执行，但这种低水平的安全状态只能在短期内存在。从长期来看，随着人们对生活质量要求的提高，势必对包括食品安全在内的一系列社会性规制提出更高的要求，到那时，这种博弈均衡必然会被来自民众的干预所打破。但是，从改革视角来看，这种短期对安全问题的妥协能够为安全、健康、环境等社会性规制的改革争取时间，毕竟对长期以来形成的激励范式无论纵向还是横向调整，都需要大量的时间，以达到最小化摩擦成本的目的。

本章小结

本章中结合“三聚氰胺毒奶粉”事件和“奶业标准降低”事件两个发生在乳制品行业的典型案例，从地方政府与安全规制之间关系的视角出发，重点分析了“三聚氰胺毒奶粉”事件发生对乳制品行业以及重点企业产生的影响，并进一步发现，这些影响最终还将体现在地方政府的收入上。随后，我们以此为基础，进一步分析了“奶业标准降低”事件过程中的地方政府与中央政府的博弈情况，可以发现，在中央政府不想改变当前地方政府激励模式的情况下，如果要想使地方政府更加重视安全规制的执行，就必须要降低安全标准，唯有如此，才能保证地方政府能够从行业发展中获得的收入不受安全规制水平提高所产生的负面影响。而在保证自身收入不受影响的情况下，地方政府将会采取更加重视安全规制执行的策略，以防止安全事故的发生而使中央政府介入，让自身再次陷入类似于“三聚氰胺毒奶粉”事件当中。

从本章案例研究可以得到一些结论：（1）在当前的地方政府激励模式下，使地方政府经营化趋势的日益显著，行业以及企业发展对于地方政府完成经济目标显得十分重要，地方政府与企业之间势必会结成天然的同盟，这一同盟以自身收益最大化为目标，并对社会性规制体系的制定与执行造成了严重的负面影响。（2）地方政府与企业的同盟关系会使社会性规制在某些环节出现效果不佳甚至无效的情况，一旦社会性规制难以对企业行为进行有效约束，逐利倾向加之市场经济环境下激励的行业竞争将使某些企业出现违规的情况，并逐渐蔓延至整个行业，当这种行业性违规行为突破极限，成为严重影响社会或者市场秩序的行为时，中央政府将会介入，在短时间破坏地方政府与企业之间的同盟关系，在这种情况下，社会性规制成为应急管理工具，给地方政府、中央政府以及行业都造成了巨大的成本。（3）中央政府与地方政府都意识到这种成本难以承受，必须对规制体系进行调整。在中央政府短期内无法改变当前的激励模式时，选择降低社会性规制的标准，避免对地方政府正常运行造成影响，以换取地方政府对社会性规制的重视。

第九章　基于规制波动的工作场所安全问题治理

2015年8月12日，天津港发生的危化品爆炸事故轰动了世界，给周边群众以及相关企业人身财产造成巨大的损失，中国工作场所安全生产问题再次成为社会各界关注的焦点。事实上，天津港爆炸"8·12"事故之前，已有多地发生了类似的较小规模安全事故，但均未能阻碍"8·12"事故的发生，这与本书所描述的规制波动现象是完全一致的。这一现象的存在表明，当前中国工作场所安全问题并未得到有效解决，甚至存在恶化的趋势，相悖于当前国民经济社会发展的总体目标，理应引起社会的深刻思考。那么，如何在保证企业正常生产的前提下，有效地降低工作场所安全事故发生率，消除规制波动问题及其产生的负面影响，从根本上扭转安全生产形势，就成为我们必须重点关注的问题。这也是本章重点研究的问题。笔者发现，在"中央—地方—企业—工人"安全规制链条中，中国工作场所安全规制的显著特征是中央规制机构委托地方规制机构对当地企业安全生产进行规制，地方政府与企业自主生产的权利不断强化，极易导致合谋的存在，虽然工人能够委托规制机构约束企业生产，但由于其自身能力限制以及与企业目标函数的重叠，所产生的约束能力有限。因此，解决安全规制波动的关键在于如何斩断地方政府与企业之间的联系。

从发达国家的成功经验看，工作场所安全问题的解决并非简单地通过加大安全生产投入或提高规制强度就能实现，根本解决途径在于建立科学有效的安全生产规制体制，协调安全规制与经济发展之间的矛盾，一方面，最大限度地降低安全生产事故发生的概率；另一方面，保证生产水平，给予经济持续发展的动力。本章将围绕安全生产与经济发展之间的权衡，从规制波动视角看，从以下几个方面展开进行分析：中国工作场所安全规制的现状、安全生产规制问题的成因、发达国家安全生产规制的经验借鉴以及中国工作场所安全规制的重构。

第一节　中国工作场所安全规制特征

一　规制机构与被规制者的合谋

虽然合谋行为早就存在，但真正被经济学家关注还是20世纪之后的事情。张伯伦在研究寡头垄断企业时，从产业组织角度对合谋进行系统描述指出，在寡头垄断企业竞争过程中，企业管理者会意识到进行价格战并不是最佳选择，私下进行合作维持价格才是最优的，因此，寡头垄断企业能够以一种纯粹非合作方式进行勾结、达成默契合谋，来维持垄断价格。在早期，合谋理论主要被用来描述企业之间非正规合作行为，尤其是价格竞争中出现的默契合谋。随着信息经济学的发展，合谋理论研究范围得以拓展，越来越多的学者开始从合谋角度解释规制问题。而工作场所领域的合谋主要是指安全规制机构出于某种利益目的，放任甚至包庇被规制者违反安全生产的行为，提高了安全事故发生的概率。合谋是中国工作场所安全规制过程中广泛存在的现象和突出问题，也是改革开放之后导致中国安全事故频发的重要原因。聂辉华、蒋敏杰（2011）认为，政企合谋是导致中国社会性规制问题迟迟难以解决的关键。

目前，工作场所安全规制过程中的合谋主要体现在两个方面：第一，作为地方经济支柱，被规制者的生产经营状况与地方政府绩效的息息相关，在当前中央—地方两级政府激励模式下，地方政府具有强烈追求GDP发展的意愿，而追求利润又是企业的天性。在这种情况下，被规制者与地方政府的目标函数趋近于一致，地方政府会尽可能地为被规制者经营创造便利条件，降低生产成本，使被规制者生产经营利润最大化，而安全生产规制机构会成为被规制者违规生产的保护伞，掩盖被规制者的违规行为，甚至在发生安全事故之后仍然会帮助被规制者隐瞒事实真相，这是造成一些大型国有企业发生重大安全事故的主要原因。第二，从当前规制机构组织结构来看，中国工作场所安全规制机构所采取的是一种混合型结构设置，其中包括中央以及地方层次的产业性和部门性机构。出于推动经济发展的需要，在推行规制改革过程中，中央政府越来越倾向于将越来越多的规制权力下放给地方，这种改革在一定程度上增加了地方政府进行工作场所安全规制的积极性，但是，由于权力制衡机制的不完善，相对于中央机构，现行制度对地方规制机构的监督更为缺乏，这就为被规制者俘获规制机构提供了条件，增加了地方规制机构与被规制者的合谋。

二　过度规制情况严重

过度规制是工作场所安全生产过程中一个被广泛误解的现象。在日常生活中，诸如“集中整治”“专项治理”“狂飙行动”等词汇时常见诸报端，地方政府的各类执法部门也习惯于集中优势人力、物力资源，在短期内对违法违规现象进行治理。笔者认为，这一现象的出现是中国由计划经济向市场经济转型过程中法制建设相对不完善情况下的结果。

从执行效果来看，这种治理方式的确能够产生立竿见影的效果，这是由其外生的行政属性所决定的。然而，它对市场机制的扭曲也是非常明显的，更为重要的是，由于并未改变原有均衡，很容易出现执法期之后，企业仍然会采取原来的方式进行生产。因此，过度规制本身就蕴含着促使企业再次违规生产的逻辑。

目前，中国工作场所安全规制主要表现为以下两个方面：

第一，多头规制情况严重。以煤矿和非煤矿采掘业为例，一家企业从事正常经营活动需要经过政府若干部门的审批，看似严格的审批制度背后却隐藏着许多弊端，最为突出的是，安全规制的权责分配不清晰，导致缺乏明确的规制主体对安全规制负责，行政管理效率低下，一旦发生事故，复杂的组织结构会导致安全规制机构往往很难迅速做出反应，只能求助于更高一级的部门出面进行直接管理。

第二，规制强度变化幅度过大。目前，中国工作场所安全规制领域普遍存在的现象是“一管就严、一放就松”。未发生安全事故时，为刺激被规制者生产，保证地方经济增长，规制强度水平普遍较低；一旦某家企业发生安全事故，规制机构通常会采取停产整顿这样“一刀切”的办法，强制其他企业停产，使同行业许多企业受到牵连，严重影响行业的生产经营和地方经济发展。经过若干个月整顿后，为了弥补停产时所造成的损失，企业通常又会加班加点地生产，这就无形中增加了发生安全事故的概率，形成恶性循环。这是经济发展与安全规制之间矛盾的生动体现。除此之外，这种安全生产规制方式的副作用还不止如此，有些企业即使采取了安全生产，当同行业其他企业发生安全事故时，仍然难以避免停产整顿，无形中降低了这些企业保持安全生产的积极性，为事故的发生埋下了隐患。

三　规制手段单一

虽然中国工作场所安全规制的情况非常复杂，然而，目前规制机构所采取的管理手段仍然比较单一，这是因缺乏与政府其他机构协调造成的。整体上讲，由于合谋现象的普遍存在以及规制机构组织结构设置原因，中国工作场所安全规制仍然以事后治理为主，并且规制机构对企业经营活动的参与程度很低，甚至完全不了解企业生产流程，导致难以实施有效的监管。以煤矿安全规制为例，乡镇煤矿是违规生产的重灾区，农民工是这些煤矿的主要劳动力来源。目前，农民工市场对于乡镇煤矿是竞争市场，而对于农民工市场乡镇煤矿是垄断市场。乡镇煤矿的矿主可以任意使用这些廉价的劳动力，在目前事故责任赔偿制度不完善的情况下，用工成本较低成为乡镇煤矿疏于安全管理的重要原因之一。而对于煤矿安全规制机构来讲，农民工劳动力市场不在其管理范围之内。在地方政府强调经济发展、鼓励农民工就业的大背景下，安全规制机构得不到其他部门的政策支持，造成了安全规制机构无法有效地预防事故的发生，只能在事故发生后进行治理整顿。上述情况在其他社会性规制过程中也普遍存在。因此，从本质上说，规制手段单一是安全生产规制与政府其他政策之间缺乏协调，并且对企业经营活动参与程度偏低造成的，最终结果是规制机构在行使职能时缺乏必要的外部条件，导致事前规制难以发挥作用。

四　安全标准制定不合理

规制标准的制定是工作场所安全规制的起点，也是规制的重要内容。西方国家非常重视安全标准制定工作。例如，1971 年美国职业安全健康管理局颁布了著名的 OSHA 标准。1977 年美国通过《联邦矿业安全与健康法案》强化了治理力度。1978 年在联邦劳工部新成立矿业安全与卫生署，不断强化安全标准。事实上，西方国家很早就意识到完善的安全生产标准可以有效地将工作场所安全规制控制在合理的范围内，防止“极端规制”和“规制不足”等无效规制行为，这对于中国工作场所安全生产有着格外重要的意义。然而，中国工作场所安全标准存在诸多不合理之处。例如，按照 2011 年 11 月 1 日施行的《工伤保险条例》规定，工伤死亡赔偿标为 48 个月上年度全国城镇居民人均可支配收入的 20 倍，外加 6 个月丧葬补助金和供养亲属抚恤金，计算下来，工伤死亡的赔偿标准在 30 万元左右。虽然赔偿力度较 2004 年的标准有所提高，但整体仍然偏低，且对于赔偿流程未给予明确规定。美国在 1977 年《联邦矿山安全与健康法》中关于赔偿金部分制定了极为苛刻的标准和完整的赔偿制度以及流程，按照标准所做的规定：矿主事先交纳足够的事故处理保证金，对遇难人员的赔偿，高达 100 万—700 万美元，远远超过美国人均居民可支配收入。与美国相比，中国如此“低廉”的赔偿标准对长期在低安全水平条件下进行生产的企业无法起到震慑作用，导致企业存在较强违规生产的冲动。事实上，这一情况还会导致劣币驱逐良币的情况，相对于在低安全水平下进行生产的企业来说，在高水平下进行安全生产的企业，相当于要被迫接受一份额外成本，增加了其经营压力，一旦市场压力增加很容易被挤出。肖兴志、邓菁（2011）指出，在两个企业安全水平差异一定的条件下，较之低水平煤炭企业，高安全水平煤炭企业更偏好高标准。因此，适度严厉的安全规制标准可以为更安全的企业提供一种变相的补贴。

此外，安全生产标准是工作场所安全规制的重要标杆，目前，中国采用的安全标准体系普遍存在标龄长、标准老化等问题，在具体实施过程中缺乏必要的弹性。以采掘业为例，一方面，有些地区地质安全环境较好，如果按照安全标准，投资巨大，企业很难有动力去认真完成；另一方面，有些地区地质安全环境恶劣，按照已有的标准，根本无法达到安全生产的要求，企业乐于按照低标准进行生产。上述情况都会造成企业忽视安全生产的重要性，造成严重后果。

第二节　中国工作场所安全规制波动问题成因

2007 年诺奖得主、“机制设计之父”赫威茨（Hurwitz）认为，在市场经济中，每个理性经济人都会有自利的一面，其个人会按自利规则行动。如果能有一种制度安排，使行为人追求个人利益的行为正好与企业实现其价值最大化目标相吻合，这一制度安排就是“激励相容”。所谓激励不相容，是指制度安排使委托人和代理人之间的目标和行为出现不一致，对代理人未能形成激励作用，或者是代理人不按委托人利益行事，反而能够获取更大的收益。制度经济学在将市场泛化的基础上，认为制度的产生既源于交易成本又是为了降低交易成本。一种制度有没有效率，取决于施行这种制度的交易成本，而交易成本的高低则取决于这种制度是否“激励相容”，主要体现在两个方面：一是激励的一致性，二是激励的公平性。激励的一致性是指激励制度的设计要努力体现委托人和代理人目标的一致性；激励的公平性是指激励制度框架内的个体获得的激励要与其服从激励要求的努力相一致。在规制设计方面，激励的一致性可进一步理解为受托人将委托人目标作为其行动纲领；激励的公平性可理解为规制应针对不同被规制者设置不同的规制边界，强调对经营管理状况好的被规制者以更好的、更为宽松的发展环境，以此鼓励被规制者的发展。但是，由于“委托—代理”制度本身固有的局限性，受托人行为很有可能偏离委托人目标，从而导致激励不相容的出现。

如果从委托—代理角度理解工作场所安全规制，主要涉及三个行为主体：政府系统、被规制企业和工人，其中政府系统又包括中央与地方两级政府。根据不同行为主体之间的关系，在全部工作场所安全规制流程中，主要包括以下四层委托—代理关系：一是中央政府与地方政府的委托—代理关系；二是地方政府与规制企业的委托—代理关系；三是规制企业与工人的委托—代理关系；四是规制政府与工人的委托—代理关系。由于国情与所处发展阶段的特殊性，在中国工作场所安全规制中，第一层、第二层委托—代理关系占主导地位，第三层、第四层委托—代理关系处于次要地位。从已有经验来看，不同行为主体之间的激励不相容是中国工作场所安全问题难以解决的主要原因。进一步说，中央与地方两级政府的激励相容性随着经济发展与安全规制的动态变化而变化就是导致规制波动现象的最重要原因。

一　中央规制机构与地方规制机构规制目标激励不相容

中央与地方两级政府之间委托—代理关系中，地方政府拥有信息优势，处于代理人地位，而中央政府处于委托人地位，处于信息弱势地位。理论上说，信息不对称意味着代理人可能会利用信息优势谋取利益，有发生逆向选择与道德风险的可能。为了实现社会福利最大化，中央规制机构必定会通过各种宏观、微观的经济与政治手段对相关组织施加影响，以规范其行为。然而，由于现行政府激励模式的原因，中国中央与地方两级政府之间的关系比西方国家更为复杂。与大多数西方国家地方政府相比，中国地方政府承担了更多的任务，如引言中提到的，虽然当前中央政府对地方政府考核主要集中在经济绩效上，但并未放弃对工作场所安全方面的考核，至少从表面上看中央政府仍然是非常重视的。作为委托人，地方政府在完成中央政府考核任务时，必然会进行相机抉择，最大限度地使其自身利益最大化。因此，在所有工作开展过程中，中央与地方既有相一致的目标，又有相冲突的地方。当两者的利益目标出现差异时，就会出现激励不相容。以煤矿安全规制为例，中国煤矿安全规制实行的是“国家监察，地方规制，企业负责”模式，县级和镇级的地方政府是煤矿安全问题的规制者，但实际上，他们还有可能是自己辖区的矿山经营者。中国最丰富的煤炭资源主要位于贵州、四川、山西、河南、陕西、安徽和内蒙古等省份，还有黑龙江、辽宁等老工业基地。在这些省份，煤矿是许多地区的命脉，它不仅意味着创造大量的就业机会，还创造了地方税收，乡镇煤矿是一些地方政府收入最重要的来源。由于地方政府财力有限，经常要以这些煤炭企业的税收来支付自己的运转成本。当中央安全规制机构与地方安全规制机构目标不一致时，激励不相容就表现出来了：尽管国家三令五申要整顿乡镇煤矿，但地方政府执行时审查力度却大打折扣。上述情况的出现同地方政府需要依靠煤炭企业发展经济并与其紧密联系是分不开的。

二 安全投入期望与企业安全投入目标激励不相容

安全投入是企业实现安全生产的基本保证，安全规制的事前目标之一就是保证企业在预防发生事故上进行足够投入。目前，中国工作场所安全投入有两个主要来源：一是国家对安全投入的财政拨款；二是企业利用自有资金进行的安全投入。从规制波动视角来看，企业安全投入的不连续性是导致事故发生的主要原因，特别是在企业自有安全投入方面。

具体来说，企业利用自有资金进行安全投入存在着两个委托人，即地方政府和工人：地方政府从提高工作场所安全规制水平的目标出发，会委托企业加大安全投入的力度，并通过各种监管手段进行监督，以维护工作场所安全；工人从维护自身生命与健康安全的目的出发，同样会委托企业增加安全投入，以此创造一个安全的工作环境。因此，地方政府与工人的目标是确保最优的安全生产环境，而企业追求利润最大化目标，安全投入始终是作为企业成本来考虑的。安全投入的增加，必将在短期内影响企业的经济效益，增加安全投入与企业获取利润最大化的目标不一致。上述不一致主要有两个表现：

（一）地方政府安全投入标准与企业利益最大化的冲突

地方政府的目标在于引导企业进行必要的安全投资，而企业目标在于获取最大利润，希望受到尽量少的约束。当遵守规制的成本大于违规的成本时，被规制企业往往采取其他手段，如“寻租”来逃避企业安全投入的规制。仍以乡镇煤矿为例，乡镇煤矿遵循正常安全规制程序的成本往往要高于大型煤矿：第一，乡镇煤矿的经营往往是短期的，因此，煤矿主就为了提高短期利润，尽可能地削减安全投入，降低成本。第二，小煤矿的劳动力流动性往往很高，矿主大多不愿意对工人进行安全培训。为了保证小煤矿能够正常进行，对地方政府官员进行寻租便成为矿主进行安全投资的一种替代。通过寻租，使负责审批经营许可证的政府官员和矿主之间存在共同利益，造成地方安全审查力度大打折扣，这也是造成生产事故频发的主要原因。

（二）企业安全投入与工人安全需求的冲突

工人工作时面临的安全风险客观存在，工人对工作场所生命安全和健康的风险认识与客观存在的风险不同，主观感觉的风险与工作场所中实际存在的安全风险也不相等。在实践中，工人往往倾向于过高估计一些出现概率较低的风险，如对机器设备不够警惕而导致的安全风险，而对一些出现概率较高的风险，如过度暴露在放射物质下而导致的健康风险却往往估计较低。企业对于安全风险的信息的掌握程度远远大于工人，在追求企业利益最大化的指导下，企业隐瞒风险的动机远远大于加大安全投入的动机。

图9－1描述了工人对有关工作场所可能存在风险的理性决定。因为对于某些特定的生产过程，有可能使工人面临着受伤害的特定风险，所以，假定存在一个风险市场，在这个风险市场中，需求曲线 D 代表工人劳动的边际收益，工资水平 W_0 代表现行市场上在“无风险”工作环境中同类劳动的工资。如果生产产品的劳动是无风险的，劳动的供给为 S_0。但是在实践中，由于提高安全水平是有成本的，无法选择一个没有健康式安全风险的水平，因此有效的劳动供给是由向右上方倾斜的供给曲线 S 来表示，它表示随着就业的增加，工人对风险的反应也会发生变化。劳动供给曲线 S 向右上方倾斜是因为不同的工人对风险的偏好是不同的，那些风险偏好大的工人最先被雇用，只有当厂商提高工资以增加风险溢价来吸引那些不那么愿意接受风险的工人工作，才会有更多的人受雇就业，但是，随着厂商不断扩大其雇用工人的数量，愿意承担风险的劳动者越来越少，风险的经济成本就会上升。由此可以分析工人对风险的理性选择。如图9－1所示，支付给甘冒风险的工人的工资是 W_1，高于无风险工资 W_0，W_1-W_0 就是级差工资报酬。假设有风险生产的市场就业是 N_1，低于完全无风险

时的就业量 N_0，由于大多数工人对风险偏好是中性的，所以就有可能选择两者之间的风险水平，获取 W_2 数量的工资，此时，风险市场的就业量为 N_2。

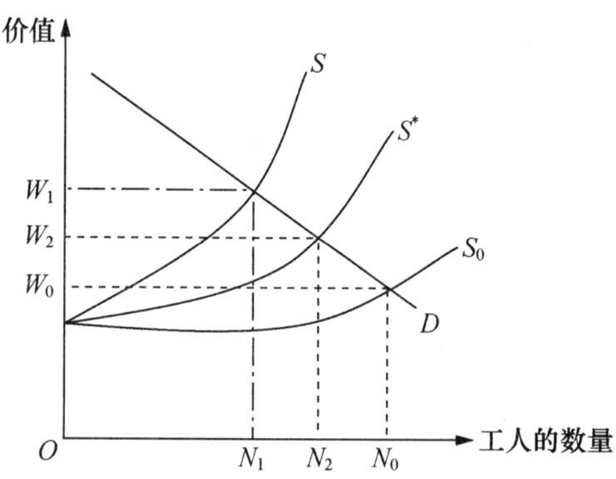

图 9－1　理性的工人行为

以上是工人在理性状况下做出的选择，而中国工作场所安全领域的工人却很难做到对风险的理性判断，这主要受到两方面因素的制约：

第一，工人自身缺乏判断风险的能力。2006 年 11 月 14 日，据国家安全生产监督管理总局副局长孙华山披露，农民工问题已成为中国安全生产中的突出问题，中国高危行业从业人员中农民工已过半。煤矿、非煤矿山、建筑施工等高危行业的从业人员中，农民工占 56%。全国 3000 多万人的建筑施工队伍中，约 80% 是农民工。通常，他们在进入工作前没有接受过什么正规培训，因此缺乏减少与防止事故发生和事故发生后的应付措施的知识和技能。此外，他们与企业之间并没有签订正式的用工合同，一般都是收取计件工资，所以倾向于每天工作更长的时间，暴露在危险环境中的时间比较长，这也增大了事故发生的概率。

第二，现有就业环境制约了工人对风险的自主选择。在中国经济转型过程中，农村剩余劳动力大量出现，大多数均是仅受过初等教育的农民，在劳动力市场上缺乏竞争优势，从事高风险工作是他们无奈而非普通的职业选择。贫穷迫使他们接受不同寻常的、艰苦的工作环境，甚至在非法企业工作，用自己的生命做赌注，以换取微薄的收入。近年来，随着经济发展，上述情况有所减少，但整体来看，劳动力整体素质偏低的情况并未出现明显改善。

三　事故责任与赔偿责任激励不相容

工作场所安全事故赔偿的实质是事故责任的确认与分担。从政策设计的初衷看，中国工作场所安全事故赔偿是要形成以企业承担赔偿责任为主、国家承担救济性责任为辅的格局。但是，从政策执行结果来看，事故损失由于两个原因而出现了外部化转移：一方面，如果企业经营者有足够的经济实力，会尽量选择与矿工“私了”，尽可能利用信息不对称或者其他非法手段降低赔偿成本，在遇到一些法律素质较低的工人时，这一手段往往会比较有效。另一方面，如果企业自身经济能力有限，则难以承担事故全部责任。其后果是前者导致企业对工人生命价值的蔑视，造成价格的扭曲，事故损失向矿工转移；后者则导致国家救济性责任为主，造成事故赔偿责任主体的错位，事故损失外部转移至政府和社会。然而，从规制波动视角来看，无论上述哪种情况，事故赔偿都是偏低的，最终会导致企业在恢复正常经营活动之后更有动机进行违规生产。接下来，笔者对这两种情况进行更详细的分析。

（一）企业难以受到事故赔偿责任约束

如图9-2所示，横轴表示安全水平，安全水平由原点向右逐渐增加。纵轴表示费用，包括事故损失和预防成本。事故的总损失用 C_1 表示，并假定在任意安全水平上，事故损失是恒定的，从而 C_1 曲线是一条水平线，C_1 曲线在纵轴上的移动，代表着事故损失的增加或减少。C_2 表示规制体系不成熟时企业支付的总损失，在图9-2中，C_2 低于 C_1，说明企业所承担的损失小于事故的总损失。事故损失外部化现象是客观存在的，C_1-C_2 即代表外部化的这部分损失，在一定范围内，其值恒定。C_3 曲线代表企业特定事故风险的消除成本，消除成本随安全水平的提高而增加，因为当安全水平较低时，容易找到简单廉价的改进措施，消除成本相应也较低。随着安全水平的持续提高，安全投资的成本有上升的趋势，从而消除成本也随之增加。

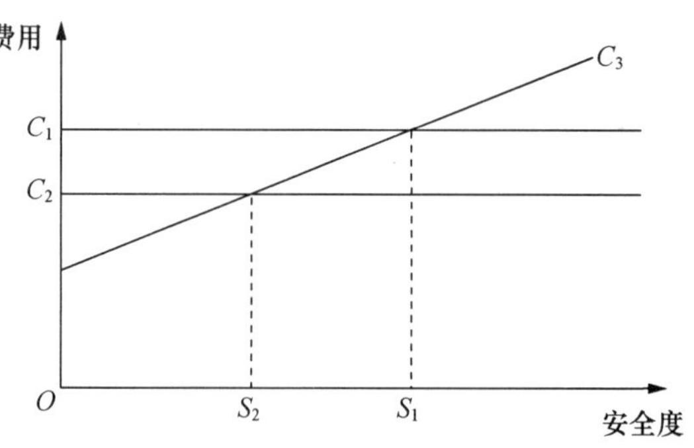

图 9－2　　事故损失和预防成本

由图 9－2 可知，如果消除全部损失 C_1，则企业安全点应该在 S_1。然而，企业从自身利益出发，安全点就会定在 S_2，从而企业能将事故损失进行外部转移。从外部损失的角度看，应当将损失 C_1 而非 C_2 施加到企业，即实行企业支付原则。以煤矿事故赔偿为例，目前，中国的矿难赔偿金额虽已形成 20 万元/人的隐性标准，但矿难事故赔偿低于 20 万元的现象仍然存在，如 2004 年 11 月 20 日，河北邢台沙河铁矿矿难，基本赔偿金额为 48000 元，供养直系亲属抚恤金按每个家庭供养直系亲属实际情况计算；2005 年 2 月 14 日，辽宁孙家湾煤矿事故遇难者家属所获保险金额仅为 6 万元。这也正好解释了根据一般事故调查分析的结果：安全事故发生后，大部分事故损失并非由矿主承担，而是由工人及其家庭，以及社会共同承担。如果制度设计不能有效阻止事故损失向外部转移，事故赔偿制度对企业是否加大安全投资决策的影响力有限。

（二）政府的救济性责任成了事故损失赔偿机制的主体

政府规制机构的主要职责是对市场主体的行为进行有效监督，而不是直接承担原本应由企业承担的经济后果。工作场所安全事故属于工伤事故，国家并没有法律上的赔偿责任，也没有赔偿义务。中国对于事故赔偿的处理，却为企业“搭便车”提供了条件，从而出现事故赔偿政府买单的不正常现象。这是导致规制波动现象长期存在的重要原因之一。

从生命价值角度看，当前中国事故赔偿标准偏低，加大事故赔偿和处罚力度是完善事故赔偿制度的重要方向。但是，这也需要进行系统设计。如果政府对事故赔偿的规制置各种深层次的原因于不顾，而仅停留在提高赔偿标准层面，那么，就很可能会导致两方面问题的出现：第一，加大企业在工作场所事故发生后隐瞒的可能性，从而增加规制机构获得信息的成本；第二，影响企业的投资热情，导致正常的经营生产活动受限。此外，政府对事故赔偿的介入为企业将事故损失外部化提供了可乘之机，其政策结果是补贴了企业，破坏了公平竞争的市场环境，也对那些遵循安全规制的企业造成了不利影响。

第三节　发达国家工作场所安全规制经验借鉴

工作场所安全问题历来为西方国家重视，发达国家围绕消除安全隐患的相关工作起步较早。目前，欧美等西方国家已经在立法、规制机构构建、执行等方面积累了非常丰富的经验，形成了较为完善的安全生产规制体系，其中诸多做法对中国安全规制体系构建具有重要借鉴意义。正是由于存在上述保障，西方国家才未出现规制波动的情况，从之前的分析看，规制波动产生的主要原因有两个：第一，地方政府在经济增长与安全规制之间进行相机抉择；第二，规制机构依附于地方政府，并非是独立的。前者是立法原因；后者则是机构设置问题。因此，在本节中，笔者将围绕立法与机构设置两个主题对西方国家的经验进行系统介绍。

一　工作场所安全规制立法

美国是世界上工作场所伤亡率最低的国家之一，这与其在安全生产规制立法方面的成就分不开。1970 年，美国国会颁布了《职业安全卫生法》，这部法律明确划分了雇主在安全生产方面的一般和特殊责任，详细规定了不同工作场所下安全规制中的细节，并强制要求雇主履行。随后几十年间，这部法律被不断地增补修订，目前已经相当完善，成为美国安全生产规制的代名词。

英国早在1850年就颁布了第一部安全生产规制方面的法律——《煤矿监察法》，其内容包括设立安全管理员、用电安全及救护措施等，随后对其不断修订，并且进一步颁布了《矿山与采石场法》等相关法律予以补充。1974年，英国国会颁布了《职业健康与安全法》，对雇主在安全生产方面提出了一系列强制性标准，其中包括：雇主对员工的职业安全负有责任、为工人提供符合安全要求的工作现场等，标志着安全生产规制立法进入了一个崭新的时代。目前，英国在安全生产规制方面颁布的法律已经有50多个，形成了较为完善的安全规制法律体系。

二 工作场所安全规制机构设置

美国主要是联邦政府负责安全生产规制的部门与州政府相应部门一起构成相互制约、综合有效的机构体系，实现对工作场所安全各个环节的严格规制。其中，联邦政府专门负责安全规制的部门是劳工部下属的职业安全卫生管理局，这一部门是1970年按照《职业安全卫生法》规定成立的，下属国家项目部（DCSP）、标准指导部（DSG）、科学技术医药部（DSTM）、执行项目部（DEP）、评估分析部（DEA）以及全国范围专门负责各区域职业安全规制的10个办公室。此外，各州有相对独立的州立职业安全与健康管理局执行州立项目，这些州立项目根据自身实际情况，建立更加适宜的地方职业安全法规进行规制。联邦政府机构与地方之间既相互配合又依法独立行使职责。

日本也是安全生产规制体系运行较好的国家，近年来，工伤人数都稳定在1500人左右，这对于一个拥有5356万劳动力的国家来讲，所取得的成绩是显而易见的。日本的安全生产规制机构分为政府机构和非政府机构两部分。

厚生劳动省是负责安全生产规制的中央政府机构，安全规制工作由其下属的劳动标准局负责，下设政策法规课、安全课、劳动卫生课、化学物质调查课。每个县一级地方政府都设有地方劳动局，机构设置比照中央一级政府，除此之外，还设有343个劳动基准监察办公室，负责辖区内的安全规制工作。

非政府安全生产规制机构的设置是日本安全规制体系的特色，类似于其他国家的行业协会，但所发挥的职能要大于行业协会。依据《工业事故预防组织条例》的规定，这样的非政府组织共有6个，即日本职业安全卫生协会（JISHA）、日本建筑安全卫生协会（JC-SHA）、日本道路运输安全卫生协会、日本港口工伤事故预防协会（PCAPA）、森林和木材加工事故预防协会和日本矿山安全卫生协会。这些协会主要负责以下工作：协助企业预防安全事故、在安全生产方面提供技术支持、提供安全生产培训服务、开展研究工作、制定日本职业安全标准、帮助中小企业培训安全管理人员等。

第四节 中国工作场所安全规制体制重构

一 创新安全规制制度，推动中央与地方规制机构安全规制目标激励相容

中国工作场所安全规制激励不相容的根源在于多层次委托—代理关系下规制机构激励手段的缺乏。由于中国现有的工作场所安全规制手段较为单一，出现政府失灵的概率较高，经常会出现规制目标难以实现的情况。在实际操作中，如果能够通过市场方式控制工作场所安全风险，则能更好地引导企业自觉地降低各类风险。在绝大多数情况下，市场机制自身是非常有效的资源配置的手段，它能够充分克服行政干预对企业生产经营活动的扭曲。因此，市场机制能够有效地克服行政手段产生的扭曲，最大限度地消除规制波动对企业生产经营活动的影响。为了确保市场机制作用能够充分发挥作用，需要通过制度创新，为中央—地方两级政府、地方政府与企业之间实现激励相容创造条件，而前者是关键。对于需要地方政府配合的事项，中央政府应按照制度的规定予以鼓励，此时形成中央—地方两级政府之间的正向激

励相容；而对于地方政府不予配合的事项，中央政府相应地实施约束政策，特别是对严重失信的地方政府应予以重罚，形成中央—地方两级政府的负向激励相容。

（一）加强规制机构独立性能够促进中央—地方两级政府之间的激励相容

中央—地方两级政府之间的委托—代理关系中存在激励不相容的一个重要因素是地方政府对地方工作场所安全规制机构的影响。当地方利益和安全规制利益存在矛盾和冲突时，地方工作场所安全规制机构往往处于一个比较尴尬的地位：一方面，规制机构在人事、工资等方面隶属于地方政府；另一方面，规制机构的规制目标与地方政府的目标存在不一致的地方。规制机构独立性主要包括两层含义：一是规制机构与被规制企业的独立，即通常所说的“政企分开”。二是规制机构在实施规制政策时应与政府其他机构相对独立。2000 年，中国借鉴世界产煤国的通用做法，推行了新的煤矿安全监察体制即建立垂直管理，将安全管理和安全监督分开，建立垂直管理的煤矿安全监察体制，有利于各级煤矿安全监察机构独立行使执法监督权。但这一监察体制执行七年的结果还存在许多不尽如人意之处，对权力的“寻租”行为还需要加强监控，防止独立后的下级安全规制机构的“寻租”行为发生。

（二）矿产资源使用制度改革能够改善规制机构和地方政府之间的激励相容

科斯第二定理说明，如果交易费用大于零，不同的产权界定将会导致不同的资源配置效率。以矿产资源为例，通过产权制度改革，对工矿企业，尤其是煤炭企业安全规制的改善具有重要意义。中国矿藏的所有权虽然属于国家，但是为了降低交易费用，国家将矿藏所有权以法律形式分配给各级地方政府，地方政府作为国家代理人全权掌握着矿藏的配置。这种做法使得地方政府的目标函数十分复杂，会导致“寻租”和地方保护主义，从而使安全规制流于形式。因此，中央政府应尽快推行资源有偿使用制度，对资源进行公开拍卖，创建公开、平等、竞争、择优的市场环境和良好的规制环境，削弱地方政府“寻租”可能，把有限的煤矿资源配置到最具效率的企业中去。

（三）改革现行财税制度能够改善中央政府和各级政府之间的激励相容

资源税和增值税是地方政府财政收入的主要来源。地方政府与中央政府的利益平衡被打破时，地方政府能够在其单独行动范围内选择自身利益最大策略，从而在一定程度上忽视对工作场所的安全规制。规范增值税纳税地点，明确收入归属，有利于解决内在制度演进中的违规行为；改革资源税制度，提高资源税单位税额标准，有利于形成合理的市场价格；调整资源税的征税依据，使对企业产量的外在约束内在化，有利于化解短期利益与长期利益的矛盾；定期分析评定资源等级、分析资源税税负水平，有利于确保资源税保持相对稳定的税负率，调节级差收入，建立调整资源税的长效机制。总之，通过财税政策的调整，能够解决政府间利益分享问题，重塑安全规制机制。

二　制定更为合理的安全标准

目前，工作场所安全标准水平的设定有技术标准原则和成本收益原则两种方式。技术标准原则是将标准水平设置在现有技术条件下所能达到的最安全水平；而成本收益原则将标准水平设置在规制的边际成本与边际收益相抵之处。技术标准原则较为严苛，而成本收益原则更注重规制的经济效率。图 9－3 给出了两种标准水平设计原则的直观解释。假设单位安全边际收益值不变，那么安全收益曲线将趋于平坦。因为提高安全是越来越昂贵的过程，所以供给安全的边际成本呈上升趋势。超越现有技术水平，增加安全变得无比昂贵，所以安全的边际成本曲线尾部十分陡峭。图 9－3 中的 S_2 点处为技术标准原则下的标准水平，S_1 点处为成本—收益原则下的标准水平。

规制机构的策略是在边际成本曲线上寻找一个点，在这个点上会使增加安全变得无比昂贵，即坚持技术标准原则，其选择的安全水平在点 S_2，但成本—收益原则下有效的安全水平在点 S_1。在理想状态下，规制机构应该允许企业以尽可能低的成本达到指定的安全水平，从而与已明确的可强制执行的规制条件相一致，即在技术标准原则下进行成本—收益比较。在具体操作中，规制机构应该在不危害工人安

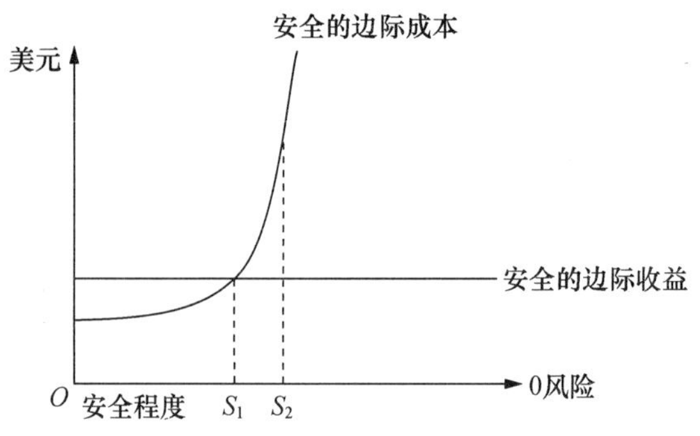

图 9-3 规制标准水平的设定

全的前提下使其规制方法更灵活，因为对高风险行业的安全规制，如果有效保证安全和健康没法让它们盈利的话，它们就会停止经营。因此，规制标准的制定应该既考虑规制机构的规制要求，又考虑企业正常的经济利益，促进两者的激励相容。

根据上述分析，政府在安全标准方面应完成以下两方面的工作：

首先，应当健全并适当提高企业责任事故惩罚标准和工伤事故死亡职工赔偿标准。在中国，安全事故的惩罚和补偿成本相对较低。低额的惩罚标准导致低水平的规制标准对企业提高安全水平不能提供足够的激励。因此，现阶段，提高事故惩罚标准对我国降低安全事故发生率和死亡人数具有重要的推动作用。提高企业的事故处理成本，有助于杜绝企业的投机行为，降低企业危险生产的收益率，提高风险成本，引导企业积极提高安全生产水平，间接的经济激励能够更有效地辅助安全监管部门实现规制效果。

其次，以提高安全规制标准为基础，完善安全投入补贴等综合配套政策。提高安全规制标准并不是指将安全标准作为对安全生产规制工作的唯一手段，而应该结合补贴政策加以综合使用，因为高标准会导致安全水平低的煤炭企业产生无利可图的预期。用于安全改进的政策性补贴，既可以促进安全水平低的企业进行生产改进，同时可以保证生产产量。完善的安全规制标准与安全补贴政策相结合，有助于整个行业安全水平的提高，实现社会效益和经济效益的共同提高。在确保规制标准得以有效执行的情况下，解决中国的安全事故问题还需要借助科技的力量，将科技融入中国安全生产过程的每一个细节中。

三　建立和完善第三方工伤事故保险赔偿机制

单纯由企业承担事故赔偿主要责任的赔偿机制，可能诱使企业将事故损失外部化即转移给政府和个人，一个合理的解决方式是建立由第三方设立的保险机构，在事故发生之后，由保险机构来承担赔偿责任，从而真正实现工人安全目标与企业事故赔偿责任的激励相容。第三方保险机构是与企业和市场之外的一个独立机构。对工作场所中的一些高风险行业，通过保险制度的改进来化解出现意外时的救济与赔偿问题，是目前国外在这方面比较成熟的做法。它可以解决中国事故赔偿机制的以下问题：

首先，事故赔偿金由保险公司支付，一方面可以避免政府“买单”的尴尬，另一方面也能加大企业安全投资约束。保险公司是独立的市场机制运行主体，从自身成本—收益考虑，对于参加保险的企业，保险公司会对其安全投资的状况和事故发生概率进行严格的评估，安全投资状况差、事故发生概率高的企业，必定要求高额的保险费用；而安全投资状况好、事故发生概率低的企业，其保险费用也较低。如果企业选择不加入保险机制，发生事故时，就只能由自己完全承担赔偿责任。保险机制的存在，客观上造成了对企业安全投资的约束，随着事故赔偿金额的加大和保险机制的完善，这一约束作用也将日趋明显。

其次，保险机制的引入，有利于事故赔偿支付方式的完善。中国事故赔偿金采取的是一次全额发放的方式，在经济不发达地区，容易造成价格信号的扭曲，导致矿工对自身生命价值的轻视，也容易造成事故赔偿金的挪用。而在事故保险赔偿机制下，工人及其家属所得到的是持续的、有保障的、数量合理的经济赔偿，赔偿方式更加合理。以美国为例，2006 年 1 月 2 日美国发生的萨戈矿难（Sago Disaster），保险公司为遇难的 12 名矿工发放了 5000 美元的丧葬补贴，遇难者的亲属，包括父母、配偶或者未成年子女，提供每星期 568.78 美元的生活补贴，而且这笔补贴将一直维持到遇难矿工父母或配偶 70 岁，未成年子女可享受这笔补贴至18岁，如果子女继续上大学，则一直支付到25岁。矿难中的受伤者，美国的保险公司为其提供相关的医疗费用和误工费用的补偿，根据其伤势发展，还将提供劳工伤残补贴和意外伤残保险赔偿等，具体数额视伤者的病情和未来身体状况而定。这对中国建立和完善事故的保险赔偿机制，无疑有着积极的借鉴意义。

四　实施安全生产基金制度

安全生产基金制度能通过以下方式促进工作场所安全规制的激励相容：一是设立由中央—地方两级政府同时参与管理的安全生产基金。这种基金在狭义的概念上是由两部分组成，一部分为地方政府按照一定的标准向中央政府上交一定的资金，另一部分为中央政府对地方政府的奖励资金；二是受规制企业按照一定标准预留资金并在利润积累中计提安全费用进行专户存储，三是对于安全状态良好的企业，可按一定比例逐年返还基金；对于发生安全事故的企业，可将基金直接用于安全事故救助。安全基金制度的建立，可以筹集较多资金用于防范工作场所安全风险，提高规制机构的督管约束力和企业安全生产隐患排查意识，加强安全生产规制，督促企业把经营与安全管理结合起来，预防或减少工作场所安全事故的发生。

第十章　主要结论、政策含义与研究展望

第一节　主要结论

第一，在转型期背景下，地方政府承担的角色非常重要，并且其目标函数与现代规制经济学中关于政府的假设不同。简言之，在当前的政绩考核机制下，所设置的考核指标过于偏向经济增长，忽视了对社会福利水平的考核。在这种情况下，中国地方政府的目标并非是社会福利最大化，而是在社会福利水平相对稳定的情况下，本地经济是否能够实现高速增长。因此，本书论证了地方政府为了完成政绩考核指标必然偏离社会福利最大化假设下的最优决策，或者说，以其自身收益最大化为目标，这种偏离在推动经济增长的同时还会大幅度增加安全事故的发生概率。

第二，始于选举政治的地方政府激励理论被经济学者广泛地用于解释中国改革开放之后的经济增长现象，其中影响力最大的是钱颖一提出的“中国特色的财政联邦主义”理论与周黎安提出的“晋升锦标赛治理模式”理论，分别代表中央政府对地方政府的经济激励与政治激励。上述理论的提出使国内开始从地方政府激励视角来分析中国经济增长问题。但是，随着近年来安全、环境、健康等事故频发，人们开始意识到社会性规制环节不断出现问题。从地方政府激励视角看对目前各个领域安全事故频发的根本原因进行分析。本书通过研究发现，过度的地方政府激励以及日渐硬化的社会稳定约束使地方政府目标函数表现出明显的双重性特征，地方政府需要在经济增长与社会稳

定之间不断地进行协调，直接表现是地方经济增长与社会性规制之间的冲突，规制波动就是这种冲突的具体形式。

第三，以煤矿安全规制领域出现的波动问题为例，本书从“一刀切式治理”现象为研究出发点，对安全规制波动形成的机理和原因进行了深入分析。研究结论显示，在不存在地方政府对企业生产经营进行干预的情况下，地方政府将会选择低水平的安全规制，而这一结论所隐含的政策启示是消除地方政府的双重目标。很显然，这在短期内是难以实现的。因此，即使地方政府不去刻意与企业进行合谋，在政治和财政的双重激励下，也不会选择高水平安全规制。而发生事故之后，为了维护社会稳定，中央政府的强力介入使地方政府与企业之间的任何私下协议都变得毫无意义，地方政府只能选择高水平安全规制，直到事故影响消失，形成了“发生事故→规制水平提高→事故影响减弱→规制水平降低→发生下一次事故”的内生循环。这也能够充分解释为什么目前中国安全事故的发生如此频繁，而解决起来为何又如此困难。进一步地，本书还讨论了引入工人作为第三方规制解决规制波动问题的可能性，研究结论显示，虽然这一措施难以从根本上消除安全规制波动，但在激励范式短期内难以发生变化的情况下，是解决安全规制波动较为稳妥的方式。

第四，基于对煤矿安全规制水平波动现象形成原因的理论分析，本书采用非线性 STR 模型研究安全规制对煤矿生产造成的影响。根据实证分析结果发现：（1）中国煤矿安全规制对煤炭产量具有显著的非线性特征。（2）当开关函数等于 1 时，安全规制对煤炭产量的影响较大；而当开关函数变为 0 时，安全规制对煤炭产量的影响明显变小，并且模型在非线性和线性两种状态之间的转换速度很快。（3）安全规制对煤矿生产的非对称影响将造成煤炭企业生产效率的损失以及安全违规现象的增多。

第五，在对安全规制波动内生性影响进行实证分析之后，线性计量方法研究结论显示，前期发生的事故必然会导致后期安全规制水平的提高，而在没有其他外力影响的情况下，这种冲击所造成的安全规制水平提高将会维持较长的一段，这显示了事故发生之后，煤矿安全规制体系所进行的自我弥补过程；而非线性计量方法的研究结论表明，煤矿安全规制大致可以划分出三个运行状态，即小于2.163的低规制水平状态、大于2.163且小于3.246的正常状态以及大于3.246的高规制水平状态，仅在处于正常状态时，煤矿安全规制是有效的，在高水平规制状态与低水平规制状态下规制都将是无效的。此外，研究结论还显示，即使不满足规制独立性这一前提条件，在特定情况下，煤矿安全规制仍然是有效的。

第六，结合“三聚氰胺毒奶粉”事件和“奶业标准降低”事件典型案例，本书从地方政府与安全规制之间关系的视角出发，重点分析了“三聚氰胺毒奶粉”事件发生对乳制品行业以及重点企业产生的影响，并进一步发现，这些影响最终将体现在企业的收入上。随后，以此为基础，分析了“奶业标准降低”事件过程中地方政府与中央政府的博弈情况，进一步发现，在中央政府不想改变当前地方政府激励模式的情况下，如果要想使地方政府更加重视安全规制的执行，就必须要降低安全标准，唯有如此，才能保证地方政府能够从行业发展中获得收入不受安全规制水平提高产生的负面影响，而在保证自身收入不受影响的情况下，地方政府将会采取更加重视安全规制执行的策略，以防止安全事故的发生而使中央政府介入，从而让自身再次陷入类似于“三聚氰胺毒奶粉”事件当中。

总的来说，在当前的地方政府激励模式下，地方政府经营化趋势日益显著，行业以及企业发展对于地方政府完成经济目标十分重要，地方政府与企业之间势必会结成天然的同盟，这一同盟以自身收益最大化为目标，并对社会性规制体系的制定与执行造成了严重的负面影响；地方政府与企业的同盟关系会使社会性规制在某些环节出现效果不佳甚至无效的情况，一旦社会性规制难以对企业行为进行有效约束，逐利倾向加之市场经济环境下激烈的行业竞争将使某些企业出现违规情况，并逐渐蔓延至整个行业，当这种行业性违规行为突破极限、成为严重影响社会或者市场秩序行为时，中央政府将会介入，在短时间破坏地方政府与企业之间的同盟关系，在这种情况下，社会性规制成为应急管理的工具，给地方政府、中央政府以及行业都造成了巨大的成本；中央政府与地方政府都意识到这种成本是难以承受的，必须对规制体系进行调整。在中央政府短期内无法改变当前的激励模式时，选择降低社会性规制的标准，避免对地方政府正常运行造成影响，以换取地方政府对社会性规制的重视。

第二节　政策含义

推动中国各领域规制波动问题解决的、最重要的环节是理顺地方政府与企业之间的激励关系，主要体现在以下三个方面：

第一，不断推进政府职能改革，改变地方政府当前追求经济增长与社会稳定双重目标的状况。根据科学发展观的要求，明确地方政府社会福利最大化的目标函数，逐步减少地方政府对企业生产的干预。

第二，加强安全规制体制独立性建设，逐步使安全规制机构从地方政府中脱离出来，成为独立执法机构，在根本上保持规制水平的稳定性。

第三，加强现代企业制度建设，推进产权制度改革，使之逐步成为独立决策行为主体，一旦发生安全生产事故，便于规制机构向生产企业追究生产责任。

基于上述三个方面，提出以下政策建议：

第一，完善中国工作场所安全规制机构设置及其职能划分。规制机构是进行工作安全规制的主体。中国应在借鉴欧美等西方国家安全规制机构设置经验的基础上，进一步推动安全规制机构改革，通过明确安全规制机构职能，提高安全规制机构的独立性，达到改善安全生产规制效率的目的。

中国工作场所安全规制政策制定由中央规制机构负责，具体执行则由各级地方安全规制机构负责，同时由于行政层级关系，地方安全规制机构各方面还要受到地方政府的制约，影响了地方安全规制机构的职能发挥。中央政府首先应从财政体制入手，将地方安全规制机构预算从地方政府财政中独立出来，通过中央预算直接划拨，随后可以实行规制机构人员岗位不同省市轮转、加强贪污腐败审查、完善社会监督等办法，提高规制机构与被规制者合谋的成本。与此同时，逐步推动地方政府政绩考核制度改革，从科学发展观的要求出发，协调安全生产规制与经济发展过程中出现的矛盾，逐步将地方政府的目标函数由追求单纯经济增长转向社会福利的提高。

第二，完善安全事故责任赔偿制度。事故责任赔偿制度是进行安全生产规制的最后一道屏障。安全事故责任赔偿制度不完善是当前安全事故频发情况下迫切需要解决的问题，对于保持事故发生后的社会稳定，防止社会群体性事件的发生具有重要现实意义。

赔偿责任不清晰以及经济赔偿额度低是当前安全事故责任赔偿制度暴露出来的主要问题。首先，从务实角度出发，应较大幅度提高对伤亡人员及其家属的经济赔偿额度，充分发挥“赔偿制度”的作用。目前，中国矿山矿井安全事故死亡人员经济赔偿额度是每人不低于20万元人民币，以后可以根据经济发展情况逐步提高，同时赔偿范围也应扩展到其他行业。其次，在认真调查基础上，明确划分事故责任，进一步完善安全事故问责制。明确事故责任划分是进行事故赔偿的基础，要做到“有过必罚，绝不手软”，就要加强事故调查，认真研究事故原因，细化安全事故责任归属，同时，推进安全事故问责制改革，保持安全生产规制工作的稳定性，以山西省为例，由于安全事故频发曾经发生了400天内更换3位省长的情况。安全事故问责制不应被当作缓解社会矛盾的工具，基层官员与被规制者联系更为紧密，也是工作场所安全规制的基础，加强对基层官员的问责和监督，才是安全事故问责制发挥作用的根本。

第三，加强安全生产规制标准体系建设。标准体系是进行安全生产规制的依据。2004年12月1日起，国家安全生产监督管理局开始施行《安全生产行业标准管理规定》，详细规定了安全生产标准的计划、起草和审查、发布和备案等方面要求，足见规制机构对安全生产标准的重视。但中国安全标准体系存在的问题较多，仍然还有许多工作要做。

（1）加强工作场所安全生产标准体系建设的规划。2007年4月

23 日，国家安全生产监督管理总局立足国家“十一五”发展规划，正式开启《全国安全生产 2007—2010 年标准化发展规划》编制工作，并随后不断向社会征求意见对其进行完善，为安全生产标准化建设奠定了良好的基础。

（2）组织开展对现行各类标准的清理，解决标准陈旧以及不同标准之间存在的交叉重复、混乱无序等问题，使安全生产标准体系结构趋于合理，为颁布新的安全标准奠定基础。

（3）加强安全标准的宣传普及工作，使企业负责人和技术人员尽快熟悉安全标准体系，这对提高企业负责人标准化意识和安全意识都能起到积极作用。

（4）加快新安全标准的制定工作，尤其是将新开发的安全生产技术尽快纳入安全标准当中，充分发挥科学技术在提高安全生产水平方面的作用。

第四，加快完善安全生产规制的信息披露制度。信息披露制度是对工作场所安全规制的有效监督和补充。信息披露制度的完善包括两部分：

（1）规制机构应提高安全生产规制工作的透明度，定期对安全规制工作的执行情况进行公示，便于群众进行监督，不给规制机构与企业的合谋以及企业对规制机构的收买留下操作空间。

（2）要继续完善相关法律保护新闻媒体的报道权，在中国安全规制体制不完善的情况下，新闻媒体在报道安全事故方面发挥了十分重要的作用，作为政府安全规制的补充，其作用应当被政府予以肯定并进行保护。

第五，推动安全生产规制法制化建设。法律是进行工作场所安全规制的基础，为了改变目前安全规制中法律缺失情况，政府应该在已经颁布的《安全生产法》《劳动法》《矿山安全法》等法律基础上，进一步对相关的细则进行修订完善，特别要对新形势下出现的新问题进行认真研究，明确以法律形式规定解决方案，使安全规制做到有法可依。除此之外，地方政府还要根据本地安全生产的特点，制定有针对性的法规作为补充。

需要指出的是，虽然推动规制机构独立性建设是解决中国当前安全生产问题的关键，然而，从中国政治制度基本特征及演进趋势看，这一目标短期内很难实现，短期内是否还有其他解决路径或者缓解问题的办法就变得非常重要。通过对中国安全规制内生性影响的实证研究发现，即使不满足规制独立性这一前提条件，安全规制波动现象的存在也能够在某些情况下发挥稳定安全生产局势的作用。

第三节　研究展望

从世界范围内看，主流规制经济学研究已从经济学规制逐渐转向社会性规制，这是与当前全球一体化进程的加快、国际市场融合速度提升以及环境等问题日渐凸显紧密地联系在一起的。但具体到中国，由于发展阶段以及具体国情的差异，情况有很大的不同。作为一个处于赶超阶段的发展中大国，中国既享有诸多资源方面优势，具备发展成为世界一流强国的禀赋，却又不得不面对制度等诸多方面与西方的差距，面临着严峻的社会改革形势。如何更加高效地利用资源禀赋，不断完善社会制度安排，是我们不得不去面对的问题。从根本上说，这是回答我们如何协调效率与公平的矛盾。

从当前中国社会性规制过程中存在的问题看，地方政府在行使其职能过程中对规制的干扰是最重要的，也是影响最为深远的。本书仅就其产生原因以及所产生的影响在经济学层面上进行分析。事实上，这一问题所产生的影响远不止本书所分析的范畴，地方政府对于社会性规制职能发挥的抑制作用，已是当前中国群体性事件发生的主要原因之一，对社会稳定以及社会公平产生了不利影响。正视这一问题的存在，对于贯彻“更加注重社会公平”的指导精神，推动经济社会健康发展，避免中国未来发展的“拉美化”具有十分重要意义。社会性规制作为保障普通民众生存权利的政策工具之一，理应在未来受到更多关注。

附　录

附录 A

$$\max_{\{q,death\}} [(1-\alpha)(p\times q-k\times death)+\alpha\times(\beta\times p\times q\times t-\rho\times death)]$$

s. t. (1) $\alpha\geqslant I_s/I_e+(death-I_d)/I_d+(q-q_e)/q_e$

(2) $p\times q\geqslant p\times q_e-(death-I_d)\times k$

根据目标函数和约束条件，构造拉格朗日方程：

$L=(1-\alpha)(p\times q-k\times death)+\alpha(\beta\times p\times q\times t-\rho\times death)+\lambda_1[\alpha-I_s/I_e-(death-I_d)/I_d-(q-q_e)/q_e]+\lambda_2[p\times q+(death-I_d)\times k-p\times q_e]$

解出所有一阶条件：

$$\frac{\partial L}{\partial q}=(1-\alpha)\times p+\alpha\times\beta\times p\times t-\lambda_1/q_e+\lambda_2\times p=0 \quad (1)$$

$$\frac{\partial L}{\partial death}=(1-\alpha)\times(-k)+\alpha\times(-\rho)-\lambda_1/I_d+k\times\lambda_2=0 \quad (2)$$

根据库恩—塔克定理，所有拉格朗日乘子 $\lambda_i(\cdot)\geqslant 0$。当 $\lambda_i>0$ 时，相应的约束条件取等号；当 $\lambda_i=0$ 时，相应的约束条件自动满足。(关键假设：$k\times I_d-q_e\times p>0$)

如果 $\lambda_1=0$，则容易发现式（1）不成立。因此，得到 $\lambda_1>0$。

如果 $\lambda_2=0$，则容易发现式（2）不成立。因此，得到 $\lambda_2>0$。

由此可以确定两个约束条件都是紧的，得到：

$\alpha=I_s/I_e+(death-I_d)/I_d+(q-q_e)/q_e$

$p\times q_e-(death-I_d)\times k=p\times q$

根据两个紧的约束条件，可解出内生变量的值：

$$q^*=q_e\left[1+\frac{k\times I_d\times(\alpha-I_s/I_e)}{(p\times q_e-k\times I_d)}\right]$$

$$death^* = I_d\left[1 + \frac{p \times q_e \times (\alpha - I_s/I_e)}{p \times q_e - k \times I_d}\right]$$

进一步得到 q^* 与 $death^*$ 之间的关系：

$$\frac{death^* - I_d}{p} = \frac{q^* - q_e}{k}$$

证毕。

附录 B

首先，将规划问题表述为以下标准形式：

$$\max_{\{\alpha,\beta,\bar{\sigma},R_A\}} \alpha(q_D\Delta e + \bar{\sigma}\Delta s)$$

s. t. $(AIC)\, q_D\Delta e + \bar{\sigma}\Delta s + R_A + \delta R_i - (1-\delta)\beta F_A \leqslant \pi R_i - (1-\pi)\beta F_A$

$(SIC)\, \alpha(q_D\Delta e + \bar{\sigma}\Delta s) + \delta R_s - (1-\delta)(1-\beta)F_A \leqslant \pi R_s - (1-\pi)(1-\beta)F_A$

$(ALL)\, -(q_D\Delta e + \bar{\sigma}\Delta s + R_A) \leqslant -\beta F_A$

$(SLL)\, -\alpha(q_D\Delta e + \bar{\sigma}\Delta s) \leqslant -(1-\beta)F_A$

$\alpha, \beta, \bar{\sigma}, R_A \geqslant 0$

基于假设 α，β，$\bar{\sigma}$，R_A 都不能取零值，即 α，β，$\bar{\sigma}$，$R_A > 0$，那么，根据库恩—塔克条件，可以得到以下等式：

$$(\text{B1})\ \frac{\partial L}{\partial \alpha} = 1 - \lambda_2 + \lambda_4 = 0$$

$$(\text{B2})\ \frac{\partial L}{\partial \beta} = \lambda_1(\pi - \delta) - \lambda_2(\pi - \delta) - \lambda_3 + \lambda_4 = 0$$

$$(\text{B3})\ \frac{\partial L}{\partial \bar{\sigma}} = \alpha\Delta s - \lambda_1\Delta s - \lambda_2\alpha\Delta s + \lambda_3\Delta s + \alpha\lambda_4\Delta s = 0$$

$$(\text{B4})\ \frac{\partial L}{\partial R_A} = -\lambda_1 + \lambda_3 = 0$$

其中，$\pi > \delta$。以下讨论拉格朗日算子 λ_1，λ_2，λ_3，λ_4 的符号：

基于库恩—塔克条件，有 $\lambda_i \geqslant 0$，$i = 1$，2，3，4。由式（B1）可以判断，$\lambda_2 \geqslant 1$，即 $\lambda_2 > 0$。

接下来，假设 $\lambda_4 = 0$，进一步得到 $\lambda_2 = 1$。

由式（B2）和式（B4）得到：

（B5）$\lambda_1(\pi-\delta)-(\pi-\delta)-\lambda_1=0$

解之，得 $\lambda_1=\frac{\pi-\delta}{\pi-\delta-1}<0$。这与库恩—塔克条件中 $\lambda_i\geqslant 0$，$i=1$，2，3，4 的假设相矛盾，所以可以排除 $\lambda_4=0$，得到 $\lambda_4>0$。

假设 $\lambda_1=0$，可以得到 $\lambda_3=0$。基于 $\lambda_1=\lambda_3=0$，λ_2，$\lambda_4>0$ 和库恩—塔克条件，约束条件可以表述为：

（B6）$q_D\Delta e+\bar{\sigma}\Delta s+R_A+\delta R_i-(1-\delta)\beta F_A<\pi R_i-(1-\pi)\beta F_A$

（B7）$\alpha(q_D\Delta e+\bar{\sigma}\Delta s)+\delta R_s-(1-\delta)(1-\beta)F_A=\pi R_s-(1-\pi)(1-\beta)F_A$

（B8）$q_D\Delta e+\bar{\sigma}\Delta s+R_A>\beta F_A$

（B9）$\alpha(q_D\Delta e+\bar{\sigma}\Delta s)=(1-\beta)F_A$

由式（B6）和式（B8）可以得到：

$\beta F_A<q_D\Delta e+\bar{\sigma}\Delta s+R_A<(\pi-\delta)R_i+(\pi-\delta)\beta F_A$

整理可以得到：

（B10）$F_A<\frac{\pi-\delta}{\beta}R_i+(\pi-\delta)F_A$

由式（B7）和式（B9）可以得到：

（B11）$F_A=\frac{\pi-\delta}{1-\beta}R_s+(\pi-\delta)F_A$

由式（B10）和式（B11）可以得到：

$\frac{R_i}{R_s}>\frac{\beta}{1-\beta}$

与模型中的重要假设 $\frac{R_i}{R_s}\leqslant\frac{\beta}{1-\beta}$ 相互矛盾。所以可以判断，$\lambda_2=\lambda_4>0$。

由于 λ_1，λ_2，λ_3，$\lambda_4>0$，根据库恩—塔克条件，可以断定：所有约束条件均只能取等号，即有以下方程组：

$q_D\Delta e+\bar{\sigma}\Delta s+R_A=(\pi-\delta)R_i+(\pi-\delta)\beta F_A$

$\alpha(q_D\Delta e+\bar{\sigma}\Delta s)=(\pi-\delta)R_s+(\pi-\delta)(1-\beta)F_A$

$q_D\Delta e+\bar{\sigma}\Delta s+R_A=\beta F_A$

$\alpha(q_D\Delta e+\bar{\sigma}\Delta s)=(1-\beta)F_A$

解上述方程组（过程略），可得命题1。

附录 C

证明过程：

容易得到此时企业目标函数为：

$$\max_{\{\bar{s}\}}\{q_D e(\bar{s})+\bar{\sigma}\bar{s}\}$$

进一步可以得到一阶条件为：

$$q_D e'(\bar{s})+\bar{\sigma}=0$$

可以得到$\bar{\sigma}=-q_D e'(s)$，

证明完毕。

附录 D

当规制水平等于$\bar{s}'(\bar{s}'<\bar{s})$时，仍然满足最优合同约束要求，按照命题1的证明方法，可以得到与命题1相似的结论，但$\bar{\sigma}'=-q_D e'(\bar{s}')$，$q(\bar{s}')=q_D[e(\bar{s}')-e'(\bar{s}')s]$。

假设 $F(s)=e(s)-e'(s)s$，并对其求导，可以得到：

$$F'(s)=-e''(s)s$$

由 $e''(s)>0$，可以得到 $F'(s)<0$，因此可以判断 $F(s)$为减函数，进一步可以判断 $q(s)$为减函数。

所以，可以得到 $q(\bar{s})<q(\bar{s}')$。

证明完毕。

附录 E

当地方政府选择低水平安全规制时，由责任分担约束（*ALL*）可以得到：

$$\bar{\sigma}'<\frac{\beta F_A-R_A}{\Delta s}-q_D e'(s)$$

由式（3）和 $\Delta s<0$，可以得到：

$$\frac{\beta F_A-R_A}{\Delta s}>0$$

进一步可以得到：

$$-q_D e'(\underline{s}) \leqslant \bar{\sigma}' < \frac{\beta F_A - R_A}{\Delta s} - q_D e'(\underline{s})$$

将 $\bar{\sigma}'$代入生产函数和地方政府目标函数，可以得到：

$$q \in \left[q_D[e(\underline{s}) - e'(\underline{s})\underline{s}], q_D\left(e(\underline{s}) - e'(\underline{s})\underline{s} + \frac{\beta F_A - R_A}{\Delta s}\underline{s}\right)\right]$$

证明完毕。

附录 F

地方政府目标函数变为：

$$\max_{\{\alpha,\beta,m'\}} (\alpha\varphi - m)$$

$$(F1)\ \varphi + R_A + \delta R_i - (1-\delta)(1-\nu)m' \leqslant \pi R_i - (1-\pi)\beta F_A$$

$$(F2)\ \alpha\varphi - m + \delta R_s - (1-\delta)\nu m' \leqslant \pi R_s - (1-\pi)(1-\beta)F_A$$

$$(F3)\ \delta R_i - (1-\delta)(1-\nu)m' \leqslant \delta R_s - (1-\delta)\nu m'$$

$$\alpha, \beta, m' \geqslant 0$$

根据目标函数和约束，得到拉格朗日方程：

$$L = \alpha\varphi - m$$

$$\lambda_1\{\pi R_i - (1-\pi)\beta F_A - [\varphi + R_A + \delta R_i - (1-\delta)(1-\nu)m']\} +$$

$$\lambda_2\{\pi R_s - (1-\pi)(1-\beta)F_A - [\alpha\varphi - m + \delta R_s - (1-\delta)\nu m']\} +$$

$$\lambda_3\{[\delta R_s - (1-\delta)\nu m'] - [\delta R_i - (1-\delta)(1-v)m']\}$$

得到一阶条件：

$$(F4)\ \frac{\partial L}{\partial \alpha} = 1 - \lambda_2 = 0$$

$$(F5)\ \frac{\partial L}{\partial \beta} = -\lambda_1(1-\pi) + \lambda_2(1-\pi) = 0$$

$$(F6)\ \frac{\partial L}{\partial m'} = \lambda_1(1-\nu) + \lambda_2\nu + \lambda_3(1-2\nu) = 0$$

容易得到 $\lambda_2 = 1$，代入式（F5）和式（F6），可以得到：

$$(F7)\ \lambda_1 = 1$$

$$(F8)\ \lambda_3 = \frac{1}{2\nu - 1}$$

由 $\nu \in (1/2, 1]$可以得到 $\lambda_i > 0$，$i = 1, 2, 3$。可以得到方程组：

$$(F9)\ \varphi + R_A + \delta R_i - (1-\delta)(1-\nu)m' = \pi R_i - (1-\pi)\beta F_A$$

(F10) $\alpha\varphi - m + \delta R_s - (1-\delta)\nu m' = \pi R_s - (1-\pi)(1-\beta)F_A$

(F11) $\delta R_i - (1-\delta)(1-\nu)m' = \delta R_s - (1-\delta)\nu m'$

解上述方程组，可以得到：

$$\beta = \left[(\pi-\delta)R_i - R_A - \varphi + \frac{(1-\nu)(R_s-R_i)\delta}{(2\nu-1)}\right]\frac{1}{F_A(1-\pi)}$$

$$\alpha = \frac{(\pi-\delta)(R_i+R_s)(2\nu-1)+\delta(R_s-R_i)-(1-\pi)F_A(2\nu-1)+(m-R_A)(2\nu-1)-\varphi}{\varphi}$$

$$m' = \frac{\delta(R_s-R_i)}{(1-\delta)(2\nu-1)}$$

附录 G

根据之前对规制波动的经济分析，煤炭企业要在不存在安全事故影响和存在发生安全事故影响情况下进行生产，设定安全规制水平 s。

未发生煤矿事故时：

$$V_d = \max\int_{s_0}^{s} g(q)\,ds \quad s \in [s_0, s_1], (s_1 < s_0)$$

$$\text{s.t. } \dot{u} = f(u) + qe^{-\omega s} \quad u(t_0) = u_0,\ u(t_1) = u_1$$

其中，$g(q)$是煤炭企业生产的收益函数，u 是地方政府对煤炭企业的生产激励水平，$f(u)$是生产激励存量对生产激励流量的影响函数，满足 $g'>0$，$g''>0$，$f>0$，$f'>0$，$f''>0$。

先把上述问题变成标准的变分问题，此时：

$$F = g\{[\dot{u} - f(u)]e^{\omega s}\}$$

这样，

$$\frac{\partial F}{\partial u} = -g'(q)f'(u)e^{\omega s}$$

$$\frac{\partial F}{\partial \dot{u}} = g'(q)e^{\omega s}$$

从而，得到 Euler 方程为：

$$-g''(q)\dot{q}f'(u) - g'(q)f''(u)u' - \omega g'(q)f'(u) = g'(q)$$

通过整理可以得到：

$$\frac{dq}{ds} = -\frac{g'(q)f''(u)u' + \omega g'(q)f'(u) + g'(q)}{g''(q)f'(u)}$$

因此，可以得到：

$$\frac{dq}{ds} = -\frac{g'(q)[f''(u)u' + \omega f'(u) + 1]}{g''(q)f'(u)} < 0$$

$$\dot{u} = f(u) + qe^{-\omega s}$$

$$u(s_0) = u_0,\ u(s_1) = u_1$$

附录 H

表 1 STR 模型滞后阶数选取

	(2, 6)	(2, 5)	(2, 4)	(2, 3)	(2, 2)	(2, 1)	(2, 0)	(1, 6)	(1, 5)	(1, 4)	(1, 3)	(1, 2)	(1, 1)	(1, 0)
coal (t-1)	0. 698274 0. 083315	0. 698619 0. 083527	0. 698293 0. 083109	0. 700985 0. 081983	0. 706953 0. 081371	0. 708067 0. 080789	0. 720053 0. 077832	0. 952764 0. 022141	0. 959069 0. 02134	0. 962862 0. 020478	0. 96672 0. 019406	0. 96858 0. 018166	0. 970792 0. 016505	0. 970545 0. 015038
coal (t-2)	0. 282072 0. 082838	0. 267408 0. 083154	0. 270953 0. 082718	0. 272180 0. 081795	0. 269184 0. 081787	0. 267237 0. 080757	0. 259435 0. 079373							
death (t)	-0. 006040 0. 008083	-0. 005118 0. 008095	-0. 004567 0. 007926	-0. 005529 0. 007636	-0. 005753 0. 007953	-0. 00535 0. 007238	-0. 00672 0. 00682	-0. 01032 0. 00834	-0. 00932 0. 008346	-0. 00884 0. 008176	-0. 01033 0. 007847	-0. 01036 0. 007796	-0. 01077 0. 007287	-0. 01068 0. 00682
death (t-1)	-0. 009316 0. 007928	-0. 007934 0. 007876	-0. 006907 0. 007682	-0. 007269 0. 007608	-0. 004355 0. 007234	-0. 00404 0. 007006		-0. 00426 0. 00819	-0. 00356 0. 008105	-0. 00241 0. 007904	-0. 00277 0. 007834	0. 000194 0. 007417	0. 000257 0. 006916	
death (t-2)	-0. 004442 0. 007876	0. 003589 0. 007768	-0. 002267 0. 007726	-0. 002648 0. 007404	-0. 001292 0. 006937			-0. 00589 0. 008262	-0. 00407 0. 00809	-0. 00432 0. 008052	-0. 00532 0. 007702	-0. 00161 0. 007187		
death (t-3)	0. 003682 0. 007679	0. 003589 0. 007747	0. 005500 0. 007456	0. 006316 0. 006907				0. 004764 0. 008069	0. 004556 0. 008087	0. 006669 0. 007788	0. 006901 0. 007225			

续表

	(2, 6)	(2, 5)	(2, 4)	(2, 3)	(2, 2)	(2, 1)	(2, 0)	(1, 6)	(1, 5)	(1, 4)	(1, 3)	(1, 2)	(1, 1)	(1, 0)
death	-0.008966	-0.005520	0.002908					-0.01069	-0.00779	-0.00483				
(t-4)	0.007832	0.007698	0.007195					0.008219	0.008008	0.007498				
death	0.00064	0.005196						0.001376	0.005518					
(t-5)	0.007654	0.007278						0.008046	0.007603					
death	0.011408							0.008647						
(t-6)	0.007319							0.00765						
electricity	0.498871	0.524046	0.523978	0.517902	0.520992	0.520593	0.514367	0.560839	0.578326	0.579089	0.570905	0.572682	0.576443	0.577127
	0.087608	0.087266	0.086891	0.085474	0.085460	0.085051	0.084105	0.090123	0.089454	0.089146	0.087877	0.087746	0.085895	0.083515
c	0.455686	0.394310	0.359452	0.311613	0.280890	0.291704	0.238245	0.541184	0.471249	0.429799	0.381542	0.364493	0.336859	0.340033
	0.250262	0.242598	0.232189	0.219489	0.205137	0.195924	0.1721	0.261858	0.252228	0.241766	0.228626	0.212621	0.190862	0.169876
AIC	-3.4953	-3.2842	-3.3016	-3.3250	-3.3309	-3.3481	-3.3626	-3.2028	-3.2048	-3.2204	-3.2425	-3.2520	-3.2781	-3.2955
SC	-3.02532	-3.04016	-3.08319	-3.13200	-3.16291	-3.20413	-3.24259	-2.95730	-2.98511	-3.02623	-3.07358	-3.10802	-3.15884	-3.20009
DW	2.308	2.357	2.325	2.327	2.317	2.314	2.328	2.730	2.723	2.696	2.710	2.701	2.714	2.714

注：括号内为系数值与标准差。

附录 I

表 1　　第五、第六章中使用的数据

日期	煤	死亡	电
2001 年 1 月	6797. 35	33	895. 65
2001 年 2 月	8249. 42	125	976. 99
2001 年 3 月	7942. 23	240	923. 11
2001 年 4 月	8062. 61	241	945. 45
2001 年 5 月	8093. 81	274	933. 53
2001 年 6 月	7414. 16	130	1049. 6
2001 年 7 月	7809. 97	103	1007. 94
2001 年 8 月	8118. 12	179	956. 59
2001 年 9 月	8389. 34	193	958. 71
2001 年 10 月	8806. 48	218	984. 74
2001 年 11 月	10018. 67	221	1124. 05
2001 年 12 月	8633. 16	168	1162. 64
2002 年 1 月	6848. 65	283	872. 48
2002 年 2 月	9378. 19	97	1078. 31
2002 年 3 月	9281	184	1055. 87
2002 年 4 月	9160. 91	265	1034. 97
2002 年 5 月	9362. 54	411	1063. 32
2002 年 6 月	8716. 04	378	1164. 94
2002 年 7 月	9089. 87	457	1147. 91
2002 年 8 月	9350. 72	321	1102. 59
2002 年 9 月	9487. 7	292	1135. 53
2002 年 10 月	10034. 95	376	1185. 01
2002 年 11 月	11463. 4	352	1309. 09
2002 年 12 月	9630. 9	336	1190. 35
2003 年 1 月	8315. 01	256	1016. 78
2003 年 2 月	10687. 42	258	1272. 15
2003 年 3 月	10732. 94	404	1215. 82

续表

日期	煤	死亡	电
2003 年 4 月	10910.97	295	1191.62
2003 年 5 月	11443.91	414	1209.8
2003 年 6 月	10993.29	299	1373.09
2003 年 7 月	10719.05	475	1396.09
2003 年 8 月	10560.61	449	1277.37
2003 年 9 月	11470.67	287	1288.63
2003 年 10 月	12237.64	304	1384.17
2003 年 11 月	13596.69	335	1492.53
2003 年 12 月	9694.9	217	1289.97
2004 年 1 月	11001.55	96	1383.48
2004 年 2 月	12812.81	216	1480.63
2004 年 3 月	13129.26	289	1409
2004 年 4 月	12872.29	246	1372.44
2004 年 5 月	13540.87	231	1383.22
2004 年 6 月	13150.39	337	1531.93
2004 年 7 月	13254.94	269	1533.57
2004 年 8 月	13405.98	228	1435.27
2004 年 9 月	14018.02	214	1491.99
2004 年 10 月	14369.75	158	1554.7
2004 年 11 月	15269.79	428	1636.36
2004 年 12 月	12879.05	266	1650.49
2005 年 1 月	11138.29	181	1376.79
2005 年 2 月	14002.3	100	1675.58
2005 年 3 月	14386.62	335	1586.71
2005 年 4 月	14989.05	313	1521.3
2005 年 5 月	15859.6	230	1553.77
2005 年 6 月	15175.55	197	1717.34
2005 年 7 月	15395.94	375	1712.07
2005 年 8 月	15764.11	424	1622.47

续表

日期	煤	死亡	电
2005 年 9 月	16354. 75	219	1592. 42
2005 年 10 月	17043. 1	264	1696. 85
2005 年 11 月	18002. 37	425	1953. 33
2005 年 12 月	12923	309	1754. 86
2006 年 6 月	13697. 33	105	1669. 46
2006 年 6 月	16621. 76	151	1847. 25
2006 年 6 月	17411. 78	144	1776. 97
2006 年 6 月	17328. 45	79	1758. 66
2006 年 6 月	17966. 69	169	1815. 87
2006 年 6 月	16842. 14	97	2022. 48
2006 年 6 月	17437. 42	123	2139. 79
2006 年 6 月	18127. 51	110	1972. 64
2006 年 6 月	18654. 62	78	1953. 36
2006 年 6 月	18967. 09	158	2043. 49
2006 年 6 月	20389	216	2719. 01
2006 年 6 月	17479	100	2239. 04
2007 年 1 月	14203. 2	73	1719. 78
2007 年 2 月	17775. 89	42	2164. 38
2007 年 3 月	18846. 63	144	2124. 97
2007 年 4 月	19115. 32	147	2184. 97
2007 年 5 月	20239. 65	121	2190. 21
2007 年 6 月	19560. 99	64	2352. 15
2007 年 7 月	19397. 05	89	2390. 45
2007 年 8 月	20355. 12	98	2164. 72
2007 年 9 月	19877. 28	31	2225. 78
2007 年 10 月	21192. 17	116	2348. 84
2007 年 11 月	26100	66	2746. 86
2007 年 12 月	18735. 67	155	2497. 43
2008 年 1 月	17000. 79	65	2029. 83
2008 年 2 月	21128. 71	11	2535. 47

续表

日期	煤	死亡	电
2008 年 3 月	21333.69	90	2366.63
2008 年 4 月	22700.18	40	2415.04
2008 年 5 月	23935.71	92	2306.44
2008 年 6 月	22028.77	28	2514.86
2008 年 7 月	22214.15	138	2433.44
2008 年 8 月	22869.9	68	2241.36
2008 年 9 月	21927.64	104	2113.92
2008 年 10 月	22697.18	28	1994.82
2008 年 11 月	21994.04	38	2294.25
2008 年 12 月	17234.42	48	2046
2009 年 1 月	19656.48	8	2036.61
2009 年 2 月	23342.71	102	2399.37
2009 年 3 月	22979.98	60	2187.62
2009 年 4 月	23349.4	48	2201.18
2009 年 5 月	27908.51	74	2406.67
2009 年 6 月	25781.75	51	2606.33
2009 年 7 月	26074.92	44	2671.64
2009 年 8 月	26316.36	46	2540.05
2009 年 9 月	27306.83	36	2561.31
2009 年 10 月	28894.05	21	2759.53
2009 年 11 月	34452.45	157	3144.52
2009 年 12 月	25609.9	29	3514
2010 年 1 月	21298	72	2695.9
2010 年 2 月	27980.8	8	3369.5
2010 年 3 月	26928.93	78	3316.4
2010 年 4 月	28386.5	43	3404.7
2010 年 5 月	29692	64	3466.6
2010 年 6 月	29191	52	3776.4
2010 年 7 月	30318	98	3903.3
2010 年 8 月	27602	72	3486.5

附录 J

表 1 **STR 模型拟合数据**

时间	线性部分	非线性部分	拟合值	原始值	转换函数值	转换变量
2001 年 8 月	211977. 1	-211968	9. 0095	9. 0071	1	5. 4848
2001 年 9 月	272560. 2	-272551	9. 0313	9. 0262	1	5. 6131
2001 年 10 月	294818. 9	-294810	9. 0445	9. 0378	1	4. 8675
2001 年 11 月	306331. 9	-306323	9. 0877	9. 0685	1	4. 6347
2001 年 12 月	509279. 3	-509270	9. 1308	9. 1692	1	5. 1874
2001 年 1 月	268316. 2	-268307	9. 0871	9. 0241	1	5. 2627
2001 年 2 月	223125. 1	-223116	9. 1138	9. 1131	1	5. 3845
2001 年 3 月	353019. 4	-353010	9. 1282	9. 1141	1	5. 3982
2001 年 4 月	106901	-106892	9. 145	9. 104	1	5. 124
2001 年 5 月	390714	-390705	9. 1338	9. 1023	1	5. 6454
2001 年 6 月	328925. 8	-328917	9. 1112	9. 0995	1	4. 5747
2001 年 7 月	361051. 7	-361043	9. 1143	9. 1347	1	5. 2149
2001 年 8 月	485367	-485358	9. 1346	9. 1471	1	5. 5797
2001 年 9 月	387174. 8	-387166	9. 1598	9. 1455	1	6. 0186
2001 年 10 月	209443. 3	-209434	9. 1603	9. 1659	1	5. 9349
2001 年 11 月	299246. 4	-299237	9. 1813	9. 2067	1	6. 1247
2001 年 12 月	303220. 5	-303211	9. 2044	9. 279	1	5. 7714
2003 年 1 月	311776. 7	-311767	9. 2794	9. 2224	1	5. 6768
2003 年 2 月	217052. 1	-217043	9. 2795	9. 2508	1	5. 9296
2003 年 3 月	223779	-223770	9. 2599	9. 2596	1	5. 8636
2003 年 4 月	302551. 1	-302542	9. 2767	9. 2813	1	5. 8171
2003 年 5 月	284761. 9	-284753	9. 2929	9. 3017	1	5. 5452
2003 年 6 月	299457. 9	-299449	9. 3242	9. 3262	1	5. 553
2003 年 7 月	341932. 3	-341923	9. 3342	9. 2959	1	6. 0014
2003 年 8 月	200363. 3	-200354	9. 3016	9. 2653	1	5. 687

续表

时期	线性部分	非线性部分	拟合值	原始值	转换函数值	转换变量
2003年9月	325136.7	-325127	9.2872	9.3291	1	6.0259
2003年10月	304061.6	-304052	9.3355	9.3612	1	5.7004
2003年11月	198732.9	-198724	9.3548	9.3832	1	6.1633
2003年12月	247533.6	-247524	9.3572	9.2867	1	6.107
2004年1月	305205.5	-305196	9.4568	9.5094	1	5.6595
2004年2月	152330.1	-152321	9.4214	9.4431	1	5.717
2004年3月	40148.54	-40139.1	9.4802	9.4627	1	5.8141
2004年4月	339857	-339848	9.4694	9.4476	1	5.3799
2004年5月	170840.4	-170831	9.4722	9.4667	1	4.5643
2004年6月	254169.2	-254160	9.4707	9.4975	1	5.3753
2004年7月	387320.3	-387311	9.4806	9.5043	1	5.6664
2004年8月	295477.5	-295468	9.5118	9.4978	1	5.5053
2004年9月	194405.3	-194396	9.5309	9.525	1	5.4424
2004年10月	251810.3	-251801	9.5277	9.5189	1	5.8201
2004年11月	47703.97	-47694.5	9.4996	9.5056	1	5.5947
2004年12月	311679.3	-311670	9.5657	9.5731	1	5.4293
2005年1月	405564.1	-405555	9.5534	9.529	1	5.366
2005年2月	101472.5	-101463	9.568	9.5442	1	5.0626
2005年3月	95281.63	-95272.1	9.5459	9.5568	1	6.0591
2005年4月	207745.8	-207736	9.5451	9.5995	1	5.5835
2005年5月	391342.1	-391332	9.6055	9.6197	1	5.1985
2005年6月	177203.6	-177194	9.6301	9.6341	1	4.6052
2005年7月	204520.7	-204511	9.6227	9.6485	1	5.8141
2005年8月	335269.5	-335260	9.6397	9.6519	1	5.7462
2005年9月	310001.6	-309992	9.646	9.6767	1	5.4381
2005年10月	197888.5	-197879	9.6868	9.6885	1	5.2832
2005年11月	170332.1	-170322	9.6905	9.6763	1	5.9269
2005年12月	284016.5	-284007	9.6583	9.5792	1	6.0497
2006年1月	266320	-266310	9.6816	9.7438	1	5.3891

续表

日期	线性部分	非线性部分	拟合值	原始值	转换函数值	转换变量
2006 年 2 月	123566. 1	-123556	9. 6769	9. 725	1	5. 5759
2006 年 3 月	59321. 34	-59311. 6	9. 7478	9. 7546	1	6. 0521
2006 年 4 月	242599. 1	-242589	9. 7631	9. 7411	1	5. 7333
2006 年 5 月	58027. 86	58037. 65	9. 7859	9. 7361	1	4. 654
2006 年 6 月	146492. 6	-146483	9. 7717	9. 7326	1	5. 0173
2006 年 7 月	286540. 1	-286530	9. 7604	9. 768	1	4. 9698
2006 年 8 月	117753. 7	-117744	9. 7748	9. 7856	1	4. 3694
2006 年 9 月	263877. 2	-263867	9. 7907	9. 8101	1	5. 1299
2006 年 10 月	123913. 6	-123904	9. 811	9. 7965	1	4. 5747
2006 年 11 月	264203. 6	-264194	9. 8793	9. 8038	1	4. 8122
2006 年 12 月	276565. 1	-276555	9. 7462	9. 8835	1	4. 7005
2007 年 1 月	182254. 6	-182245	9. 8291	9. 7875	1	4. 3567
2007 年 2 月	31378. 42	-31368. 6	9. 8519	9. 7959	1	5. 0626
2007 年 3 月	71193. 94	-71184. 1	9. 8148	9. 8417	1	5. 3753
2007 年 4 月	172239. 6	-172230	9. 8578	9. 8354	1	4. 6052
2007 年 5 月	273735. 7	-273726	9. 8462	9. 848	1	4. 2905
2007 年 6 月	183052. 3	-183042	9. 85	9. 8776	1	3. 7377
2007 年 7 月	203512. 2	-203502	9. 8745	9. 8682	1	4. 9698
2007 年 8 月	129446	-129436	9. 8583	9. 8996	1	4. 9904
2007 年 9 月	307145. 1	-307135	9. 9297	9. 8772	1	4. 7958
2007 年 10 月	81270. 93	81280. 85	9. 9186	9. 9104	1	4. 1589
2007 年 11 月	147896. 3	-147886	9. 9251	10. 0506	1	4. 4886
2007 年 12 月	407887. 6	-407878	9. 9918	9. 954	1	4. 585
2008 年 1 月	6601. 779	6611. 76	9. 9817	9. 9756	1	3. 434
2008 年 2 月	419461. 6	-419452	10. 0003	9. 9678	1	4. 7536
2008 年 3 月	252685	252695	9. 9686	9. 9733	1	4. 1897
2008 年 4 月	85553. 08	-85543. 1	10. 0054	10. 0044	1	5. 0434
2008 年 5 月	246221	-246211	9. 9692	10. 0097	1	4. 1744

续表

时间	线性部分	非线性部分	拟合值	原始值	转换函数值	转换变量
2008 年 6 月	9.9896	0	9.9896	9.9897	0	2.3979
2008 年 7 月	113333.2	-113323	9.9742	10	1	4.4998
2008 年 8 月	249106.3	-249096	9.981	10.0181	1	3.6889
2008 年 9 月	304805.3	-304795	9.9879	9.9804	1	4.5218
2008 年 10 月	32938.61	-32928.6	9.9818	9.9818	1	3.3322
2008 年 11 月	135278.3	-135268	9.9896	9.8777	1	4.9273
2008 年 12 月	173263.1	173273	9.8997	9.8704	1	4.2195
2009 年 1 月	410367.7	-410358	10.0008	10.1264	1	4.6444
2009 年 2 月	12039.64	-12029.6	10.0645	10.0646	1	3.3322
2009 年 3 月	86897.06	86907.15	10.0884	10.0535	1	3.6376
2009 年 4 月	507164.5	-507154	10.0415	10.0309	1	3.8712
2009 年 5 月	10.1602	0	10.1602	10.1602	0	2.0794
2009 年 6 月	452527.6	-452517	10.1194	10.1416	1	4.625
2009 年 7 月	290106	-290096	10.1262	10.1567	1	4.0943
2009 年 8 月	50063.84	-50053.7	10.1885	10.1621	1	3.8712
2009 年 9 月	151931	-151921	10.1787	10.203	1	4.3041
2009 年 10 月	208340.2	-208330	10.2293	10.2249	1	3.9318
2009 年 11 月	138878.5	138888.7	10.214	10.3257	1	3.7842
2009 年 12 月	561340.7	-561330	10.3852	10.2661	1	3.8286
2010 年 1 月	77838.92	-77828.7	10.2366	10.2093	1	3.5835
2010 年 2 月	9.9991	0.2442	10.2434	10.2434	0.9439	3.0445
2010 年 3 月	113751.1	-113741	10.2443	10.2164	1	5.0562
2010 年 4 月	65862.69	65872.92	10.2252	10.2253	1	3.3673
2010 年 5 月	328484.4	-328474	10.2342	10.22	1	4.2767
2010 年 6 月	10.2636	0	10.2636	10.2636	0	2.0794
2010 年 7 月	289386.1	-289376	10.2574	10.3064	1	4.3567
2010 年 8 月	305263.4	-305253	10.245	10.2122	1	3.7612

附录 K

表 1　　第八章使用的数据

时间	资产总计	负债合计	企业单位数	亏损企业数	亏损企业亏损总额	利润总额	税金总额
2003 年 2 月	33010878	17952726	511	143	76635	3. 65247	3. 06066
2003 年 5 月	37727562	21762580	534	169	155922	12. 1737	8. 26474
2003 年 8 月	39556433	22201740	550	180	296234	20. 03566	13. 1854
2003 年 11 月	42998805	23819353	557	161	446519	27. 85482	18. 92051
2004 年 2 月	43411601	24100347	593	186	136099	33. 0455	22. 28555
2004 年 5 月	48571026	26402896	602	191	311971	41. 94458	28. 88504
2004 年 8 月	49842997	28677366	615	202	497623	49. 98146	33. 91154
2004 年 11 月	51993045	29657320	633	203	558527	58. 75473	40. 61987
2005 年 2 月	54299147	29323941	652	201	148780	64. 11855	44. 90259
2005 年 5 月	58788085	31733364	668	206	335195	76. 3194	52. 92628
2005 年 8 月	61337098	33299602	679	210	465767	88. 87491	60. 56051
2005 年 11 月	63314502	33964115	686	191	634002	99. 97778	69. 93294
2006 年 2 月	63637771	33792084	696	206	113394	108. 58659	77. 20401
2006 年 5 月	66993645	35292799	698	211	227988	121. 91306	84. 74634
2006 年 8 月	70057399	37039449	709	209	420974	134. 90905	93. 97281
2006 年 11 月	72014307	37974177	718	192	527767	151. 09229	105. 09282
2007 年 2 月	71873499	37427012	697	205	145355	160. 00744	112. 8229
2007 年 5 月	82486002	42730124	706	199	267924	178. 69703	125. 09313
2007 年 8 月	81044236	43651620	720	189	386632	196. 88954	138. 74368
2007 年 11 月	83291654	44558980	728	174	491967	215. 47325	151. 50867
2008 年 2 月	83251041	43761896	724	220	237879	223. 83963	159. 61785
2008 年 5 月	90936537	49388339	739	174	216577	248. 47527	173. 89404
2008 年 8 月	95169163	59624325	743	177	340300	270. 96178	188. 5451
2008 年 11 月	97542399	56356299	756	214	1384488	259. 20355	202. 26636

续表

时间	资产总计	负债合计	企业单位数	亏损企业数	亏损企业亏损总额	利润总额	税金总额
2009 年 2 月	91076525	52059904	787	204	237980	273. 96113	211. 76298
2009 年 5 月	98069566	56516792	807	201	350082	295. 56023	228. 8437
2009 年 8 月	103252438	59158983	809	196	566194	319. 80615	245. 9144
2009 年 11 月	108495289	61162902	812	179	931976	341. 55907	271. 68627
2010 年 2 月	111977498	61698721	809	202	219018	355. 18661	282. 13436
2010 年 5 月	121002708	69145373	814	194	552462	374. 41724	300. 71652
2010 年 8 月	120914812	67063168	823	191	773764	401. 03476	314. 4809
2010 年 11 月	124910396	70158908	828	181	903418	430. 57024	339. 58305

附录 L

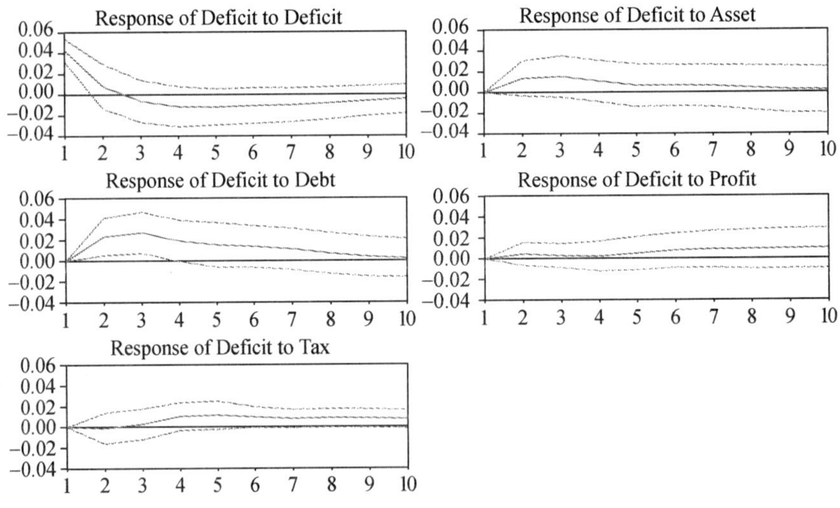

图 L1　Deficit 对自身以及其他变量冲击的相应函数

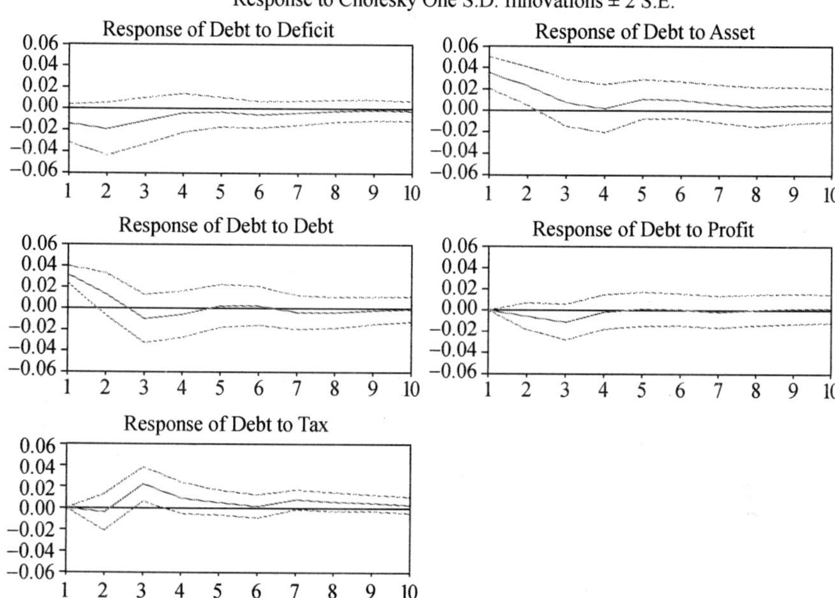

图 L2 Debt 对自身以及其他变量冲击的相应函数

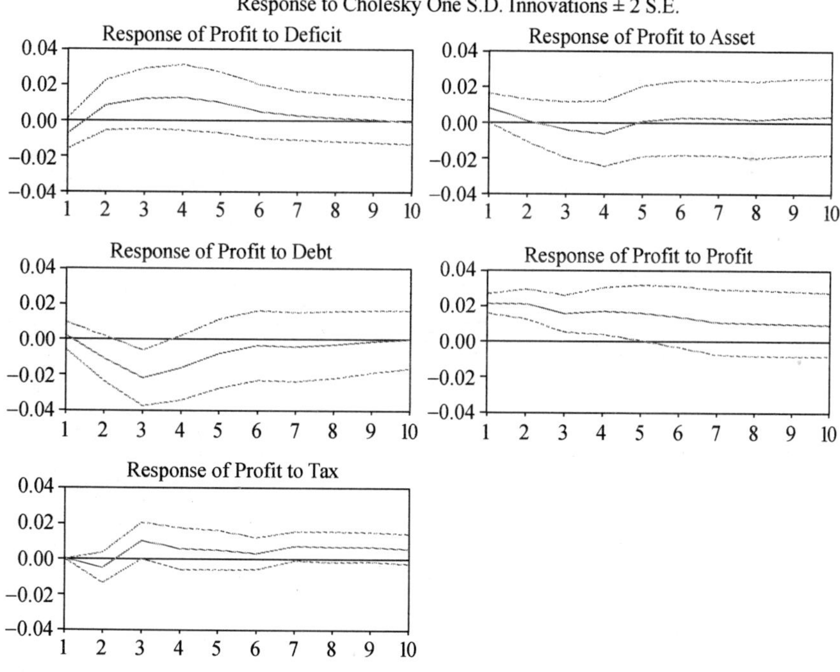

图 L3 Profit 对自身以及其他变量冲击的相应函数

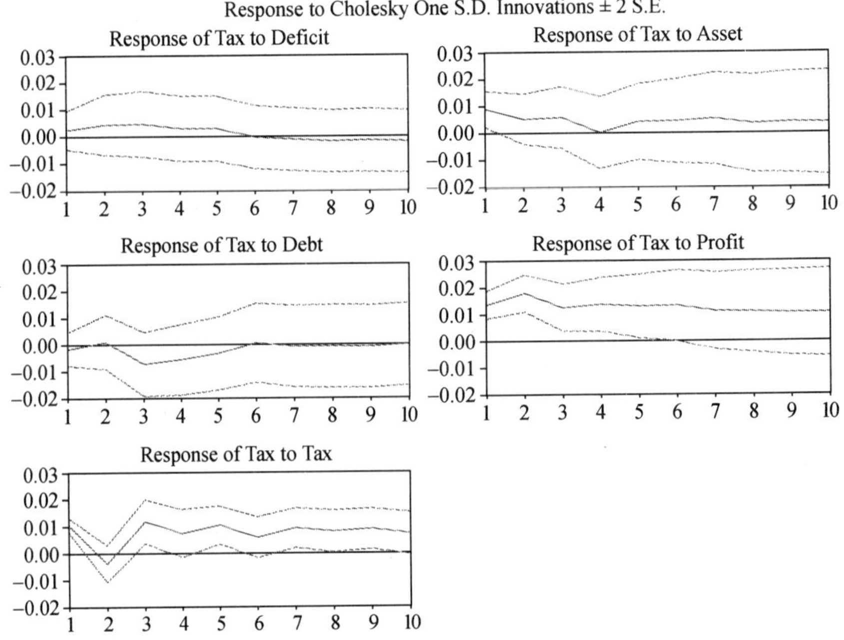

图 L4　Tax 对自身以及其他变量冲击的相应函数

参考文献

[1] Allan Meltzer and Richard Scott, "A Rational Theory of the Size of Government", *Journal of Political Economy*, Vol. 89, No. 5, 1981 October, pp. 914 –927.

[2] Andrei Shleifer, "A Theory of Yardstick Competition", *The RAND Journal of Economics*, Vol. 16, No. 3, 1985 March, pp. 319 –327.

[3] Anne Krueger, "Virtuous and Vicious Circles in Economic Development", *American Economic Review*, Vol. 83, No. 2, 1993 May, pp. 351 –356.

[4] Anthony Downs, "An Economic Theory of Political Action in a Democracy", *Journal of Political Economy*, Vol. 65, No. 2, 1957 Febuary, pp. 135 –150.

[5] Anthony Downs, "*Inside Bureaucracy*", Boston: Rand Corporation Press, 1967, p. 120.

[6] Assar Lindbeck, Jorgen Weibull, "Altruism and Time Consistency: The Economics of Fait Accompli", *Journal of Political Economy*, Vol. 96, No. 6, 1988 June, pp. 1165 –1182.

[7] Avinash Dixit, Gene Grossman and Elhanan Helpman, "Common Agency and Coordination: General Theory and Application to Government Policy Making", *Journal of Public Economics*, Vol. 105, No. 5, 1997 May, pp. 752 –769.

[8] Pranab Bardhan, "Decentralization of Governance and Development", *Journal of Economic Perspectives*, Vol. 16, No. 4, 2002 April, pp. 185 –205.

[9] Bengt Holmstrom and Paul Milgrom, "Multitask Principal – Agent Analyses: Incentive Contracts, Asset Ownership, and Job Design", *Journal of Law Economics & Organization*, Vol. 7, No. 4, 1991 January, pp. 24 – 52.

[10] Bradford Delong and Anderi Shleifer, "Princes and Merchants: European City Growth before the Industrial Revolution", *Journal of Law and Economics*, Vol. 36, No. 2, 1993 Octorber, pp. 671 – 702.

[11] Bradford Delong and Anderi Shleifer, "Princes and Merchants: European City Growth Before the Industrial Revolution", *Journal of Law & Economics*, Vol. 36, No. 2, 1993 Octorber, pp. 671 – 702.

[12] Chong – en Bai, David D. Li and Yijiang Wang, "Enterprise Productivity and Efficiency: When Is Up Really Down?", *Journal of Comparative Economics*, Vol. 24, No. 3, 1997 June, pp. 265 – 280.

[13] Clive Granger and Timo Terasvirta, T., *Modeling Nonlinear Economic Relationships*, London: Oxford University Press, 1993, p. 101.

[14] Daniel Orr and Paul MacAvoy, "Price Strategies to Promote Cartel Stability", *Economica*, Vol. 32, No. 126, 1965 May, pp. 186 – 197.

[15] Daron Acemoglu and James Robinson, "Economic Backwardness in Political Perspective", *The American Political Science Review*, Vol. 100, No. 1, 2006 Febuary, pp. 115 – 131.

[16] Daron Acemoglu and James Robinson, 2000, "Democratization or Repression?", *European Economic Review*, Vol. 44, No. 4 – 6, 2000 May, pp. 683 – 693.

[17] David Bacon and Donald Watts, "Estimating the Transition between Two Intersecting Straight Lines", *Biometrika*, Vol. 58, No. 3, 1971, pp. 525 – 534.

[18] David Baron and Roger Myerson, "Regulating a Monopolist with Unknown Costs", *Econometrica*, Vol. 50, No. 4, 1982 May, pp. 911 – 930.

[19] Dilip Abreu, "Extremal Equilibria of Oligopolistic Supergames", *Journal of Economic Theory*, Vol. 39, 1986, pp. 191 –225.

[20] Douglass North and Robert Thomas, *The Rise of the Western World: A New Economic History*, Boston: Cambridge University Press, 1976, p. 118.

[21] Douglass North, *Institutions, Intitutional Change and Economic Performance*, Boston: Cambridge University Press, 1990, pp. 151 –155.

[22] Douglass North, *Structure and Change in Economic History*, New York: Norton & Company, 1981, p. 121.

[23] Edward Chamberlin, "Duopoly: Value Where Sellers Are Few", *The Quarterly Journal of Economics*, Vol. 44, No. 1, 1929 January, pp. 63 –100.

[24] Edward Lazear and Sherwin Rosen, "Rank – Order Tournaments as Optimum Labor Contracts", *Journal of Political Economy*, Vol. 89, No. 5, 1981 October, pp. 841 –864.

[25] Fred Kofman and Jacques Lawarree, "Collusion in Hierarchical Agency", *Econometrica*, Vol. 61, No. 3, 1993 May, pp. 629 –656.

[26] Fred Kofman and Jacques Lawarree, "On the Optimality of Allowing Collusion", *Journal of Public Economics*, Vol. 61, No. 3, 1996 September, pp. 383 –407.

[27] Fred Mcchesney, "Rent Extraction and Rent Creation in the Economic Theory of Regulation", *Topics in Regulatory Economics & Policy*, Vol. 16, No. 1, 1988, pp. 101 –118.

[28] Fred McChesney, *Money for Nothing: Politicians, Rent Extraction, and Political Extortion*, Boston: Harvard University Press, 1987, p. 241.

[29] Gene Grossman and Elhanan Helpman, "Integration vs Outsourcing in Industry Equilibrium", CESifo Working Paper Series No. 460, http: //papers. ssrn. com/sol3/papers. cfm? abstract_ id =270937.

[30] Gene Grossman and Elhanan Helpman, 1996, "Electoral Competition and Special Interest Politics", *Review of Economic Studies*, Vol. 63, No. 2, 1996 April, pp. 265 – 286.

[31] George Stigler, "A Theory of Oligopoly", *Journal of Political Economy*, Vol. 72, No. 1, 1964, pp. 44 – 61.

[32] Hongbin Li and Li – An Zhou, 2005, "Political Turnover and Economic Performance: The Incentive Role of Personnel Control in China", *Journal of Public Economics*, Vol. 89, No. 9 – 10, 2005 September, pp. 1743 – 1762.

[33] James Buchanan and Gordon Tullock, "The Calculus of Consent: Logical Foundations of Constitutional Democracy", *Economic Journal*, Vol. 73, No. 289, 2004, pp. 573 – 594.

[34] James Mirrlees, "The Optimal Structure of Incentives and Authority within an Organization", *The Bell Journal of Economics*, Vol. 7, No. 1, 1976 Spring, pp. 105 – 131.

[35] Jean Laffont and David Martimort, "Collusion and Delegation", *Rand Journal of Economics*, Vol. 29, No. 2, 1998 Summer, pp. 280 – 305.

[36] Jean Laffont and David Martimort, "Mechanism Design with Collusion and Correlation", *Econometrica*, Vol. 68, No. 2, 2000 March, pp. 309 – 342.

[37] Jean Laffont and David Martimort, 1997, "Collusion Under Asymmetric Information", *Econometrica*, Vol. 65, No. 4, 1997 July, pp. 875 – 911.

[38] Jean Laffont and David Martimort, *The Theory of Incentives: The Principal – Agent Model*, Boston: Princeton University Press, 2002, p. 167.

[39] Jean Laffont and Jean Tirole, "Access Pricing and Competition", *European Economic Review*, Vol. 38, No. 9, 1994 December, pp. 1673 – 1710.

[40] Jean Laffont and Jean Tirole, "Cartelization by Regulation", *Journal of Regulatory Economics*, Vol. 5, No. 2, 1993 June, pp. 111 – 130.

[41] Jean Laffont and Jean Tirole, "Creating Competition through Interconnection: Theory and Practice", *Journal of Regulatory Economics*, Vol. 10, No. 3, 1996 November, pp. 227 – 256.

[42] Jean Laffont and Jean Tirole, "The Politics of Government Decision – Making: A Theory of Regulatory Capture", *The Quarterly Journal of Economics*, Vol. 106, No. 4, 1991 November, pp. 1089 – 1127.

[43] Jean Laffont and Jean Tirole, "The Politics of Government Decision Making: A Theory of Regulatory Capture", *Quarterly Journal of Economics*, Vol. 106, No. 4, 1991 Nov., pp. 1089 – 1127.

[44] Jean Laffont and Jean Tirole, *Theory of Incentives in Procurement and Regulation*, Boston: MIT Press, 1993, p. 231.

[45] Jean Laffont, Patrick Rey and Jean Tirole, "Competition between Telecommunications Operators", *European Economic Review*, Vol. 41, No. 3 – 5, 1997 April, pp. 701 – 711.

[46] Jerome Ellig, "Endogenous Change and the Economic Theory of Regulation", *Journal of Regulatory Economics*, Vol. 3, No. 3, 1991 March, pp. 265 – 274.

[47] John Ledyard, "The Pure Theory of Large Two – Candidate Elections", *Public Choice*, Vol. 44, No. 1, 1984 January, pp. 43 – 47.

[48] John Mendeloff and Wayne Gray, "Inside the Black Box: How do OSHA Inspections Lead to Reductions in Workplace Injuries?", *Law and Policy*, Vol. 27, No. 2, 2005 April, pp. 219 – 237.

[49] John Mendeloff, *The Dilemma of Toxic Substance Regulation: How Overregulation Causes Underregulation at OSHA*, Boston: MIT Press, 1988, p. 69.

[50] John Scholz and Wayne Gray, "Can Government Facilitate Cooperation? An Informational Model of OSHA Enforcement", *American Journal of Political Science*, Vol. 41, No. 3, 1997 July, pp.

693 – 717.

[51] John Scholz and Wayne Gray, "Does Regulatory Enforcement Work – A Panel Analysis of OSHA Enforcement", *Law and Society Review*, Vol. 27, No. 1, 1993, pp. 177 – 214.

[52] John Scholz and Wayne Gray, "OSHA Enforcement and Workplace Injuries: A Behavioral Approach to Risk Assessment", *Journal of Risk and Uncertainty*, Vol. 3, No. 3, 1990 September, pp. 283 – 305.

[53] Jon Stern and Stuart Holder, "Regulatory Governance: Criteria for Assessing the Performance of Regulatory Systems: An Application to Infrastructure Industries in the Developing Countries of Asia", *Utilities Policy*, Vol. 8, No. 1, March 1999, pp. 33 – 50.

[54] Jonathan Klick and Thomas Stratmann, "The Effect of Abortion Legalization on Sexual Behavir: Evidence from Sexually Transmitted Diseases", *Journal of Legal Studies*, Vol. 32, No. 2, 2003 June, pp. 407 – 434.

[55] Julio Rotemberg and Garth Saloner, "Collusive Price Leadership", *The Journal of Industrial Economics*, Vol. 39, No. 1, 1990 September, pp. 93 – 111.

[56] Kevin Murphy, Andrei Shleifer and Robert Vishny, "The Allocation of Talent: Implications for Growth", *The Quarterly Journal of Economics*, Vol. 106, No. 2, 1991 May, pp. 503 – 530.

[57] Kevin Roberts, "Voting over Income Tax Schedules", *Journal of Public Economics*, Vol. 8, No. 3, 1977 December, pp. 329 – 340.

[58] Mancur Olson, *The Logic of Collective Action*, Boston: Harvard University Press, 1971, p. 105.

[59] Marianne Sensier, Denise Osborn and Nadir Ocal, "Asymmetric Interest Rate Effects for the UK Real Economy", *Oxford Bulletin of Economics and Statistics*, Vol. 64, 2002 September, pp. 315 – 339.

[60] Mark Armstrong, "Network Interconnection in Telecommunications",

The Economic Journal, Vol. 108, No. 448, 1998 May, pp. 545 - 564.

[61] Olivier Blanchard and Andrei Shleifer, "Federalism with and without Political Centralization: China Versus Russia", *IMF Staff Papers*, Vol. 48, No. 1, 2001, pp. 171 - 179.

[62] Paolo Mauro, "Corruption and Growth", *The Quarterly Journal of Economics*, Vol. 110, No. 3, 1995 August, pp. 681 - 712.

[63] Paul Samuelson, "The Pure Theory of Public Expenditure", *The Review of Economics and Statistics*, Vol. 36, No. 4, 1954 November, pp. 387 - 389.

[64] R. C. Richards, 1915, "Railway Accidents and 'Safety First'", *The Journal of Political Economy*, Vol. 23, No. 1, 1915 Januay, pp. 49 - 60.

[65] Richard Musgrave, "The Voluntary Exchange Theory of Public Economy", The Quarterly Journal of Economics, Vol. 53, No. 2, 1939 February, pp. 213 - 237.

[66] Richard Posner, "Posner Taxation by Regulation", *The Bell Journal of Economics and Management Science*, Vol. 2, No. 1, 1971 Spring, pp. 22 - 50.

[67] Sam Peltzman, "Toward a More General Theory of Regulation", *Journal of Law and Economics*, Vol. 19, No. 2, 1976 August, pp. 211 - 240.

[68] Scott Wallsten, "Privatizing Monopolies in Developing Countries: The Real Effects of Exclusivity Periods in Telecommunications", *Journal of Regulatory Economics*, Vol. 26, No. 3, 2004, pp. 303 - 320.

[69] Sherwin Rosen, "Prizes and Incentives in Elimination Tournaments", *American Economic Review*, Vol. 76, No. 4, 1986 September, pp. 701 - 715.

[70] Sidney Shapiro and Tomas McGarity, "Not So Paradoxical: The Rationale For Technology - Based Regulation", *Duke Law Journal*,

Vol. 1991, No. 1, 1991 June, pp. 729 –752.

[71] Sonja Opper and Stefan Brehm, Networks versus Performance: Political Leadership Promotion in China, Working Paper of Department of Economics in Lund University, 2007.

[72] Stephen Goldfeld and Richard Quandt, "Nonlinear Methods in Econometrics", *The Economic Journal*, Vol. 83, No. 329, 1972, pp. 45 –59.

[73] Theodore Bergstrom and Robert Goodman, "Private Demands for Public Goods", *American Economic Review*, Vol. 63. No. 3, 1973 June, pp. 280 –296.

[74] Thomas Mcgarity and Sidney Shapiro, "Workers at Risk: The Failed Promise of the Occupational Safety and Health Administration", *Journal of Occupational & Environmental Medicine*, Vol. 35, No. 9, 1993, pp. 717 –718.

[75] Thomas Romer, "Individual Welfare, Majority Voting, and the Properties of a Linear Income Tax", *Journal of Public Economics*, Vol. 4, No. 2, 1975 February, pp. 163 –185.

[76] Tim Besley and Anne Case, 1995, "Incumbent Behavior: Vote Seeking, Tax Setting and Yardstick Competition", *American Economic Review*, Vol. 85, No. 1, 1995 March, pp. 25 –45.

[77] Tim Besley and Maitreesh Ghatak, "Competition and Incentives with Motivated Agents", *American Economic Review*, Vol. 95, No. 3, 2005 Autumn, pp. 616 –636.

[78] Truman Bewley, "A Critique of Tiebout' s Theory of Local Public Expenditures", *Econometrica*, Vol. 49, No. 3, 1981 May, pp. 713 –740.

[79] Wallace Oates, "The Effects of Property Taxes and Local Public Spending on Property Values: An Empirical Study of Tax Capitalization and the Tiebout Hypothesis", *The Journal of Political Economy*, Vol. 77, No. 6, 1969 Nov. –Dec., pp. 957 –971.

[80] Wallace Oates, "The Effects of Property Taxes and Local Public Spending on Property Values: A Reply and Yet Further Results", *The Journal of Political Economy*, Vol. 81, No. 4, 1973 Jul. - Aug., pp. 1004 - 1008.

[81] Yingyi Qian and Barry Weingast, "China's Transition to Markets: Market - Preserving Federalism Chinese Style", *Journal of Policy Reform*, Vol. 1, No. 2, 1996, pp. 149 - 185.

[82] Yingyi Qian and Chenggang Xu, "Why China's Economic Reforms Differ: The M - form Hierarchy and Entry/Expansion of the Non - State Sector", *Economics of Transition*, Vol. 1, No. 2, 1993 June, pp. 135 - 170.

[83] Yingyi Qian and Gerald Roland, "Federalism and the Soft Budget Constraint", *American Economic Review*, Vol. 88, No. 5, 1998 December, pp. 1143 - 1162.

[84] Andrei Shleifer and Robert Vishny, "Politicians and Firms", *The Quarterly Journal of Economics*, Vol. 109, No. 4, 1994, pp. 995 - 1025.

[85] Andrei Shleifer and Robert Vishny, *The Grabbing Hand: Government Pathlgies and Their Cures*, Cambridge: Harvard University Press, 1998, p. 123.

[86] Scott Fuess and Mark Loewenstein, "Further Analysis of the Theory of Economic Regulation: The Case of the 1969 Coal Mine Health and Safety Act", *Economic Inquiry*, Vol. 28, No. 2, 1990, pp. 354 - 389.

[87] Pablo Spiller, "Institutions and Commitment. Industrial and Corporate Change", *Industrial and Corporate Change*, Vol. 5, No. 2, 1996, pp. 421 - 452.

[88] John Stern and John Cubbin, "Regulatory Effectiveness: The Impact of Regulation and Regulatory Governance Arrangements on Electricity Outcomes - A Review Paper", London Business School Regulation

Initiative Working Paper, 2003.

[89] George Stigler, "Free Rides and Collective Action: an Appendix to Theories of Economic Regulation", *Bell Journal of Economics and Management Science*, Vol. 5, No. 2, 1974 Autumn, pp. 359 -365.

[90] Joseph Stiglitz, "Incentives, Risk and Information: Notes towards a Theory of Hierarchy", *Bell Journal of Economics and Management Science*, Vol. 6, No. 2, 1975 Autumn, pp. 52 -79.

[91] Thomas Kniesner and John Leeth, "Data Mining Mining Data: MSHA Enforcement Efforts, Underground Coal Mine Safety, and New Health Policy Implications", *Journal of Risk & Uncertainty*, Vol. 29, No. 2, 2003 September, pp. 83 -111.

[92] Charles Tiebout, "A Pure Theory of Local Expenditures", *Journal of Political Economy*, Vol. 64, No. 5, 1956 October, pp. 416 -424.

[93] Jean Tirole, "Hierarchies and Bureaucracies: On the Role of Collusion in Organizations", *Journal of Law, Economics, and Organization*, Vol. 2, No. 2, 1986 Autumn, pp. 181 -214.

[94] Vernon Henderson, Peter Mieszkowski and Yvon Sauvageau, "Peer Group Effects and Educational Production Functions", *Journal of Publics Economy*, Vol. 10, No. 1, 1978 August, pp. 97 -106.

[95] Kip Viscusi, "The Impact of Occupational Safety and Health Regulation", *The Bell Journal of Economics*, Vol. 10, No. 1, 1979 Spring, pp. 117 -140.

[96] Kip Viscusi, *Employment Hazards: An Investigation of Market Performance*, Cambridge: Harvard University Press, 1979, p. 231.

[97] Kip Viscusi, "Wealth Effects and Earnings Premiums for Job Hazards", *Review of Economics and Statistics*, Vol. 10, No. 3, 1978 August, pp. 408 -416.

[98] Kip Viscusi, *Fatal Tradeoffs: Public and Private Responsibilities for Risk*, London: Oxford University Press, 1995, p. 127.

[99] Wayne Gray and John Mendeloff, "The Declining Effects of OSHA In-

spections on Manufacturing Injuries: 1979 to 1998", *General Information*, *Vol. 58*, *No. 4*, *2005*, *pp. 571 – 587.*

[100] George Zodrow and Peter Mieszkowski, "Pigou, Tiedout, Property Taxation, and the Underprovision of Local Public Goods", *Journal of Urban Economics*, Vol. 19, No. 3, 1986 May, pp. 356 – 370.

[101] 白重恩、王鑫、钟笑寒:《规制与产权: 关井政策对煤矿安全的影响分析》,《中国软科学》2011 年第 10 期。

[102] 陈抗、Arye Hillman、顾清扬:《财政集权与地方政府行为变化——从"援助之手"到"攫取之手"》,《经济学》(季刊)2002 年第 1 期。

[103] 程启智:《内部性与外部性及其政府管制的产权分析》,《管理世界》2002 年第 12 期。

[104] 程万里:《煤炭企业资本运营与产权结构优化》,《中国煤炭》2005 年第 5 期。

[105] 方红生、张军:《中国地方政府扩张偏向的财政行为: 观察与解释》,《经济学》(季刊) 2009 年第 4 期。

[106] 方军雄:《政府干预、所有权性质与企业并购》,《管理世界》2008 年第 9 期。

[107] 干春晖、吴一平:《规制分权化、组织合谋与制度效率——基于中国电力行业的实证研究》,《中国工业经济》2006 年第 4 期。

[108] 郭朝先:《我国煤炭企业安全生产问题: 基于劳动力队伍素质的视角》,《中国工业经济》2007 年第 10 期。

[109] 郭庆旺、贾俊雪:《地方政府行为、投资冲动与宏观经济稳定》,《管理世界》2006 年第 5 期。

[110] 胡文国、刘凌云:《我国煤矿生产安全规制中的博弈分析》,《数量经济技术经济研究》2008 年第 8 期。

[111] 江飞涛、曹建海:《市场失灵还是体制扭曲——重复建设形成机理研究中的争论、缺陷与新进展》,《中国工业经济》2009 年第 1 期。

[112] 林伯强：《结构变化、效率改进与能源需求预测：以中国电力为例》，《经济研究》2003 年第 5 期。
[113] 林毅夫、刘志强：《中国的财政分权与经济增长》，《北京大学学报》（哲学社会科学版）2000 年第 4 期。
[114] 刘穷志：《煤矿安全事故博弈分析与政府管制政策选择》，《经济评论》2006 年第 5 期。
[115] 刘瑞明、白永秀：《晋升激励、宏观调控与经济周期：一个政治经济学框架》，《南开经济研究》2007 年第 5 期。
[116] 刘小玄、刘芍佳：《双重目标的企业行为模型——兼论我国宏观经济运行的微观基础》，《经济研究》1998 年第 1 期。
[117] 陆铭、陈钊、严冀：《收益递增、发展战略与区域经济分割》，《经济研究》2004 年第 1 期。
[118] 毛寿龙：《中国政府功能的经济分析》，中国广播电视出版社 1996 年版。
[119] 聂辉华、蒋敏杰：《政企合谋与矿难》，《经济研究》2011 年第 6 期。
[120] 聂辉华、李金波：《政企合谋与经济增长》，《经济学》（季刊）2006 年第 1 期。
[121] 聂辉华：《声誉、契约与组织》，中国人民大学出版社 2009 年版。
[122] 潘红波、夏新平、余明桂：《政府干预、政治关联与地方国有企业并购》，《经济研究》2008 年第 4 期。
[123] 皮建才：《中国地方政府间竞争下的区域市场整合》，《经济研究》2008 年第 3 期。
[124] 皮建才：《中国地方政府重复建设的内在机制研究》，《经济理论与经济管理》2008 年第 4 期。
[125] 齐绍洲、罗威：《中国地区经济增长与能源消费强度差异分析》，《经济研究》2007 年第 7 期。
[126] 钱永坤、谢虹、徐建博：《安全投入与经济效益关系——以中国乡镇煤矿为例》，《数量经济技术经济研究》2004 年第 8 期。

[127] 乔庆梅：《我国安全生产监督管理问题探析》，《中国软科学》2006 年第 6 期。

[128] 沈立人、戴园晨：《我国“诸侯经济”的形成及其弊端和根源》，《经济研究》1990 年第 3 期。

[129] 唐贤兴：《政策工具的选择与政府的社会动员能力——对“运动式治理”的一个解释》，《学习与探索》2009 年第 3 期。

[130] 陶然、苏福兵、陆曦：《经济增长能够带来晋升吗？——对晋升锦标竞赛理论的逻辑挑战与省级实证重估》，《管理世界》2010 年第 12 期。

[131] 汪立鑫、王彬彬、黄文佳：《中国城市政府户籍限制政策的一个解释模型：增长与民生的权衡》，《经济研究》2010 年第 11 期。

[132] 王军：《中国财政制度变迁与思想演进》第一卷上，中国财政经济出版社 2009 年版。

[133] 王立勇、张代强、刘文革：《开放经济下我国非线性货币政策的非对称效应研究》，《经济研究》2010 年第 9 期。

[134] 王少平、杨继生：《中国工业能源调整的长期战略和短期措施》，《中国社会科学》2006 年第 4 期。

[135] 王世磊、张军：《中国地方官员为什么要改善基础设施——一个关于官员激励机制的模型》，《经济学》（季刊）2008 年第 2 期。

[136] 王万山：《市场规制理论研究述评》，《江苏社会科学》2004 年第 6 期。

[137] 王曦、舒元、才国伟：《我国国有经济的双重目标与 TFP 核算的微观基础》，《经济学》（季刊）2007 年第 1 期。

[138] 王贤彬、徐现祥、李郇：《地方官员更替与经济增长》，《经济学》（季刊）2009 年第 4 期。

[139] 王贤彬、徐现祥、周靖祥：《晋升激励与投资周期》，《中国工业经济》2010 年第 12 期。

[140] 王贤彬、徐现祥：《地方官员来源、任期、去向与经济增长》，

《管理世界》2008 年第 3 期。

[141] 肖兴志、陈长石、齐鹰飞：《安全规制波动对煤炭生产的非对称影响研究》，《经济研究》2011 年第 9 期。

[142] 肖兴志、邓菁：《规制标准制定、企业行为与煤矿安全规制效果》，《产业组织评论》2011 年第 2 期。

[143] 肖兴志、韩超：《非对称信息、企业安全投入与政府规制效果——兼析强制保险的安全影响》，《中国工业经济》2010 年第 7 期。

[144] 肖兴志、齐鹰飞、李红娟：《中国煤矿安全规制效果实证研究》，《中国工业经济》2008 年第 5 期。

[145] 肖兴志、孙阳：《规制影响评价的理论、方法与应用》，《经济管理》2007 年第 6 期。

[146] 肖兴志、孙阳：《煤矿安全规制理论动因、标准设计与制度补充》，《产业经济研究》2006 年第 4 期。

[147] 肖兴志、孙阳：《中国电力产业规制效果的实证研究》，《中国工业经济》2006 年第 9 期。

[148] 肖兴志、王钠：《转型期中国煤矿安全规制机制研究——基于激励相容的视角》，《产业经济评论》2007 年第 6 期。

[149] 肖兴志等：《中国煤矿安全规制：理论与实证》，科学出版社 2010 年版。

[150] 谢庆奎：《中国政府的府际关系研究》，《北京大学学报》（哲学社会科学版）2000 年第 1 期。

[151] 徐现祥、李郇、王美今：《区域一体化、经济增长与政治晋升》，《经济学》（季刊）2007 年第 4 期。

[152] 徐现祥、王贤彬、舒元：《地方官员与经济增长——来自中国省长、省委书记交流的证据》，《经济研究》2007 年第 9 期。

[153] 徐现祥、王贤彬：《晋升激励与经济增长》，《世界经济》2010 年第 2 期。

[154] 闫海：《规制机构的独立性——分权理论框架下的论证》，《公法研究》2007 年第 1 期。

[155] 杨培鸿:《重复建设的政治经济学分析:一个基于委托代理框架的模型》,《经济学》(季刊)2006 年第 1 期。
[156] 杨瑞龙:《我国制度变迁方式转换的三阶段论》,《经济研究》1998 年第 1 期。
[157] 姚洋:《作为制度创新过程的经济改革》,格致出版社 2008 年版。
[158] 于良春、丁启军:《自然垄断产业进入管制的成本收益分析——以中国电信业为例的实证研究》,《中国工业经济》2007 年第 1 期。
[159] 于良春、葛铸聪:《自然垄断产业政府规制机构独立性研究》,《广东社会科学》2005 年第 6 期。
[160] 张璟、沈坤荣:《财政分权改革、地方政府行为与经济增长》,《江苏社会科学》2008 年第 3 期。
[161] 张军、高远、傅勇、张弘:《中国为什么拥有了良好的基础设施?》,《经济研究》2007 年第 3 期。
[162] 张军、周黎安:《为增长而竞争:中国增长的政治经济学》,格致出版社 2008 年版。
[163] 张军:《中国经济发展:为增长而竞争》,《世界经济文汇》2005 年第 4 期。
[164] 张莉、王贤彬、徐现祥:《地方官员合谋与土地违法》,《世界经济》2011 年第 3 期。
[165] 赵洪光、王爱国:《当前我国煤矿安全事故原因浅析》,《煤炭经济研究》2005 年第 1 期。
[166] 赵进文、范继涛:《经济增长与能源消费内在依从关系的实证研究》,《经济研究》2007 年第 8 期。
[167] 赵进文、闵捷:《央行货币政策操作效果非对称性实证研究》,《经济研究》2005 年第 2 期。
[168] 赵进文、闵捷:《央行货币政策操作政策拐点与开关函数的测定》,《经济研究》2005 年第 12 期。
[169] 钟笑寒:《死亡率与产量负相关》,《经济学报》2011 年第

5 期。

[170] 周黎安：《晋升博弈中政府官员的激励与合作——兼论我国地方保护主义和重复建设问题长期存在的原因》，《经济研究》2004 年第 6 期。

[171] 周黎安：《中国地方官员的晋升锦标赛模式研究》，《经济研究》2007 年第 7 期。

[172] 周黎安：《转型中的地方政府：官员激励与治理》，格致出版社 2008 年版。

[173] 周耀东：《利益集团理论》，《安徽大学学报》（哲学社会科学版）2004 年第 4 期。

[174] 朱轶、熊思敏：《财政分权、FDI 引资竞争与私人投资挤出——基于中国省际面板数据的经验研究》，《财贸研究》2009 年第 4 期。

[175] 朱忠厚：《论煤矿安全长效机制中经济杠杆的作用》，《中国安全科学学报》2005 年第 7 期。

后　记

博士毕业已经三年了，规制经济学已非自己的研究重点。但是，当出书修改之际，重新翻起当年博士学位论文时候，仍然感慨良多。博士三年将所有精力都花在规制波动问题上，从最初解释煤矿安全事故频发，到稍后安全规制波动的非对称性影响，再到现在的规制波动形成机理解释，中间出现诸多问题。自己努力为这些问题寻找答案，虽然取得了一些成果，但囿于精力以及现代经济学系统训练的缺乏，一些问题并没有很好地得到解释，还有一些问题没有被充分地提炼出来。尽管如此，通过对规制波动的研究，逐渐发现中国经济改革与政治改革之间的关系永远都是最吸引自己的研究领域，而这也是博士阶段最大的收获。

回顾自己业已结束的学业生涯，几经坎坷，经历了二次高考、二次考研、父亲突然离世等诸多变故，我永远记得的是，第一次高考落榜之后，那种无边灰暗、无助和彻底绝望的感觉。当四年前跨入东财校门的时候，仅是个只看过高鸿业、萨缪尔森初级经济学教材的菜鸟而已。但四年之后，通过努力，证明了许多事情，学会了如何热爱生活，如何忠于自己的理想。论文收笔之际，要深深感谢一直支持我的母亲、老师、恋人和朋友。

博士三年时间里，远在开封的母亲一直是支持我不断前进的动力。父亲去世后的几年间，她经历了太多辛苦，一直默默地支持我的学业，对她的付出，我无以为报。谨以此文献给我的母亲。

本书是在导师肖兴志教授启发下完成的。自己很庆幸能遇到这样一位好导师，是他给我指明了未来事业的发展方向，将我带入了学术研究殿堂，在学术上为我提供了最自由的空间。感谢他在学业和生活上给予我的支持，仅以此书兑现三年前对他的承诺。另外，还要感谢吕炜教授、齐鹰飞教授、于左研究员、吴绪亮副研究员以及刘畅副研究员，与他们的谈话都启发了我在本书写作过程中的思考。

此外，感谢我的恋人刘晨晖在学术上对我的启发和生活上的支持，如果没有平时与她在学术问题上的讨论，没有她在我心情低落时的安慰，本书就不会顺利完成。读博期间有幸结识了韩超、王岭、王雅洁等产业组织与企业组织研究中心同学，他们才华横溢，敏而好学，敦厚善良，祝愿他们在各自事业上都能获得成功。这些好同窗将是我一生的财富。另外，特别感谢张玉涛老师在博士毕业期间的友情帮助，帮我解决了许多博士毕业程序上的问题。

特别感谢教育部人文社会科学重点研究基地——东北财经大学产业组织与企业组织研究中心、东北财经大学产业经济学特色重点学科资助项目以及国家自然科学基金项目“中国煤矿安全规制波动的形成机理、实证影响与治理研究”（71173032）对本书出版给予的资助。

天冷，冷不了我的心；心痛，痛不断我的情。

情深，深得像海；海，仰望着蓝天。

陈长石

2015 年 10 月 25 日于东财问源阁